D0883674

LA FIANZA SATISFECHA

La fianza satisfecha

ATTRIBUTED TO

Lope de Vega

A CRITICAL EDITION

WITH INTRODUCTION AND NOTES

BY

WILLIAM M. WHITBY

Professor of Spanish, Purdue University

AND

ROBERT ROLAND ANDERSON

Professor of Spanish, University of Arizona

CAMBRIDGE

AT THE UNIVERSITY PRESS

1971

Published by the Syndics of the Cambridge University Press
Bentley House, 200 Euston Road, London N.W.1
American Branch: 32 East 57th Street, New York, N.Y.10022

© Cambridge University Press 1971

Library of Congress Catalogue Card Number: 75-124378

I S B N: 0 521 07912 8

Printed in Great Britain
at the University Printing House, Cambridge
(Brooke Crutchley, University Printer)

For J. H. ARJONA

In memoriam

CONTENTS

Preface   *page* ix

Abbreviations used in notes and bibliography   xi

Introduction   1

Text of *La fianza satisfecha*   73

Notes to the text and B–N variants   168

Variants of A   182

Notes to A variants   199

Bibliography   204

PREFACE

If a literary work is to be an object of study or a source of interest or pleasure, it should be available in a good edition. Some partial defense of the aesthetic worth of *La fianza satisfecha* might be made with justification and impunity, and indeed we shall praise certain of its aspects in our introduction and notes. Its principal value, however, resides in the interest it borrows from and lends to contemporary plays of similar or comparable plot and theme: *comedias de santos, bandoleros* and *cautivos*, with which it shares an underlying concern about questions of sin and salvation. To take one instance, while neither the Don Juan of Tirso's *El burlador de Sevilla* nor the Enrico of *El condenado por desconfiado* bears close resemblance to Leonido (the protagonist of *La fianza satisfecha*), and we would deny that Leonido is the prototype of either, there is no doubt that *El condenado por desconfiado*, and very little doubt that *El burlador de Sevilla*, owe their genesis in some measure to *La fianza satisfecha*. Moreover, each of the three plays focusses the same problem (that of salvation) from a different angle (two in the case of *El condenado*) measured by the degree to which the protagonist's faith and works depart from the theological norm. Given such a relationship among the three plays, one's understanding and enjoyment of any one of them must be deepened by familiarity with the other two. Other instances could be cited, but the above is the most evident one and the most important. The value of *La fianza satisfecha* is almost entirely relative, but its relative value is substantial.

The text of *La fianza satisfecha* printed in Volume 187 of the *Biblioteca de Autores Españoles* is the same (except for the introduction of a number of errors) as the one published in Volume v of the Spanish Academy edition of Lope de Vega's *Obras*. The Academy edition, in turn, was based on a mutilated eighteenth-century *suelta*, and Marcelino Menéndez y Pelayo observed in a note that 'todos los ejemplares que hemos visto de esta rara comedia están horriblemente mutilados'. We do not know to which of the fourteen earlier versions of the play that we have found and consulted Don Marcelino may have been referring, or how many he may have been including in some imagined composite text when among his 'Observaciones preliminares' he described the play in its modern state as a 'refundición groseramente estropeada'. That description may still be applicable in some degree to the present edition, for since the earliest version we have found post-dates the play's composition by eighty or ninety years we must suppose that the text had by then suffered considerable change from its original state. Nevertheless, in view of what appears

Preface

to be the fact that the basis of the Academy edition was one of an unspecified number of mutilated texts, whereas of the numerous texts that we have used to prepare the present edition all but one were in fair to excellent condition, the resulting text could not help but be much more complete and much more intelligible. Moreover, we have drawn heavily on the manuscript copy, which, though it is sheer nonsense in many lines, often provides readings obviously superior in sense and probably superior in authenticity to the corresponding passages in any of the printed editions. Since in all likelihood the MS copy is either earlier than the earliest of the known *sueltas* or is a copy of some text that antedates them, it deserves the serious attention we have given it. The text of the present edition, then, besides being more complete and more intelligible, is, though undoubtedly still very corrupt, closer to the original than any previous printed edition known to us.

In the course of editing *La fianza satisfecha*, we have received various kinds and degrees of assistance. We appreciate the courtesy and kindness of the directors, governing bodies and personnel of the libraries whose resources we have used, either directly or in copies: the Biblioteca Palatina (Parma), the Boston Public Library, the Library of the Hispanic Society of America, the Biblioteca Nacional and the Archive Histórico Nacional (Madrid), the British Museum, the Charles Patterson Van Pelt Library (University of Pennsylvania) and the University of Arizona Library. Edward M. Wilson and Arnold G. Reichenberger have gone out of their way to inform us of the existence of pertinent materials and to facilitate our access to them.

We wish to thank the Department of Romance Languages of the University of Arizona and the Department of Modern Languages of Purdue University for the clerical assistance they have provided. We acknowledge, too, the aid extended by the Graduate College Committee for Faculty Research of the University of Arizona which enabled us to lengthen a trip in order to consult directly a rare *suelta* edition in a copy too fragile to photograph. We are indebted, also, to the Purdue Research Foundation for their agreement to share in sponsoring the publication of the present work.

We shall not forget the kindness of the many persons whose willingness to advise us, criticise our work or share their special knowledge with us has enabled us to enhance the usefulness of this book. Because their interest, encouragement and help have been so continuous and substantial, we are particularly grateful to Agapito Rey, Edward M. Wilson and the late J. H. Arjona.

ABBREVIATIONS

ARM   Antonio R. Rodríguez-Moñino y María Brey Mariño, *Catálogo de los Manuscritos Poéticos Castellanos existentes en la Biblioteca de The Hispanic Society of America (Siglos XV, XVI y XVII)* (New York: The Hispanic Society of America, 1965–6), 3 vols.

BAE   Biblioteca de Autores Españoles.

BBMP   *Boletín de la Biblioteca Menéndez y Pelayo* (Santander).

CSIC   Consejo Superior de Investigaciones Científicas.

M.-B.   S. G. Morley and Courtney Bruerton, *The Chronology of Lope de Vega's 'Comedias'* (New York, 1940).

NRAE   *Obras de Lope de Vega*, publicadas por la Real Academia Española (Nueva ed.) (Madrid, 1916–30), 13 vols.

RAE   *Obras de Lope de Vega*, publicadas por la Real Academia Española (Madrid, 1890–1913), 15 vols.

xi

INTRODUCTION

DESCRIPTION AND RELATIVE CHRONOLOGY
OF THE TEXTS USED

In this section, we shall first describe schematically the manuscript copy and the printed editions which we have used in establishing the present text of *La fianza satisfecha*.[1] Next, we shall discuss the considerations on which we have tentatively determined their chronological order.

In the following list of the texts, the capital letter at the beginning of each description is the symbol that we shall use throughout in referring to that text: thus, in referring to the MS copy, we shall call it 'A', 'B' will designate the first Leefdael edition listed, 'C' the second, and so on.

A. Comedia Famosa/De Don Pedro Calderon dela/Barca/Dela Fianza Satisfecha/ Personas/

Leonido Galan	Zulema
Jerardo Viejo	Zarabulli
Tizon Graçiosso	Lidora Dama
Dionissio Cauallero	Marcela Dama
Belarbeyo Moro	Christo

[Begins] Iornada I.ª/*Salen Leonido y Tizon*/
Leon. No llamas?
Tiz. Yo no sigo tu viaje.
Leon. La puerta me has de guardar,
 y la tengo de gozar
 por afrentar mi linaje.
[Ends] con que tendra fin dichosso
 la fianza satisfecha.
 Fin
 [Flourish]

---

[1] We have used thirteen printed texts and the MS copy in order to establish the present edition, having overlooked inadvertently, until our edition was in its final stages, an undated *suelta* published in Salamanca. We would have assigned that *suelta* a letter symbol indicating its relative chronological order (as we have done in the case of the other fourteen texts) if we had not been obliged to collate it at the last moment. In order to avoid the time-consuming reassignment of letter symbols with the attendant risk of introducing error into our edition, we have thought it best to assign the Salamanca *suelta* a symbol out of letter sequence: we call it 'S'.

We describe S along with the other texts and discuss it in the treatment of the relative chronology of undated texts, but exclude it from the 'Variants of B–N' and the notes pertaining thereto. Since S is very much like D (which we are convinced is based on it; see pp. 9–10), varying from D in only 25 readings, the omission of S's variants from their place with those of the other printed texts will not offer the reader any great difficulty. S's variants from D are given on p. 8, n. 1. (Regarding yet another edition, see p. 4, n. 1.)

Introduction

215 × 155 mm. 40 leaves, or 80 pages, of which pages 1–25 and 42–3 only are numbered. Jornada primera, pp. 1–24; Jornada segunda, pp. 25–[49]; Jornada tercera, pp. [49]–[80].
[Osuna manuscript copy, Biblioteca Nacional (Madrid) MS 16.840]

B. Num. 140./LA FIANZA SATISFECHA./COMEDIA/FAMOSA/*DE LOPE DE VEGA CARPIO.*
4º. A–C⁴ D². pp. [1]–28.
[Colophon] Con Licencia: En Sevilla, por *FRANCISCO/DE LEEFDAEL*, en la cafa del Correo/Viejo.
[Biblioteca Nacional (Madrid)]

C. Num. 140./LA FIANZA SATISFECHA./COMEDIA/FAMOSA,/*DE LOPE DE VEGA CARPIO.*
4º. A–D⁴. pp. [1]–32.
[Colophon] Con licencia: En Sevilla, por FRANCISCO/DE LEEFDAEL, en la cafa del Correo/Viejo.
[Library of Edward M. Wilson]

D. LA GRAN COMEDIA/LA FIANZA/SATISFECHA./DE LOPE DE VEGA CARPIO.
4º. A–E⁴. 40 unnumbered pages.
[Colophon] Impreffa en Valladolid, en la/Imprenta de Alonfo del Riego,/donde fe vende efta Comedia,/y otras diverfas; y afsimismo/buen furtimiento de Libros,/Hiftorias, Entremefes, Coplas,/Eftampas; todo à buen pre-/cio: vive frontero de la/Real Vniverfidad.
(The text ends on p. [39], and the colophon, with ornaments above and below it, occupies the entire p. [40], which is decorated with a border.)
[Biblioteca Nacional (Madrid)]

E. LA GRAN COMEDIA/LA FIANZA /SATISFECHA./*DE LOPE DE VEGA CARPIO.*
4º. A–D⁴ E². 36 unnumbered pages.
[Colophon] Impreffa en Valladolid, en la Imprenta de Alonfo del Rie-/go, donde fe hallarà efta, y otras de diferentes generos./Y afsimismo buen surtido de Romances, Historias,/Entremefes, Relaciones, Eftampas,/y Libros.
(End of text and colophon on p. [35].)
[Charles Patterson Van Pelt Library (Rennert Collection), University of Pennsylvania]

F. Num. 36./COMEDIA FAMOSA./LA FIANZA/SATISFECHA./*DE LOPE DE VEGA CARPIO.*
4º. A–D⁴. 32 unnumbered pages.
[Colophon] Hallaràfe efta Comedia, y otras de diferentes Titulos, en Ma-/drid en la Imprenta de la Plazuela de la calle de la Paz./Año de 1729.
[Hispanic Society of America]

G. Num. 36./COMEDIA FAMOSA. /LAFIANZA/SATISFECHA./DE *LOPE DE VEGA CARPIO.*
4º. A–D⁴. 32 unnumbered pages.
[Colophon] Hallaràfe efta Comedia, y otras de diferentes Titulos en Madrid/en la Imprenta de *Antonio Sanz*, en la Plazuela de la calle/de la Paz. Año de 1736.
[Biblioteca Nacional (Madrid)]

H. Num. 136./COMEDIA FAMOSA./LA FIANZA/SATISFECHA./DE *LOPE DE VEGA CARPIO.*
4º. A–D⁴. 32 unnumbered pages.
[Colophon] Hallaràfe efta Comedia, y otras de diferentes Titulos en Ma-/drid en la Imprenta de Antonio Sanz, en la Plazuela de la calle/de la Paz. Año de 1745.
[Biblioteca Palatina (Parma)]

I. *N. 154. Fol. I./COMEDIA FAMOSA./LA FIANZA/SATISFECIIA./ *DE LOPE DE VEGA CARPIO.*
4º. A–D⁴. pp. 1–32.
[Colophon] Hallaràfe esta Comedia, y otras de diferentes Titulos en/Madrid en la Imprenta de Antonio Sanz, en la Plazuela/de la calle de la Paz. Año de 1756.*
[Hispanic Society of America; Biblioteca Nacional (Madrid)]

J. Fol.I./COMEDIA FAMOSA./LA FIANZA/SATISFECHA./DE *LOPE DE VEGA CARPIO.*
4º. A–D⁴. pp. 1–32.
[Colophon] CON LICENCIA./Barcelona: En la Imprenta de PEDRO ESCUDèR, en/la calle Condàl. Año de 1757.
[Hispanic Society of America]

K. Num. 208/COMEDIA FAMOSA./LA FIANZA SATISFECHA./DE *LOPE DE VEGA CARPIO.*
4ᵘ. A–D⁴. 32 unnumbered pages.
[Colophon] *Con Licencia.* BARCELONA: POR FRANCISCO SURIÁ, y BURGADA./Año de 1773./*A Coſtas de la Compañia.*
[Ticknor Collection, Boston Public Library]

L. Num. 208/COMEDIA FAMOSA./LA FIANZA SATISFECHA./DE *LOPE DE VEGA CARPIO.*
4º. A–D⁴. 32 unnumbered pages.
[Colophon] *Con Licencia.* BARCELONA: Por JUAN SERRA Impreſor./ *A Coſta de la Compañia.*
[Library of the University of California, Berkeley; Library of King's College, London University; Biblioteca Nacional (Madrid); British Museum; and elsewhere]

M. COMEDIA./LA FIANZA SATISFECHA./DE *LOPE DE VEGA CARPIO.*

4°. A–D⁴. pp. 1–32.

[Colophon] MADRID: AÑO DE 1799./Con Licencia: *Se hallará en la Librería de Quiroga, calle de la Concepción Geró-/nima: en la misma Librería se halla un gran surtido de Comedias antiguas, Trage-/dias, y Comedias modernas; Autos Sacra-mentales y al Nacimiento, Saynetes y/Entremeses: Por docenas á precios equitativos.*
[Ticknor Collection, Boston Public Library; Biblioteca Nacional (Madrid)]

N. *La fianza satisfecha. Comedia famosa.* In *Obras de Lope Félix de Vega Carpio publicadas por la Real Academia Española.* Prólogo y notas de Marcelino Menéndez y Pelayo. Vol. v (Madrid, 1895), pp. 363–94.[1]

S. Num. 3./LA GRAN COMEDIA/LA FIANZA/SATISFECHA./ DE LOPE DE VEGA CARPIO.
4°. A–E⁴. 40 unnumbered pages.
[Colophon] Impreſſa en Salamanca, en la Im-/prenta de Franciſco Garcia Ono-/rato y San Miguèl, donde ſe ven-/de eſta Comedia, y otras diverſas;/y aſsimiſmo varios Entremeſes./Vive en la calle de Libreros,/junto à la Vniver-/ſidad.
(The text ends on p. [39], and the colophon, with ornaments above and below it, occupies the entire p. [40], which is decorated with a border.)
[British Museum]

Our purpose in this section is not to attempt to trace in detail the filiation of the texts which we have used as a basis of the present edition, but to hypothesize the relative chronology of the MS copy (A) and the six undated editions (B–EL and S). All of the texts we have used considerably post-date the supposed time of the play's composition. Seven of them (F–KM) are dated and were issued by publishers active in the eighteenth

---

[1] In the project to reissue the Academy edition of Lope's *Obras*, the N text of *La fianza satisfecha*, grouped as this play was by Menéndez y Pelayo among the 'Comedias de vidas de santos', has been duly reprinted as its turn came, in Volume 187 of the BAE (*Obras de Lope de Vega*, XII: *Comedias de vidas de santos*, IV (Madrid: Atlas, 1965), pp. 109–51). Unfortunately, this edition represents, with a few exceptions, a deterioration of N's text. The title page (p. [107]) gives the title correctly, but the running headlines give it as LA FUERZA SATISFECHA. Aside from differences in capitalization, punctuation and stage directions, the variants which the reprint of N offers with respect to N are as follows:

Line	N	Reprint			
36	tenga	tengo	798	Estás	Estas
59	te	ten (an obvious	1067	llegar,	llevar,
		misprint)	1398	habra,	habrá,
105	venidme	venirme	1478	hablador,	labrador,
148	Calla;	Calle;	1849	la	le
194	de	del	1859	deja	dejo
234	hija,	hijo,	1936	encontrado	encontrada
283	de suerte	de tal suerte	2083	ocasiones	ocasionen (an
311	lección	lección			obvious misprint)
			2310	esperanza	esperanzas

4

century; L, even though it is undated, is recognizable as an eighteenth-century product and may be assigned with assurance to the last third or quarter of that century, as our discussion will show. Even the Academy edition (N), according to its editor, is based on an eighteenth-century *suelta*. The Leefdael (BC), Salamanca (S) and Riego editions (DE), all five of which are undated, may also be attributed to the eighteenth century. While the MS copy (A) may possibly date from the very end of the seventeenth century, its handwriting is typical of the eighteenth.[1] Since the play is thought to have been composed between 1610 and 1620, there is a considerable gap of time between the date of the original manuscript or manuscripts and printed edition or editions (if any) and that of the manuscript copy (A), which we believe to be the earliest of the texts we have been able to find. The play appears already very corrupted in A. It is also quite corrupted in B–E and S, the earliest of our printed editions, but less so than in A and in different ways and in different passages. It seems certain, then, that at least two seventeenth-century texts once existed, from which A on the one hand and B–E and S on the other derived either wholly or partially. Indeed, the many variant readings of the later editions which can be traced neither to the early editions nor to the manuscript copy can be attributed only to the existence of several texts unknown to us or to a prodigious amount of improvisation on the part of the editors.

In view of there being so many unknown factors, it would be pointless to examine in detail the relationships between the various editions and the manuscript. We have reached a few conclusions, however, regarding the relative chronology of the undated texts, and these conclusions yield a semblance of textual tradition among all the texts.

The earliest dated edition we have found (F) is that of Madrid, 1729. The printery located in the Plazuela de la calle de la Paz, which Antonio Sanz apparently purchased between 1729 and 1736,[2] seems to have monopolized the printing of *La fianza satisfecha* from 1729 until 1757, when an edition done by Pedro Escudèr appeared in Barcelona. At the same address

[1] See the *Catálogo de la Exposición Bibliográfica de Lope de Vega organizada por la Biblioteca Nacional* (Madrid, 1935), No. 552, p. 149.

[2] Francisco Escudero y Perosso (*Tipografía hispalense: Anales bibliográficos de la ciudad de Sevilla desde el establecimiento de la imprenta hasta fines del siglo XVIII* (Madrid, 1894), p. 609b, n. 1) places Juan and Antonio Sanz in the 'segundo tercio del siglo XVIII'. William A. McKnight and Mabel Barrett Jones, in their *Catalogue of 'Comedias Sueltas' in the Library of the University of North Carolina* (Chapel Hill, 1965), list a *suelta* published by Antonio Sanz in 1729 (No. 1236) and another in 1730 (No. 1338). But Sanz seems not to have purchased the printery in the Plazuela de la calle de la Paz until later. The colophon of another *suelta* published in 1729 (*op. cit.*, No. 1674) gives, like F, the name of the printery ('Imprenta de la Plazuela de la calle de la Paz'), but (also like F) not the name 'Antonio Sanz'.

Introduction

in Madrid as that of the 1729 edition, but under the name 'Antonio Sanz', other editions were issued, dated 1736, 1745 and 1756.

Very probably, taking into account the law of supply and demand, the Valladolid, Salamanca and Seville editions, as well as the manuscript copy, were done before 1729. Surely, if the manuscript was made because of the lack of printed editions,[1] it is more than likely that it was done before the first of the printed editions appeared.

As for the Leefdael editions (BC), the period during which they could have been published is 1701 (or, more probably, a few years later) and 1730.[2] According to Mariano Alcocer y Martínez,[3] Alonso del Riego published from 1700 to 1763. We expect to make clear, in the following examination of the textual relationship of the undated texts, that 1700 is too early a date for either of our Riego editions and that 1763 is much too late.

On the basis of our experience with the dated editions, we can say that the prime consideration of the editors is grammatical and morphological correctness. Their secondary concern, becoming more noticeable in the later editions, is metrical regularity. Their knowledge of classical antiquity and geography, however, is not so firm as their acquaintance with current linguistic usage (see, for example, vv. 446 and 1045). A good case in point is the corruption of the place name *Licata*, which helps determine the

[1] In all likelihood it is one of those manuscripts which Antonio Restori characterizes as 'quelle copie che tra la fine del secolo XVII e il principio del XVIII si esiguivano in gran numero per riparare alla rarità, che cominciava allora a sentirsi, delle vecchie edizioni, mal supplite dalle difettose sueltas dei Sanz e dei Leefdael' (*Una collezione di commedie di Lope de Vega* (Livorno, 1891), p. 16). While Restori seems to suppose that Sanz was publishing earlier than he actually was (see above, p. 5, n. 2), his remark regarding the scarcity of texts may well explain the existence of the manuscript copy of *La fianza* and lend strength to the supposition that first it and then the Leefdael, Salamanca and Riego editions were done before 1729, the date when Sanz, or one of his predecessors in the printery of the Plazuela de la calle de la Paz, began to help fill the demand for the play.

[2] See Escudero y Perosso, pp. 47–8. Since Leefdael began publishing in the Calle de la Vallestilla, and he did not move until later to the Casa del Correo Viejo, which, according to the colophons of the two editions of *La fianza*, was his address when he published them, it may be supposed that he did not print them during the first few years of the century. Unfortunately, if Escudero knows when Leefdael moved from the first address to the second, he does not tell us.

Escudero states that Leefdael died *c.* 1727 and that by 1730 the publications of the house appear under the name of his widow; hence our *ad quem* date of 1730.

The two Leefdael editions of *La fianza* which we have used are not listed by Escudero. He does list *La fianza satisfecha* (No. 2939) under 'Comedias impresas por José Padrino, en la calle de Génova'. We have not found any copies of this edition. Padrino, according to Escudero (p. 51), was a Sevillian printer active during the second third of the eighteenth century.

[3] *Catálogo razonado de obras impresas en Valladolid, 1481–1800* (Valladolid, 1926), pp. 17–18.

chronological order of the manuscript copy (A), the five undated *sueltas* (B–E and S), considered as a group, and the *suelta* edition of 1729 (F).

Licata is found spelled correctly in A wherever it occurs; in B–E and S, it is spelled correctly in vv. 526, 534 and 627, but *Alicata* (incorrectly) in vv. 2417, 2449 and 2691; in F (and in all subsequent editions), it is spelled *Alicata* throughout. It is safe to assume on the basis of the progressive corruption of the word *Licata* that A is the earliest of the seven texts, that F is the last of them, and that B–E and S fall between A and F chronologically.

Since B and C were both published by Leefdael, one would expect that whichever of them was printed later would have been based on the earlier one. That this is indeed what happened is borne out by the fact that the two texts frequently group alone in showing an identical variant reading. Their joint divergence from the other texts is particularly obvious in such lines as 1970, 2308, 2441 or 2610, where a nonsensical misprint or misreading in one of the two texts has been reproduced uncritically in the other.

B is a much less carefully done edition than C. The texts are almost alike except for C's much greater grammatical correctness and freedom from misprints, even though it does have a few of its own. On the reasonable assumption that the editor of the later edition would have worked to improve the sense and the syntax of the earlier one, C would seem to be the later of the two editions because of the pattern of error and correction in several lines.

In v. 2279, for example, where A reads *seréis* B has printed *seas*; in C, the reading is *sedis*, which looks like a partial correction of B's *seas*. In the list of *dramatis personae*, B reads incorrectly *Zulema, Mora*; C reads correctly *Zulema, Moro*. In vv. 857–8, C's reading of *soy* (where B reads *sé*) is obviously an attempt—not altogether successful—to restore some sense to the two lines.

In two cases, the correction—assuming that C's editor had B before him —worsened the text. In v. 1405, it is probable that the editor of B intended to print *al moro* (as in A) and that for some reason the *a* of *al* was not printed, giving the reading *l moro*. We suspect that B's misprint may have caused C and, as a result, most subsequent editions to print *el moro*, instead of *al moro* (a 'correction' which gives rise, incidentally, to still other changes in some of the later editions (see note, v. 1405)). It could be argued, of course, that B's editor had intended to print *el moro*; it might also be argued that C was the earlier text and that B's greater number of errors is a result of a careless job of editing and printing. The second of the

7

two cases, however, seems to rule out such objections: in v. 576, B reads *Muer, aZulema*; C reads *Muera Zulema*, resulting in a misinterpretation. The comma in B is not clear, and, if it was not clear when C's editor read it, he surely took it for merely an error in spacing, which he rectified. Since he has set off with commas elsewhere in this same passage the names of persons addressed, he would have done so in this line if he had not misread B. The possibility that the change was in the opposite direction is minimal. We are reasonably certain, therefore, that our letter designation of the two Leefdael editions corresponds to their true chronological order.

S, D and E coincide with B and C in so many of the readings in which all five of these texts differ from the others that, if B and C are the earlier editions (and we shall demonstrate below that they are), the influence of the Leefdael pair on the other three is beyond doubt.

Of the other early texts, D is closest to S in its readings, differing from it in only 25.[1]

---

[1] The following are the lines in which S differs from D. Each reading of S is to the left of the page, and, unless otherwise indicated, is the same as that of our adopted text. D's reading is given to the right of the page and is followed by the letter designation of the texts (including D) which offer that reading:

Line	S	D
105	a	*om.* ADE
128	quies ver	quieres ver D–J
162	si no lo quieres pagar. (Unlike our text, but like E–HJ)	si no los quieres pagar. D
341	fraticida, (Unlike our text, but like BC)	fratricida, D–N
447	Mira (Unlike our text, but like BCE–N)	Mírame D
471	eso	esto D
619	ése,	éste, D
629	de	*om.* D
656	que,	*om.* DE
743	sirven,	sirvan, BDE
925	hallaras,	hallarás, B–EG
1104	arrullos,	argullos, D
1116	las sombras	sus sombras DE
1513	Eso	Esto DE
1530	lo	le DE
1648	Tener	Tened DE
1655	luego	lueño DE
1720	encerrado	enterrado D
2198	al estar (Unlike our text, but like C)	el estar BD–M
2280	Prosígueme	Prosigue C–EG–I
2576	travesada (A unique reading, a misprint, in S)	atravesada B–N
2583	a la parida,	a la partida DE
2610	no difiera	me difiera DE
2724	pendencia	prudencia DE
2820	los ofensas (A unique reading, a misprint, in S)	las ofensas B–HJ–M

S differs from B in approximately 115 readings and from C in only 85. Moreover, S coincides with C in more than 65 readings in which the latter edition differs from B. It may be assumed, therefore, that, if S follows B chronologically, C had also appeared by the time S was published. Of the 85 readings in which S differs from C, it coincides with B in 8. Of the same 85 readings, 13, most of them identifiable as misreadings or misprints, worsen the text in S; but 44 of them, including 7 in which S coincides with B, decidedly improve it in the sense that they make it more consistent and intelligible. Twenty-eight of the changes, including the remaining reading of the 8 in which S coincides with B, neither improve nor worsen the text, but some of these (like a few of the 13 that worsen the text) may have been made (or adopted from some unknown text) by S's editor with the intention of improving upon C (and B). In view of the fact that the great majority of S's different readings tend to improve the text, it is more than probable that S derives principally from C, with B having been used as well as a secondary base text.

As we stated above, D differs from S in only 25 readings. E differs from S in 34. In view of the proximity of the texts of S and D, one must suppose that one of the two is based on the other. Of the 25 cases in which D differs from S, vv. 2576 and 2820 (new misprints in S) and 341 and 2198 (misprints already existing in BC and C, respectively, and perpetuated in S) are the only ones in which S's reading is inferior. There are two cases in which either reading is equally acceptable (vv. 1116 and 1530). S's *eso, ése* and *Eso* (vv. 471, 619 and 1513) seem better, though not much better, than D's *esto, éste* and *Eso*. In the remaining 16 cases, S offers unquestionably better readings. On the basis of v. 128 (*quies,* instead of *quieres*) and v. 1104 (*arrullos,* instead of *argullos*—becoming *orgullos* in E (see below)), we believe that S is earlier than D and that D's editor used S as a basis of his edition. His differences from the S text are attributable (aside from the four readings which he has corrected) to carelessness (vv. 105, 162 (error corrected in E; see below), 656, 1104, 1655, 1720, 2610 and 2724), or to reliance on B or C (vv. 743, 925 and 2280) or to his attempts to correct (vv. 128, 471, 619, 1116, 1513 and 1648). (To be sure, of the last-mentioned group, vv. 471, 619, 1513 and possibly 1648 may be attributable to misreading.)

The filiation of texts for which we have argued is lent additional support by the change suffered by v. 128. In A–C and S, it is *quies ver*; in D–J, it is *quieres ver*; in K–N, it will become *verás*. As we observed above, the earlier editors make corrections in grammar and morphology; the later ones are also concerned with metrical regularity. *Quies* can

9

become *quieres*, but it is unlikely that *quieres* will become *quies*. When the meter needs to be adjusted, once the language has been corrected, the editors will look for some acceptable alternative which fits the meter. So, *quieres ver* (one syllable too long) became *verás*.

We have argued that D derives from S. Our reasons for supposing that E is based on D are the following. E differs from S in 34 readings, by comparison with D's 25 variants from S. This fact would suggest that E is the later of the two Riego editions. E coincides with D in differing from S in 15 of those 34 readings, 3 of them, unique to D and E (vv. 1655, 2610 and 2724), being obviously erroneous. Of the other differences, 15 are new, not to be found in D nor in any of the texts which we have argued are earlier, and the remaining 4 (vv. 302, 934, 2280 and 2649), although to be found in B or C, could have been made by the editor without consulting the Leefdael editions. The exclusive dependence of E on D, therefore, seems clear. To establish that assumption more securely, the evolution of a reading in line 1104 may be traced. D's *argullos* is almost certainly a misreading of *arrullos* (found in A–C and S). E's reading *orgullos* surely is a 'correction' of *argullos* to the by then current form of the same word. (See note, v. 1104.)

The editor of F seems to have had B, C, S and D before him as he made his edition. He may also have consulted other texts, including E perhaps. The variant readings of F correspond now to one, now to another, now to two or more of the Seville, Salamanca and Valladolid texts. F corresponds in five of its variant readings exclusively to E (vv. 103, 156, 162, 1940 and 2172), but these are all minor variants, and it is by no means certain, therefore, that they derive from E. In spite of the possibility that F's editor did not consult E at all, it seems likely that E preceded F in its date of publication. This conjecture is based on the fact that in editing E, Riego does not take F or any later editions into account, basing E entirely on his own previous edition. This argument, while not a very strong one, does make it seem very probable that E precedes F chronologically.

The remaining undated text is the Juan Serra edition, which we have designated with the letter L, implying thereby that we believe it falls chronologically between 1773 and 1799. V. 2670, in which L improves on K (and its predecessors B–J) by inserting *un* to make the line full metrically, and other changes, though minor too, in vv. 381, 1056, 1297 and 1731 would seem to align K with the earlier textual tradition and show L departing from it. A stronger piece of evidence in favor of the assumption that L follows K is what happens in the two texts in the spelling of Zarabullí's name. In K, it is spelled with one *r* (as in the earlier texts) in

every place but five: in the list of *Personas*, in the stage directions following
vv. 1591 and 1632 and in vv. 1603 and 1994. In these five places, K spells
the name *Zarrabullí*. L spells the name *Zarrabullí* not only in those places
but everywhere it occurs. It is possible to affirm, then, with some degree
of certainty that L derives at least in part from K and that it was published
some time after 1773, the date of the Suriá edition.

It is also fairly evident, however, that M (Madrid, 1799) derives from K
also and not from L, because it does not share L's differences from K in the
above-mentioned lines (2670, 381, 1056, 1297 and 1731), and it misspells
Zarabullí's name in the very same places where it is misspelled in K. The
probability that M does not derive from L makes it more difficult to
establish an *ad quem* date for the Serra edition.

The tentative date of '1780(?)' for the Serra edition which appears on
the catalogue cards of the libraries of the British Museum and the University of California (Berkeley) is probably a fairly accurate one, although
we do not know on what basis they have assigned it that date. It bears the
same serial number (208) as K, and its format is almost identical to K's,
in spite of the fact that K's printer was Suriá y Burgada and L's was Juan
Serra. The title and running headlines are identical, and the only differences
in the colophons, besides the different printers' names, are that K's gives
the year of publication, while L's does not, and K reads *coſtas*, while L
reads *coſta*. The spacing of the text on the pages (which are alike in there
being 32 of them and unnumbered) is exactly the same in the two editions,
except that on fol. B1v L's text is one line behind K's at the bottom of the
left column; the difference has been eliminated, however, by the bottom
of the right column of the same page. The almost identical format of the
two texts makes us suspect that Suriá y Burgada sold the rights to the
edition to Juan Serra, who then used the text, with very few changes, as
a basis for his own.[1] If our suspicion is correct, Juan Serra probably
printed his edition within the period of ten or fifteen years following the
appearance of Suriá's.

If L did not appear as early as we suppose, it is at least almost certain
that it was published before 1799, when M appeared, and even more
certain that it appeared before 1801. On 18 March 1801, *La fianza satisfecha*
was banned by an edict of the Inquisition.[2]

---

[1] For apparently similar cases, see McKnight, *Catalogue of 'Comedias Sueltas'*, Nos. 1352 and
1353; 1412 and 1413; 842 and 843; 395 and 396. We have not collated the pairs of texts
listed under the above numbers, but the description provided in the McKnight *Catalogue*
is sufficient to show that serial numbers, pagination and the arrangement of the titles are
identical, even though the printers are different.

[2] See the *Índice de los libros prohibidos por el Santo Oficio de la Inquisición Española, desde su
primer decreto hasta el último, que espidió en 29 mayo de 1819, y por los Rdos. Obispos españoles*

Introduction

CHOICE OF BASIC TEXT AND CRITERIA
FOR CHOOSING READINGS

(Neither the Salamanca *suelta* nor the reprint of the Academy edition is taken into consideration in what follows, nor in our rendering of variants. See p. 1, n. 1, p. 4, n. 1, and p. 8, n. 1.)

In deciding on a text, we have chosen to follow F (Madrid: Sanz, 1729), since it is the earliest dated edition we have found, even though we believe the Leefdael and Riego editions and the MS copy to be earlier. In spite of having selected F as our basic text, however, we have frequently chosen the reading of another edition or the MS copy. Since our purpose has not been to reproduce the text of any one edition—none of them being authoritative—but to establish as pure a text as possible, we have chosen readings now from one edition, now from another, now from the MS. In general, however, we have given preference to the MS and to the earlier editions wherever sense, rhyme and strophic pattern have permitted. Often the Leefdael or Riego editions offer readings that make sense, but the rhyme pattern or strophic pattern is imperfect, while later editions offer readings which not only make sense but are regular in rhyme and strophic pattern. In such cases we have preferred the readings of the later editions. The MS copy is very uneven when judged on the basis of sense, rhyme, and meter. Nevertheless, it frequently offers a reading that, from all points of view, seems much more probably authentic than any of the printed editions. For that reason, and because we believe it is earlier than any of our printed editions, reflecting, therefore, in all probability, a less corrupted version of the play, we have frequently chosen a reading from it even though one or more of our printed editions offer a reading just as acceptable from the point of view of sense, rhyme, and meter.

We have frequently chosen readings from more than one text to derive a single line of ours, as will be apparent from the variants. Occasionally we have emended a line, calling attention to the fact and giving the nature of the emendation in our 'Notes to the Text and B–N Variants'.

ORTHOGRAPHIC AND OTHER NORMS FOLLOWED IN
RENDERING TEXT AND VARIANTS

In transcribing our text, we have modernized the spelling, with a few exceptions which will be noted later. Since our interest in editing *La*

desde esta fecha hasta fin de diciembre de 1872, por el Dr D. León Carbonero y Sol (Madrid, 1873). For further particulars regarding the banning of the play, see below, pp. 48–57.

fianza satisfecha has been of a literary rather than a linguistic nature, there would have been no reason to reproduce the orthographic peculiarities of a given edition. The linguistic interest would have been limited in any event, since even the earliest of the texts we have used post-dates the composition of the play by nearly a century. Moreover, had we decided to transcribe a single text with all of its orthographic peculiarities, we would then have had to give all variant spellings found in the other texts we have consulted. Any resulting increment in the edition's usefulness would have been outweighed by the time and cost of elaborating it and the diminution of its readability.

We have, to be sure, reproduced the orthography of the MS to a limited extent. In the 'Variants of A' we have normalized the orthography in all cases in which we have been able to interpret the variant reading. But in the 'Notes to A Variants' we have given the orthography of the variants as found in the MS itself (1) if the interpretation is at all doubtful, or (2) if the orthography in our opinion might serve to characterize the scribe. In the second case, of course, what we have presented is only a sampling.

Having decided to modernize the orthography of the play's text, there was no reason to give as variants the different spellings of words as we found them in the texts we consulted, except for those of the MS. The sense, rhyme, or meter is affected by spelling in only a few cases. In v. 1956, we have adopted the reading *Pilato*, whereas FK–N (i.e. texts F, K, L, M and N) read *Pilatos*. Here we have had to give *Pilatos* as a variant, because the reading affected other lines through the exigencies of rhyme (see the variants of vv. 1952, 1954, 1955 and 1956 and note, v. 1956). Similarly, the two spellings *mismo* and *mesmo* are found in the texts we have used. In accordance with our criterion of modernizing spelling, we have preferred the form *mismo*; nevertheless, we have had to use *mesmo* (or *mesmos*) in three different lines (674, 788 and 2323), because the assonantal rhyme pattern E–O requires it. On the other hand, we could not have chosen to use the form *mesmo* exclusively, because the assonantal rhyme scheme in I–O requires *mismo* in v. 206. We have followed a similar norm in the case of *indigno–indino*: in v. 1950, consonantal rhyme requires the form *indino* (see also *dinas*, in v. 1959), but in v. 1954, where the situation of the word *indigno* makes its form irrelevant to the rhyme scheme, we have preferred that form. The same norm has also required that we make one exception to our practice of modernizing the spelling of the infinitive plus enclitic pronoun (*hacello* > *hacerlo*): in v. 1167 we have left unchanged the rhyming form *ofrecella*. Another exception to our practice of standardizing orthography is Zarabullí's peculiar speech, which obviously follows its own norms.

We have also preserved some archaic forms; usually—but not always—the meter would be affected adversely by adopting the modern form: e.g. *rastrando* (v. 420), *quies* (vv. 128 and 162) and *aquese* (v. 996), but *esotra*, instead of *esa otra* (v. 562).

To return to purely orthographic considerations, Argolán, the name adopted by Leonido, or given to him, after his renunciation of the Christian faith and used by him until his confrontation with Christ, is spelled *Orgolán* in A. The name of the Moorish King, Belerbeyo, is spelled *Belarbeyo* in A, and the name Zarabullí is spelled *Zarrabullí* in several printed editions. We normalize all these names without comment in our variant notes. Some texts, instead of reading *Rey* in the margin to indicate that the King is the speaker, give his name. In order to avoid confusion, in our text we have normalized the designation to *Rey* in our marginal assignment of the lines, and we adhere to that norm in our variant notes, calling him 'the King'.

There is some vacillation between second person singular and plural pronouns (see, for example, vv. 1243 and 1245). Since we have found no authority in the texts we have consulted to resolve the inconsistency, we have not tampered with it. As for verb forms, we have chosen—because in this case we have variant readings to support us—to make the use of singular or plural consistent. The lines affected are 892 (*dijistes*, in C–F) and 1863 (*pintastes*, in C–L). In each case, the context clearly requires the second person singular, whereas the above-mentioned variants are properly archaic forms of the preterit second person plural. Andrés Bello, however, refers to their use (which he condemns) as second person singular.[1] The same tampering may well have affected other passages, adding to the confusion between singular and plural verbs and pronouns. (See, for example, vv. 1370, 1373, 1436–48, 2254, 2357, 2687 and 2688.)

There are numerous misprints in B, C, D and E. We do not include misprints as variants, unless they are perpetuated in later editions. When they are, they have some interest, because (1) the recurrence of a misprint —especially when it is nonsense—in two or more texts helps to establish the textual tradition, and (2) a meaningful misprint not identified as a

---

[1] 'El hacer a *contastes, subistes* segunda persona del singular, es un provincialismo que no debe imitarse, porque confunde los dos números del pretérito contra la costumbre antigua y genuina, sin que de ello resulte otra conveniencia que la de facilitar en algunos casos la rima, o llenar la medida del verso' (*Gramática de la lengua castellana destinada al uso de los americanos*, 20ª. ed. hecha sobre la última del Autor con extensas notas y copiosos índices alfabéticos de Ruffino José Cuervo (Paris, 1921), p. 159).

misprint by a later editor may mislead him in his understanding of the passage and cause him to 'correct' other words or even entire passages. Since some misprints may have importance for one or both of the above reasons, we have picked out the significant ones for commentary in our 'Notes to the Text and B–N Variants'.

An example of a significant misprint is found in D, in v. 1104. The reading given by all of the other texts but E is *arrullos*, which is plausible and probably correct. D's misprint (*g* instead of *r*) gives *argullos*. E, the other, later, Valladolid edition (we surmise, at least, that it follows D, on the basis of this and other evidence, although neither edition is dated), 'corrects' D's misprint to *orgullos* (perhaps on the authority of the recently published first volume of the Academy Dictionary). Thus it draws even farther away from the text as it originally must have been. (See note, v. 1104.)

Sometimes we have been able to identify a word or group of words as a possible misreading. Since misreadings are of some significance, we have always tried to identify them and point them out by listing them among our variants and providing them with a note. Often, of course, it has been impossible to determine whether they are misreadings, misprints or even, perhaps, the correct reading (see, for example, note, v. 589).

PUNCTUATION AND LINE DIVISION OF TEXT AND VARIANTS

We have punctuated the text according to our interpretation of the play, reading it aloud in order to estimate better the length of pauses. Some passages could, of course, be understood in another manner if they were punctuated differently. We have called attention to some such places in our 'Notes to the Text and B–N Variants'.

We have tried to avoid using an excessive number of exclamation points, in spite of the fact that this is a play in which it sometimes seems that every line must be shouted. Rather than stud each page with exclamation points, we have preferred to leave the interpretation of the intensity of the expression to the individual reader.

We have indicated asides by enclosing them in parentheses and have set off parenthetical matter by means of dashes.

Since the play, at least as it existed in the eighteenth century, falls into a series of strophic patterns, we have made line divisions accordingly. Neither the scribe who is responsible for the manuscript copy nor the early eighteenth-century editors seem to have been very aware of strophic and rhyme patterns, and their line divisions are arbitrary. The Sanz editions make line divisions and metrical patterns agree for the most part, even the last of them (I), in spite of the fact that it goes on its own unique way inventing readings or digging them out of some strange source unknown to us. The Barcelona editions and the Madrid edition of 1799 make the line divisions correspond completely to metrical patterns.

The only reason for dividing the acts into scenes—to facilitate the comparison with other texts—does not exist, since the Academy edition is not so divided, nor are any of the versions we have consulted. We have not, therefore, done so either.

In our rendering of the variant readings, we have made the line division and punctuation agree in most cases with that of our text. It would have been pointless to try to give variant punctuation, when the only way in which this could have been done significantly would have been to reproduce whole passages. Moreover, the number of our variants would then have been greatly increased and to little purpose. In the case of extensive truly variant passages which also have their own variant metrical pattern and syntax, we have punctuated them accordingly and printed them with their appropriate line divisions.

METHOD OF RENDERING VARIANTS

We give the variant readings of the printed texts (B–N) at the foot of the corresponding pages of our text. Since the MS (A) offers so many variant readings, we have thought it best to relegate them to a separate section. Our method of identifying the portion of our text and rendering the variant reading is the same, however, in both sections.

In order to identify the portion of our text for which there is a variant reading, we give the line number or, in the cases in which more than one line is affected, the inclusive line numbers. Where only one word or a two- or three-word group is affected, we give the word or whole group. Where a larger group of words, or a whole line, or two or more lines are affected, we give the first and last words of the group, line or passage affected. To make referral to our text easier, the clue word or words are punctuated as in our text.

To the right of the clue word or words we place a bracket, and to the right of the bracket the variant reading or some comment descriptive of the variation, the most frequent comment being that the variant text or texts omit the word or passage in question. This sort of variant we indicate by the abbreviation *om.*

Regarding the punctuation of the variant reading, as we have noted above, we make it correspond to that of our text, except where syntactical differences clearly require that it be given its own. An occasional variant reading is so nonsensical, and at the same time so different from our text, that we have neither been able to determine its own punctuation nor provide it with that of our text.

Finally, to the right of the variant reading we list the texts offering the variant, designating them by letter from A to N in what we believe to be their chronological order, A being the earliest text and N the most recent (see pp. 4–11). Where the texts giving the variant reading are three or more successive editions in chronological order, we give only the first and the last in the series, placing a dash in between to stand for the intervening texts. B–E, for example, means B, C, D and E. A question mark in parentheses following any one of these letters means that in the designated text the variant reading is doubtful. In all such cases there is a note provided. Although we have put the variants of A in a separate section, wherever A's reading coincides with the variant reading of any of the printed texts we have also included its letter designation along with that of the printed texts. (See, for example, vv. 13, 42 and 43.)

Some examples of our variant reading notes referring to the printed texts will help clarify our method:

1. The variant consists of one word instead of one appearing in our text:

12   hermanos?] hermano?   I
43   sí] sino   A–J

2. The variant consists of one word instead of a group of words appearing in our text, or a group of words instead of one word appearing in our text:

43   es mi gusto] gusto   AI
12   Desvarío] ¡Qué desvarío   C–J

3. The variant consists of a different group of words, or perhaps the same words in different order, beginning in one line and continuing into the following line, both lines corresponding to our text:

808–9   esa...de ti.]

esa nueva yo a llevarla
no me atrevo.   I

4. The variant consists of the omission of a word, or a group of words, or a line or more found in our text:

5   es] *om.*   AB
103   ¿Ya...llamamos?] *om.*   N

5. The variant consists of one or more different lines instead of the same number of lines in our text. (The difference may consist entirely, or almost entirely, of a variant syntactical arrangement):

761–3   Parta...Leonido.]
        Parta Zulema, y diga en Túnez,
        Leonido, que preso quedo
        en tu poder, si es que gustas.   B

1708–9   ¡Ardoa!;...servido.]
        Ardúa; aquí se derriba
        todo el palacio de Meca.   B–N

6. The variant consists of two or more lines instead of one line in our text, or one line instead of two or more lines in our text:

844   y el... locura.]
        y es querer darme la muerte,
        si te trato de adorar.   B–J

1872–3   y, pues...morirás.]   si a Dios no te vuelves, condenado.

(The second example is found among A's variants, which are grouped together in a separate section. Hence, the letter symbol (A) designating the text in which the variant is found, necessary in the case of the B–N variants, would be superfluous here.)

7. Finally, in the cases in which the variant text includes one or more lines between two consecutive lines of our text, we give the numbers of the two lines of our text between which the variant texts include additional lines. We abbreviate the word reference, however, giving only the last word (or words) of the first line, a virgule, and then the first word (or words) of the second line:

936–7   acero;/primero]
                      acero;
        que yo me oponga a tu gusto;
        primero   I

In one line one text may give as many as three variants which can be considered individually (for example, v. 257 among A's variants). In such cases we have thought it useful, in spite of the additional space required, to give the variants individually. The value of this procedure lies in the probability that one text unknown to us may have contained one variant but not the other two, or perhaps two but not all three. In the case of

v. 257, our chosen text reads: *Llegué, y al llegar encontré*. Other texts unknown to us may have read: *Llegué, y al entrar encontré, Llegué, y al llegar encuentro*, etc.

If stage directions vary significantly, we have included them in our notes, referring the reader to them in the same way as for other matters (see below, p. 20). The variant stage direction is either included in the line so marked or immediately follows it. With two exceptions, all of the variant stage directions we give are to be found only in A and so are to be found among our notes to A's variants. The exceptions are v. 1987 (in which we supply stage directions) and v. 2355 (in which we call attention to a manifest error in timing in our basic text F).

Who speaks the lines is important, of course. In the case of lines assigned to a personage other than the one given in our text, we indicate the variant speaker in one of two ways: we either give the name of the speaker (in small capital letters) as part of the variant reading, or we comment, *Assigned to*...

In order to keep our variant reading notes as simple as possible, for ease of reference, we have relegated more detailed comments on them to separate sections of notes. For our method of referring the reader to the two groups of notes, one group having to do specifically with the manuscript ('Notes to A Variants') and the other, more general and inclusive, concerned with our text and the variants of the printed editions ('Notes to the Text and B–N Variants'), see the following paragraphs.

REGARDING THE 'NOTES TO THE TEXT AND B–N VARIANTS' AND THE 'NOTES TO A VARIANTS'

Having included the MS's variant readings in a separate section, it has seemed best, in the interests of clarity and ease of reference, to divorce the commentary on them from the main body of notes. All of the notes on A's variants deal with textual peculiarities and doubtful readings, whereas the main group of notes is concerned with a variety of matters.

There are two sorts of corrections on the manuscript copy: those which appear to be in the same hand and in ink of the same shade as that of the original writing, and those which seem to be in a different hand and in a lighter shade of ink. The corrections made by the original scribe are not particularly interesting, but they help one to know something about the scribe. The corrections made in a different hand are made with more intelligence and understanding of the play, or perhaps (although it seems less likely) with a different copy of the play at hand. Depending on whether the corrections in a different hand were made as soon as the manuscript was completed or considerably later, they are of great or little interest. It is reasonable to suppose, however, that the owner of the manuscript would not have taken the trouble to correct it after *suelta* editions became readily available.

In our 'Notes to A Variants', we call the person who made the later, more intelligent corrections 'the reader' and the other person 'the scribe'.

The principal body of notes is more general in its scope and purpose. Therein, we have explained our choice of readings in many lines or passages, where the reasons for our choice are not immediately evident; we have commented on a few doubtful readings in the printed texts; and, finally, we have attempted to clarify the meaning of our chosen text.

Our means of referring the reader to the notes is simple: if there is a note the line number preceding the textual reference and the variant reading is given in boldface type. In the case of a line for which there is a note in spite of the fact that there is no variant reading, we have merely included the number—in boldface type—in its corresponding place among those for which there are variant readings.

THE AUTHORSHIP OF 'LA FIANZA SATISFECHA'

Although we are not entirely convinced that Lope de Vega wrote *La fianza satisfecha*, we are inclined to believe that he did. Since in the sections of this introduction following our treatment of sources we shall treat the play as unquestionably written by Lope (partly because of our near conviction and partly to avoid the repetition of conditional clauses), we shall set forth at the outset the reasons which compel us to our opinion. The section entitled 'Literary precedents', which immediately follows this one, must be in part a supplement to this one, for several of such precedents are Lope's authentic plays. In the ensuing sections ('Sources' and 'Lope and Tirso'), we shall assume that the hypothesis has been established and shall reason on that basis, but at the same time we hope that such reasonings will serve to confirm the hypothesis.

La fianza satisfecha was attributed in the eighteenth century to Lope de Vega and to Pedro Calderón.[1] Now, in our subsequent discussion of sources of *La fianza* and its influence on other, contemporary, dramatic works, we shall establish a rather strong case for an approximate date of composition.

[1] William L. Fichter points out that 'Calderón...did not include the title [of the play] in the list he drew up for the Duque de Veragua' and that in the *Parte Quinta* (1582), 'Vera Tassis...mentions a *Fianza satisfecha* among the MSS of apocryphal works;...' ('Is El *mayor prodigio* by Lope de Vega?', *Romanic Review*, xxx (1939), 349, n. 15).

If we are right in concluding that it was written in the second half of 1614, Calderón (born in 1600) can be ruled out as its author.[1] This leaves Lope as author of the play according to those whose chronological proximity to the matter gives their opinion some weight, although admittedly this authority is minimal.

S. Griswold Morley and Courtney Bruerton classify *La fianza*, in their *Chronology of Lope de Vega's 'Comedias'*, among the plays of doubtful authenticity, in accord with their criteria.[2] Menéndez y Pelayo[3] and J. F. Montesinos[4] described the text of the play available to them as a 'refundición' ('groseramente estropeada', in the former's words), but that description does not affect the problem of who wrote the original; it only means that it is not known (and this is true of the present edition as well) to what extent the original text has been tampered with. This uncertainty makes the use of stylistic considerations for the determination of authorship a trifle risky. Morley and Bruerton find, at any rate, 'nothing in the verse to prevent the play being by Lope'.[5] As for the sound of it, Fichter agreed with Menéndez y Pelayo in seeing Lope's hand at work:

One might expect to find in *El mayor prodigio*, if it were Lope's, something of the verbal tone and expression of the poet's writing, just as it is possible, it seems to me, to see in *La fianza satisfecha*, which has been attributed to Lope with as little authority as *El mayor prodigio*, and in spite of an obviously corrupt text, unmistakable signs of Lope's hand.[6]

Other scholars have denied Lope's authorship of *La fianza*. José L. Tascón suggests in a line or two that *La fianza* seems more like the work of a *lopista* than of Lope himself, but he offers no support for this observation other than to remark that *El condenado por desconfiado* (which in his article he has been working to prove was written by the *lopista* Fr Alonso Remón) is similar in many respects to *La fianza*.[7] J. H. Arjona's exclusion of the play as a work of Lope's is predicated on the fact that he found no false Andalusian rhymes in plays unquestionably by Lope, whereas in *La fianza* he found two.[8] If Arjona had been working with the present

---

[1] Our argument is a trifle circular, since the *precise* chronology is dependent on the play's having been written by Lope. Nevertheless, other circumstances—the glossed *octava*, Tirso's *Santa Juana* plays and *El condenado por desconfiado*—would still determine an approximate date of composition for the play too early to allow for Calderón's authorship.
[2] M.–B., pp. 2–4, 286.   [3] RAE, v, xliv.
[4] *Teatro Antiguo Español*, VIII, 190, n. 1.   [5] M.–B., p. 286.   [6] *Op. cit.*, p. 349.
[7] 'El condenado por desconfiado y Fr Alonso Remón', *BBMP*, XVIII (1936), 179.
[8] 'False Andalusian Rhymes in Lope de Vega and Their Bearing on Authorship of Doubtful "Comedias"', *Hispanic Review*, XXIV (1956), 303.

edition, he would have been less certain, perhaps, for there are variant readings of the four lines which contain the false Andalusian rhymes he lists (cf. vv. 1616 and 1619; 2554-5; and variants). More recently, Edward M. Wilson remarked in a letter to the London *Times*, 'I doubt whether Lope wrote this play, which seems like the work of a lesser dramatist.'[1] Daniel Rogers has been the most explicit regarding his belief that not Lope but a lesser dramatist wrote the play:

Lope expressed his contempt for *tramoyas*, or mechanical apparitions and stage devices, of which the two discoveries of crucified figures in *La fianza satisfecha* are daring, if not elaborate, examples. For this reason as well as on account of the lack of tenderness or imagination in the love-scenes, and above all because of the general clumsiness of the verse, I agree with Professor Wilson that *La fianza satisfecha* does not look like the work of Lope de Vega.[2]

It is true that Lope complains about trapdoors, machines and other theatrical devices (in his preface to his *Parte XVI*, published in 1621), but, as N. D. Shergold remarks, 'Despite these attacks on stage carpentry, Lope's own plays frequently require *tramoyas*, as do several of those printed in Part XVI itself.'[3] One of these is *El premio de la hermosura*, performed at Lerma in 1614, the same year in which we believe *La fianza* was composed.[4] The matter of *tramoyas*—in the case of *La fianza* really simple *apariencias*—is not, therefore, a reasonable basis for deciding that Lope did not write the play.

As for the 'lack of tenderness or imagination in the love-scenes', we can leave out of consideration the scenes in which Leonido tries to have his way with Marcela, because there is no reason for the latter to be tender, and Leonido's motivation and objective preclude such a mood by their very nature. We do find a certain tenderness in the opening scene of Act II. Lidora's expression is lacking in imagination, perhaps, but she is a tender character (and we refer not to this scene particularly but to others in this act and the third). Even Leonido, in this scene, is affected by Lidora's declaration of love for him (see vv. 842-76), and the author has used a certain degree of art and imagination in conveying in Leonido's speech his appreciation of her beauty and virtues in conflict with his awareness that some mysterious obstacle prevents him from returning her love.

Although Rogers refers only to the love-scenes in remarking on lack

[1] 14 June 1966, p. 13.
[2] 'Not for insolence, but seriously": John Osborne's Adaptation of *La fianza satisfecha*', *Durham University Journal*, LX (1968), 150.
[3] *A History of the Spanish Stage from Medieval Times until the End of the Seventeenth Century* (Oxford: At the Clarendon Press, 1967), p. 215. (See also pp. 202-5 for other examples.)
[4] See Shergold, pp. 215 and 252-5.

of imagination, it would be worth noting that there is a degree of creative imagination evident in the parallel which the aforementioned scene provides to the one in which Christ as the Good Shepherd comes in search of the lost sheep and offers his love to Leonido. The latter rejects him (as he had rejected Lidora) until the moment of recognition (also paralleled, moreover, by the recognition of Lidora as Leonido's sister in a later scene). Besides the parallel between human love and divine love offered Leonido by Lidora and Christ, respectively, there is analogy between Christ's meeting with Leonido and the trick which Tizón plays on Zarabullí. That they are intended to be analogous is indicated by the similar props: the *alforja* in the Tizón–Zarabullí scene and the *zurrón* in the Christ–Leonido scene. To be sure, the parallel is distorted in that it is Tizón, not Zarabullí, who empties the *zurrón* and comments on its contents, but this does not overthrow the basic analogy. Zarabullí, as Leonido had done earlier, gives account of how he was born and raised. He, like Leonido, is to have a religious experience: he wants to see Mohammed. Just as Leonido fails at first to recognize Christ, Zarabullí fails to recognize Mohammed in the symbol which Tizón holds up, and the latter has to inform him that he has seen him. There are, of course, many differences, including the fact that Tizón has tricked Zarabullí, whereas Leonido only thinks that he is being tricked. By the end of the play, Leonido has seen and recognized Christ, but Zarabullí has not yet seen Mohammed. Tizón's parting wish is that Zarabullí may see the prophet when he wishes to.

More immediately apparent than the aforementioned analogies is the art with which the play is made—through its title theme and Leonido's character—a gloss of the *octava*, which is glossed poetically as well in eight other *octavas* in such a way that the drama of one individual is wed to the universal situation expressed in the then well-known lines of religious verse.

These considerations regarding the larger structures of *La fianza satisfecha* convince us that its attribution to Lope de Vega should not be dismissed lightly. It is true that there is a poverty of metaphor and other kinds of comparison in the verse, in contrast to what one finds in most other plays known to have been written by Lope. But if it is borne in mind that even the present edition, offering though it does a better text than the one that Menéndez y Pelayo made available in the Spanish Academy edition, is still very corrupt, if it is also agreed that subject matter affects style, then such stylistic considerations would appear to have less weight in determining authorship.[1]

---

[1] Elsewhere in his article, having concluded an analysis of *La fianza satisfecha* with the judgement that the play is 'a daring but inept illustration of an important and potentially moving

Introduction

To be added to our foregoing brief analysis of the play's larger structures are our studies of other occurrences of glosses of the *octava* and our conjectures concerning the relationships between Lope de Vega and Tirso de Molina as they are reflected in this play and some of Tirso's. Among the plays that we shall discuss as possible sources of *La fianza satisfecha* are six written surely by Lope. Of these, three are especially comparable in certain respects: *La Buena Guarda*, *El Argel fingido* and *La obediencia laureada*. We refer the reader to our discussion of these plays, but since certain similarities which they afford with respect to *La fianza satisfecha* will serve to strengthen the case for Lope's authorship of the latter, it would be well to comment here on chronological matters.

La Buena Guarda was composed, according to the date on the autograph manuscript, in 1610, four years previous to the date which we shall assign to *La fianza satisfecha*. Since Lope was to rework it later, for his *Parte XV* (published in 1621), and he included it in his second *Peregrino* list (1618),[1] perhaps it was present in his memory in 1614. *El Argel fingido y renegado de amor* was written in all probability in 1599,[2] and *La obediencia laureada* by 1606.[3] Since the *aprobación* of Lope's *Parte VI*, which includes *La obediencia laureada*, is dated December 1614, he must have had the play before him during the time when he was writing *La fianza*. As for *El Argel fingido*, it was published in 1617, in Lope's *Parte VIII*, so it is possible that he had that text before him as well or at least had looked it over shortly before writing *La fianza*. These three plays will be discussed in greater detail in the section on literary precedents, which immediately follows.

THE PLAY IN ITS TIME:
CAUSE AND EFFECT RELATIONSHIPS

I   Literary precedents

The manner in which *La fianza satisfecha* is interpreted cannot help but affect the treatment of the literary sources and precedents of its constituent elements. The question of whether the burden of meaning should be sought

idea', Rogers touches again on the question of authorship. He observes parenthetically, 'In the poorer plays of Lope such a discrepancy [i.e. between conception and execution] is more often the other way round, with much grace and ingenuity expended on triviality' (p. 154). Granting the essential validity of the above statements (though 'inept' seems to us a trifle extreme), we merely would point out that the fact that the 'discrepancy is *more often* [our italics] the other way round' does not necessarily exclude from Lope's production plays characterized by the same sort of 'discrepancy' that Rogers attributes to *La fianza satisfecha*.

[1] M.–B., p. 40.   [2] M.–B., pp. 34–5.   [3] M.–B., p. 226.

in the first two acts or in the final one has divided its critics into two camps. Those who would find the meaning in the first two acts must emphasize the rebellious nature of Leonido and seek an explanation for it, treating him sympathetically, so to speak. Those who subscribe to this point of view must look for conditions in Spanish society at the time when the play was composed, or in Lope's personal life or in literary tradition, for elements which might help explain Leonido's character. These considerations are important, of course, in either interpretation of the play, but they would receive less emphasis in treatments by those critics who find the play's focal point in the third act. This is the view of the play to which we subscribe; we hold that Lope constructed it around the conversion scene, using the glossed *octava* (vv. 2152–215) as a nucleus. In accordance with this plan, he then portrayed dramatically a thoroughly perverse monster—more of a symbol than a real person—in order to emphasize his point that Christ's mercy is infinite. Since we consider that interpretation to be the correct one, we propose to discuss in detail the rather specific literary, religious, social, and personal 'sources' of the conversion scene and the relationship which that scene bears to the theme as expressed in the title and in several parts of the play. But, since that discussion will also involve a study of similar contemporary manifestations in the theater of Tirso de Molina and lead to a consideration of later works by Tirso and others, thus changing the focus from the realm of possible cause to that of possible effect, we shall take up first the exploration of sources of the play's other elements, even though these are only subsidiary.

The subsidiary elements are as follows: (*a*) the disobedient or rebellious son (a vehicle for the expression of the principal theme); (*b*) the matter of Moorish raiding of Christian communities and life of Christians among Moors, either as their captives or as renegades, a situation which provides occasion for humorous exchanges between Christian *graciosos* and Moorish butts of their wit and jests and includes the topic of the 'Moorish' lady who woos a Christian; and (*c*) the motif of the twins, one of whom is carried off at birth by a wild animal, the identity of the lost twin being discovered at an appropriate moment.

The principal subsidiary element is, of course, Leonido's disobedience, which runs the gamut of atrocities committed against his family, society, and religion. None of his individual crimes needs a literary source, all of them being part of the strategy of depicting a monster of wickedness. In general terms, although they fall short of the degree and scope of Leonido's depravity, there are literary precedents: for example, Mira de

Introduction

Amescua's *El esclavo del demonio* (1612)[1] and Lope's *La Buena Guarda*.[2] Although these are somewhat pallid by contrast with *La fianza satisfecha*, they serve as earlier examples of sacrilegious conduct and, in the case of Mira's play, of rebellion against parental and societal authority.

Another manifestation of interest in the topic of filial obedience is the play by Miguel Beneito entitled *El hijo obediente*. The play, although a rather bad one, formed part of a volume which was printed several times. The collection, *Doze comedias de autores valencianos*, was published in Valencia in 1608, the following year in Barcelona, and finally in Madrid in 1614.[3] The volume includes six plays by Tárrega, three by Aguilar and two by Guillén de Castro, Beneito's play being the last of the twelve. Lope must surely have known the volume in its earlier editions through his friendship with Guillén de Castro and perhaps Tárrega. The play of Beneito portrays a son who, in spite of an unnatural hatred shown him by his father, the emperor, fomented throughout the play by the unlikely machinations of the treacherous favorite, Mauricio, remains a model of filial obedience. What is perhaps the supreme test occurs in the latter part of the play, when, after his father has shown him repeatedly that he is unworthy of sacrificial obedience, the son (who is called León, by the way) exchanges the freedom of Rosaura, his constant love, for the life of his father, who is being menaced by Mauricio with some unspecified deadly weapon. León must—and does—tie Rosaura to a tree before Mauricio, who is enamoured of Rosaura, will release the emperor. Somehow, everything turns out well in the end, even for the villainous Mauricio, who is merely exiled. *Mutatis mutandis*, i.e. putting the León of Beneito's play in the role of Marcela of *La fianza*, and Mauricio in that of Leonido, this scene of *El hijo obediente* resembles the one in *La fianza* in which Leonido finally blinds his father and threatens to kill him. León's many acts and expressions of obedience—carried to such an extreme that he might well be called a 'monster of filial obedience'—resemble by contrast Leonido's acts and expressions in the opposite sense. It is tempting to suppose that Lope wrote *La fianza* partly as a reaction to Beneito's play.

Since evidence will lead us to the conclusion that *La fianza satisfecha* was composed in the second half of 1614, it is of interest that the Madrid

---

[1] Mira's play was printed in the *Tercera parte de las comedias de Lope de Vega y otros autores...* En Barcelona, en casa de Sebastian de Cormellas...Año de 1612...(Cayetano Alberto de la Barrera, *Catálogo bibliográfico y biográfico del teatro antiguo español, desde sus orígenes hasta mediados del siglo XVIII* (Madrid, 1860), p. 259a).

[2] There is an autograph MS, dated 19 April 1610 (La Barrera, *Nueva biografía. Obras de Lope de Vega*, RAE, I, 163).

[3] See *Poetas dramáticos valencianos* (Madrid, 1929), I, lvii–lxv ('Observaciones preliminares' by Eduardo Juliá Martínez).

26

edition of *Doze comedias* (containing Beneito's play) appeared in that year. It is also significant (as we remarked earlier, p. 24) that Lope's *Obediencia laureada* would appear in his *sexta Parte* early in the following year, with an *aprobación* and a *privilegio* dated in December of 1614. His *Obediencia laureada*, much more than the other plays thus far mentioned in the category of father–son relationships, offers points of resemblance to *La fianza satisfecha*.

Alejandro, the disobedient son, is similar in some moments to Leonido, and his sister, Marcela, and their father, Aurelio, seem almost cast in the same mold as the Marcela and the Gerardo of *Fianza*. When Aurelio intervenes in an affair of honor which Filipo and Alejandro have arranged, the latter is enraged with his father and disrespectfully calls him by his Christian name. Aurelio rebukes him:

> Tu padre me has de llamar.
> ALEJANDRO ¿Qué importa llamarte ansí?
> AURELIO Que se te puede olvidar. (NRAE, XIII, 137b)

The same elements are present in a comparable scene of *La fianza satisfecha* (vv. 377–92): the son's anger at the father's intervention, his disrespectful use of name in addressing his father, the latter's rebuke and, finally, a physical manifestation of the son's rebellion against the father. (In *Obediencia*, Alejandro pushes his father and, perhaps unintentionally, causes him to fall.)

Alejandro's character is not as monstrous (or exaggerated) as Leonido's, nor is the focus of the action on him. But his expression occasionally approaches Leonido's in violence. Once he visits his sister, not, like Leonido, to rape her, but to tear jewelry from her in order to replenish his gambling purse. When she objects and resists his attempt, he exclaims,

> ¡Qué resistencia vana!
> ¡Vive Dios, que por sólo despicarme,
> mi propia madre desnudara ahora! (p. 150b)

Indeed, all of the children, including Carlos, the obedient son, express themselves at least occasionally in language which vilifies their family relationships, as Leonido does almost constantly. When Carlos, zealous protector of his sister's honor, tries to snatch from her hand a letter she is reading, and she refuses to let go of it, he shouts,

> ¡Villana!,
> a nuestra infamia resuelta,
> suelta el injusto proceso
> de nuestra afrenta.

She reminds him that he is her brother and not her husband; then, as their struggle for possession of the letter continues and their tempers worsen, she says,

> Con alguno
> debió de ser vil mi madre. (p. 141a)

Carlos, who has himself suspected as much because of Aurelio's ill treatment of him (p. 135b), nevertheless defends both of his declared parents:

> ¿Así infamas a mi padre,
> a quien no iguala ninguno,
>   y a una madre santa y tal
> que sólo malo ha tenido
> haberte, infame, parido
> para una deshonra igual? (p. 141a)

Then he strikes her.

Since such situations and language characterize *Fianza* and are not typical of most of Lope's authentic plays, it is worth noting their occurrence in *Obediencia*. There are two other important similarities. In *Obediencia*, when Alejandro and Marcela must flee because he has killed Doristeo, her suitor, he says that he will carry their father on his shoulders, as Aeneas carried Anchises from burning Troy (p. 159a). The comparison (admittedly a frequent one in the theater of that day) also occurs in *Fianza* when Dionisio offers to carry Gerardo (vv. 437–46). Finally, in *Obediencia*, Marcela's plea to the King of Bohemia on behalf of her father (p. 162ab) is similar in a general way to the other Marcela's appeal to Lidora (in *Fianza*) for gentle treatment of her father (vv. 1257–85).

As the theme of filial disobedience is the vehicle of the principal theme of *La fianza satisfecha*, expressed in its title, in turn, the matter of Christians living among Moors, either as captives or renegades, is a means of developing the theme of filial disobedience and bringing about the reversal. There were materials on which Lope might have drawn if he needed to for the elaboration of the Moor–Christian plot in *La fianza*. In 1612 Fr Diego de Haedo's *Topographía e historia general de Argel* had been published. Moreover, Lope had perhaps already imitated Cervantes' *Trato de Argel* in *Cautivos de Argel* (1599).[1] In Cervantes' play and in Lope's(?), there is a Moorish woman who becomes enamoured of a Christian captured by the Moors. The episode might have served as a source of the beginning scene of Act II of *La fianza*, in which Lidora courts Argolán (Leonido).

---

[1] The date of the play is certain on the basis of allusions to contemporary events. Emilio Cotarelo does not believe that this is Lope's play (NRAE, IV, xi–xiii), but whether it is Lope's or a 'refundición' of Cervantes' *Trato de Argel* done by himself or by someone else does not affect our argument greatly.

The play in its time

In *Los cautivos de Argel* (1599), the principal characters are named Leonardo and Marcela, and there is a Moor called Zulema. The death of the priest, Félix, impaled by the Moors, is in some ways similar to that of Leonido, although Félix's life obviously has been diametrically opposed to that of Leonido.

In another play doubtfully attributed to Lope, *El hijo por engaño*, D. García dies gladly as a repentant Christian on the cross, having earlier become a follower of Mohammed.[1] He is not, to be sure, a disobedient son. There are, however, other similarities, in addition to the one mentioned, to be found in the third act of each play.[2]

The examples of broadly similar early plays could be multiplied. Some of the scenes of the final acts of Francisco Tárrega's *La Fundación de la Orden de Nuestra Señora de la Merced* and his *El cerco de Rodas*[3] resemble the final scenes of *La fianza*.

Of all plays that may be classified under this theme, however, the one that offers the closest similarities to *La fianza satisfecha* is *El Argel fingido y renegado de amor*, one of Lope's authentic plays. *Argel fingido* is markedly different from *Fianza* in its tone and in the details of its plot. There are in *Fianza* none of the love intrigues which undoubtedly constitute the principal value of *Argel fingido* as entertainment. Its light tone derives largely from the misunderstandings and jealousy produced in the lovers by the machinations of Rosardo, the protagonist, and the vacillating loyalties of Leonido, each of whom is motivated by an all-powerful love for Flérida. At the same time, the light tone which pervades the work enhances the amusement which the spectator must experience at the characters' expression of extreme emotional states and even in the case of Rosardo, for example—radical modes of behavior. It is repeatedly made clear to the spectator that the basic situation, Rosardo's denial of Christianity to become a Mohammedan, is feigned: the spectator knows that everything will turn out well in the end.

In spite of these fundamental differences between *Argel fingido* and

---

[1] RAE, VIII, 191, 197. Cf. Gisela Labib, *Der Maure in dem dramatischen Werk Lope de Vega's. Ein Beitrag zu dem Problem: der Maure — eine literarisch stilisierte Fiktion oder historische Wirklichkeit?* (Hamburg, 1961), p. 146.

[2] Morley and Bruerton (p. 292) find that on the basis of its verse *El hijo por engaño* could be by Lope. If it is by him, they would date it 1596-1600.

[3] *El cerco de Rodas* was published in 1608, among the *Doze comedias de autores valencianos* (see (p. 26, n. 3). Although *La Fundación...* was perhaps not published until 1616 (in *Norte de la poesía española*), it was composed considerably earlier; Tárrega had died in 1602 (see *Poetas dramáticos valencianos*, I, lxvi–lxxiii ('Observaciones preliminares' by E. Juliá Martínez)). Lope may have known the play, but whether he did or not, we offer it only as an example of countless plays which had to do with the interaction of Moors and Christians, involving captivity of the latter, conflicting religious and amorous allegiances and martyrdoms.

29

Fianza, there are some equally fundamental similarities. The plots resemble each other in their general structure. Rosardo *pretends* to deny the Christian faith and embrace Mohammed's law; Leonido, of *Fianza, really* does so. Both are motivated (though Leonido only in part) by frustration of their erotic impulses. In both plays, the protagonist's enemies find themselves captive in his power after he has become a Moor—in *Argel fingido* by design, in *Fianza* by chance. Both protagonists are made to confess their sins and repent—Leonido by Christ, Rosardo by two of his captives.

Rosardo's repeated insistence on the fact that he has not really renounced his faith emphasizes the vast difference between his character and that of *Fianza*'s protagonist. But the fact that he and other characters find it inconceivable that he should really apostasize makes it more likely that Lope, if he had decided to portray a thoroughly evil person, such as the protagonist of *Fianza,* would have seized upon this villainy to complete the score. One speech in which the monstrosity of such an act is made clear is placed on the lips of Flérida's brother, Aureliano, when he has been told that Rosardo has reneged his faith:

> Yo bien sé
> que una desesperación
> de amor priva de razón,
> pero no quita la fe.
> Verdad es que dijo allí
> que moro se volvería;
> mas fué enojo de aquel día,
> y celos y frenesí.
> Pero de un hombre cristiano,
> hidalgo, no es de creer,
> por perder una mujer
> ni por ningún caso humano,
> porque mejor se vengara
> matando a Leonido allí
> y a mí, si yo le ofendí,
> que no que su ley dejara.   (NRAE, III, 475 b–6a)

The protagonist of *Fianza* is characterized by violence, while Rosardo's basic trait is wile. He says of Flérida and her brother, referring to a trick which he expects will win him Flérida's love:

> No las violencias, las industrias sigo,
> porque de ellas espero mayor gloria;
> que si por otro estilo lo llevara,
> matara el hermano y la mujer forzara.   (NRAE, III, 490b)

This passage, too, while it defines Rosardo's character as distinct from that of Leonido of *Fianza*, points toward what could be. Moreover, if the above words be seen as Lope's own, as well as Rosardo's, they might be interpreted as a tentative foreshadowing of *Fianza*'s violent renegade.

Besides the above similarities between the plots of the two plays, there are some similar details. Among these, there are two sets of scenes in which the comparison is most striking. The first scene of Act I of *Argel fingido*, with its stichomythic dialogue between Rosardo and Flérida is, with the roles reversed and allowing for a difference in length, very similar to the dialogue between Leonido and Lidora in the first scene of *Fianza*'s Act II. Even the strophic form (*redondillas*) is the same.

The principal figure in the other comparable scene of *Argel fingido* is Leonido, Rosardo's rival for Flérida's hand. His love drives him to temporary madness finally, when Flérida, tricked by Rosardo into believing that Leonido has deceived her, rejects him. The scene of Leonido's madness occurs two-thirds of the way through Act III of *Argel fingido*, but it corresponds to an analogous scene in *Fianza* which begins at the outset of Act III. In both plays, the scenes constitute the dénouement.

In *Argel fingido*, Leonido's soliloquy (which recalls Albanio's ravings in Garcilaso's 'Egloga II', just as other passages in the play parody part of the *canto amebeo* with which the 'Egloga III' ends) bears comparison with the echoic sonnet of *Fianza*: they may both be construed as self-dialogue. Just as Flérida (in *Argel fingido*) then appears below the cliff from which Leonido intends to cast himself and the ensuing shouted dialogue terminates in recognition, so (in *Fianza*) Christ appears and Leonido finally recognizes Him. In both plays, the scene begins with a shouted, mad monologue, into which another voice intrudes, which, as it draws nearer, reduces the principal's mad ravings to angry but sane discourse and finally leads to recognition and reconciliation.

In view of the foregoing considerations, it does not seem too far-fetched to suppose that Lope, if he did write *La fianza satisfecha*, had his *Argel fingido* in mind, both in general outline and in certain detail, as he wrote the later play.

As for the story of the birth of twins, the carrying off of one twin by a wild animal and the eventual identification of one of the characters of the plot as the missing twin, there are many literary occurrences of the motif. One of these is the 'Patraña trecena' of Juan Timoneda, based on a lost *comedia* called *La Feliciana*. There is no reason, however, to look further than Lope's own *Ursón y Valentín*[1] for a predecessor of the occurrence in *La fianza*.

Because earlier examples of humor deriving from differences between Moorish and Christian cultures are so abundant, we shall mention only a few. In Tárrega's *La Fundación*...the scene in which three Moorish guards talk about religious strictures on their diet[2] resembles in a general way some of the scenes of *La fianza* in which Tizón and Zarabullí figure. Other examples may be found in Lope's *La divina vencedora*[3] and in his *El cordobés valeroso, Pedro Carbonero*.[4]

Finally, before taking up the matter of the glossed *octava* and the basic theme of *La fianza*, we must say a word about the dramatic tradition of the appearance of Christ as the Good Shepherd. This, again, is of such common treatment—as one might suppose—in *comedias* of lives of saints and those dealing with the converted sinner that there is little point in looking for specific sources. Within the dramatic production of Lope, however, leaving aside his *autos* in which the Good Shepherd appears,[5] *La Buena Guarda* should be mentioned because of a resemblance of scene (cf. RAE, v, 352) and because it is earlier (1610; see p. 26, n. 2). Adolph Friedrich von Schack was, we believe, the first to call attention to the similarity of the scenes in the two plays.[6]

Our discussion up to this point has been limited to indicating literary precedents for the subsidiary elements of *La fianza satisfecha*. We have not uncovered any work which we are willing to say with assurance served as a source for the present play. But we think that there is some value in presenting through the citation of examples the literary background from which materials for the composition of *La fianza satisfecha* could have been drawn. Moreover, the fact that precedents for some of its basic aspects are to be found in earlier plays which Lope unquestionably wrote—*La Buena Guarda*, *El Argel fingido* and *La obediencia laureada*—lends some weight to the opinion that he is also author of *La fianza*. Whatever the truth of the

[1] Published in Lope's *Parte primera* (Valencia, 1604). See especially the end of Act I and the beginning of Act II.
[2] *Poetas dramáticos valencianos*, I, 564.
[3] NRAE, IV, 622, 633 and 638. (Morley and Bruerton date the play 1599–1603.)
[4] RAE, XI, 138. (The autograph manuscript is dated 1603.) For other examples in Lope's theater, see Gisela Labib, *Der Maure*, pp. 188–200.
[5] María Jiménez Salas, in her excellent article 'Un comentario más a *La fianza satisfecha*' (*Fénix*, Revista del tricentenario de Lope de Vega, 1635–1935, Núm. 5 (27 Octubre 1935)), lists four of his *autos* (as well as the *comedia*, *La Buena Guarda*) in which the Good Shepherd appears (pp. 602–3, n. 28) and the Scriptural passages in which the theme of the strayed sheep occurs (p. 601, n. 27).
[6] See his *Historia de la literatura y del arte dramático en España*, tr. Eduardo de Mier, III (Madrid, 1887), 172, n. 1.

matter may be, we shall henceforth treat the play as Lope's throughout the present edition. We shall now take up the matter of more specific sources, which, as we have said, entered into what we believe constitutes the nucleus of the play.

II Sources

In the third act of *La fianza satisfecha*, Christ is finally recognized by Leonido, and after admonishing him He departs. Leonido then, in a soliloquy comprised of eight *octavas reales*, expresses his thoughts on the final reckoning that he must make. The eight *octavas* are a gloss of a single *octava* which was evidently well known in Spain at the time when the play was written. In a manuscript compiled by Francisco de Porras de la Cámara, which can be dated almost certainly between 1602 and 1616, the *octava* is found together with an explanation regarding its use in persuading sinners to repent. It was employed in Franciscan monasteries originally, according to the manuscript commentary, and its use spread then to churches and secular congregations.[1]

Francisco de Porras de la Cámara took possession of his prebend on 17 December 1588, and he lived until 4 September 1616.[2] He could have compiled the manuscript at any time during those twenty-eight years, but it is more than likely that he began to do so while he was in the service of D. Fernando Niño de Guevara, for the latter, unlike his predecessor in the Archbishopric of Seville, was an enthusiastic devotee of letters. Niño de Guevara occupied the post from 13 December 1601 until his death, on 8 January 1609.[3] Porras, however, evidently continued working on the manuscript until 1614 or 1615, judging by the last entry; perhaps even until the time of his death. According to the compilers of ARM (I, 41), on the verso of the last folio (273, the recto of which bears the *octava* and related

---

[1] The *octava* occupies the upper half of folio 273r, and the commentary the lower half. Except for our having supplied some punctuation, separated a few words joined by the scribe and resolved one abbreviation [*christianos*], the commentary reads as follows: 'desta 8.ua Vssan En sus conuentos despues de las disiplinas y medita/ciones Todos los frayles descalcos Recoletos Asi franciscos Capu/chinos como carmelitas de donde la Tomaron Todas las congre/gaciones de seglares qndo se juntan los christianos En Algunas Igle/sias a sus disiplinas y Exercicios espirituales. cantala En/voz alto [*sic*] Y themerossa vn frayle desde el choro o vn clerigo/desde el Altar mayor de la Igla parroquial donde se Juntan./Es cosa deuota y que Haze a los muy desalmados themero/ssos de dios y cuydadosos de sus Almas.' (Archivo de Poesía española, recogido por el Licenciado Francisco de Porras de la Cámara, Racionero de la Catedral de Sevilla. Tercera parte: Poesía divina. See ARM, I, 22–41. 'Larga que.ª...' is the last item: number 302.)

[2] See J. Apráiz, 'Curiosidades cervantinas', *Homenaje a Menéndez y Pelayo* (Madrid, 1899), I, 241.

[3] See R. Foulché-Delbosc, 'Étude sur *La Tía Fingida*', *Revue Hispanique*, VI (1899), 257, n. 2; F. Rodríguez Marín, ed., Cervantes, *Rinconete y Cortadillo* (Sevilla, 1905), p. 171, n. 3.

commentary) there is a 'Nota en prosa sobre la devoción a la Inmaculada (menciona el año de 1614), haciendo referencia a un impreso y estampa "como se muestra en la foja que se sigue" y que no existe'. The latest earlier date mentioned in the manuscript is 15 April 1611, that of item number 293. The recto of folio 273, then, was probably completed sometime between 1611 and 1616, and the commentary accompanying the *octava* would presumably describe a practice current by the time when *La fianza satisfecha* was composed.¹

In addition to the gloss occurring in *La fianza satisfecha*, there are at least two other glosses of the same *octava*: one was composed by Lope de Vega, along with other contrafacta, at the request of a tertiary of the Order of Saint Francis; the other is found in Act III of Tirso de Molina's *Santa Juana, Segunda parte*.² Lope's gloss was published in 1613, and he had probably just composed it; Tirso wrote his play in the same year.³

¹ It may be of interest to mention that there is an example of the first line of the *octava* (except for a one-word difference) in a very bad poem which forms part of a collection published in 1600 to express the grief of Murcia at the death of Philip II. The sonnet is not worth copying in its entirety, but the first line reads: 'Larga quenta ay que dar del tiempo breue.' Its author is the Licenciado Juan Castejón, and it appears on p. 203 of *Las reales exequias,...* (Valencia: Diego de Torre, 1600). (See José Simón Díaz, *Bibliografía de la literatura hispánica*, v (Madrid: CSIC, 1958), 191–4, No. 1211.) The similarity of the first line of the sonnet to the first line of the *octava*, the occasion for which the sonnet was written and the very artificiality of the sonnet all suggest that the *octava* was rather well known by 1598.

For other occurrences of and references to the *octava*, see Arthur L-F. Askins' edition of the *Cancioneiro de Corte e de Magnates. MS. CXIV/2–2 da Biblioteca Pública e Arquivo Distrital de Évora*, University of California Publications in Modern Philology, 84 (Berkeley, 1968), 471 and 572, n. 244.

² Our attention was called to Tirso's gloss by J. H. Arjona, who was kind enough to let us see the typescript of an unpublished article. Carlos A. Pérez had pointed out to him the occurrence of the *octava* in both *La fianza satisfecha* and Tirso's *Santa Juana, Segunda parte*.

The other gloss by Lope is found in Segunda parte / del desengaño / del hombre, sobre la octaua que dize: Larga cuen / ta que dar de tiempo largo. Cõ otra que dize: Yo para que naci. Con vn Romance de Escar- / raman buelto a lo Diuino. / Compuesta por Lope de Vega Carpio, a pedimiento / de vn Cauallero, Tercero de la Orden / de San Francisco. (Grabado en mad.) En Salamanca, con licencia. En casa de Antonia / Ramírez. Año de 1613. (See Bartolomé José Gallardo, *Ensayo de una Biblioteca Española de libros raros y curiosos*, iv [Madrid, 1889], 970, item 4224. We have not seen this edition, but we have seen the following: En Madrid con licẽcia del Cõsejo Real. En cafa de / Miguel Serrano de Vargas. Año de 1615 (Biblioteca Nacional, Madrid. Sign.: R9791.)

³ Doña Blanca de los Ríos states, on the basis of the wording of the *aprobación* by Fr Bernardo de Briçuela, dated 14 December 1613 ('*Estas comedias* de la *Santa Juana* he visto...'), and the fact that the autograph manuscript of the *Tercera parte* bears dates in August of 1614, that the *aprobación* refers to the first two parts of *Santa Juana*. The words with which they were sent to the censor on 1 December 1613 also refer to more than one work: 'Vea *estas comedias* el P. Bernardo de Briçuela...' She concludes, therefore, that the second part of *Santa Juana*, 'cuyo manuscrito no es autógrafo ni lleva la firma de Fray Gabriel', was written before 1 December 1613. But it was probably written after the first part, which,

Although in Tirso's *Santa Juana, Segunda parte* one finds the same *octava* glossed as is glossed in *La fianza satisfecha*, there are some differences. Tirso glosses only seven of the eight lines (the fifth being omitted). He does so in six *estancias* (AbABCC), the first line of the *octava* being used as the first line of the first strophe and each of the remaining six lines of the *octava* forming the final line of its respective strophe.

The situations in the two plays are similar: both are in the third act, and the gloss is put on the lips of a sinner at the moment of his repentance. Don Jorge, in *Santa Juana*, like Leonido, in *La fianza*, is alone, though only briefly. As he is about to scale the wall of a convent to carry off Pascuala, Santa Juana appears above him to frustrate his attempt and warn him that

> ...mañana has de dar cuenta
> a Dios, severo Juez, y...mañana
> te espera, cuando todos te hacen cargo,
> larga cuenta que dar de tiempo largo.   (III, x)

He repents in the following scene, in the words of the gloss, and then, having been joined by Lillo, his servant, in scene xii, he continues to do so, to the latter's surprise, still referring occasionally to the words of the *octava*. After Lillo has asked him whether he has abducted Pascuala yet and tells him that he has brought six valiant servants from the household to defend him, D. Jorge says,

> ¡Ay, Lillo! Pues ¿podrán esos seis hombres
> defenderme del trance riguroso
> de un Dios que es Juez severo y poderoso?

Lillo, surprised at the change in his master, asks,

> ¿Cómo es esto? ¿Ya hablas capuchino?
> ¿Qué has visto?

'¿Ya hablas capuchino?' seems to be a clear reference to the Franciscan origin of the *octava* and the use which was customarily made of it, according to the Porras MS.

We shall return later to a consideration of the matter of the three glosses, because the question naturally arises: Is there any relationship among them, or do they all come about as a result of a common set of motivating circumstances? First, however, we must take up the matter of literary and religious sources or general background for the theme on which the *octava* itself, in part, and the title of the play insist.

according to the notation at the end of the third act of the autograph manuscript, was completed on 30 May 1613. (See Doña Blanca's edition of Tirso's *Obras dramáticas completas* (Madrid: Aguilar), I (1946), 589–90.)

Introduction

The expressions that Leonido uses on several occasions, such as 'Dios ha de ser mi fiador' (v. 17), 'pida a Dios que se lo pague, / y que después me lo pida' (vv. 63–4) and 'buena fianza tengo; / pague Dios una por una; / que después ya nos veremos' (vv. 826–8), reiterating the title theme, have their basis in similar or even identical concepts that occur already in religious poetry of the sixteenth century.[1]

In a gloss of Jorge Manrique's famous 'Coplas', Gregorio Silvestre (1520–69) hints at the topic:

> ¿Puede ser mayor afrenta
> que del mando y señorío
> que os dio en el libre albedrío,
> deis a Dios tan mala cuenta,
> . . . .?[2]

In a gloss which Damián de Vegas did of a line later glossed by Lope de Vega in his *Desengaño*, he mentions 'la cuenta estrecha y cruda / que toma Dios,...'.[3] In another composition of his in the same collection (1590), he employs financial terminology throughout. The first tercet will serve as an example:

> ¡Ay! plega a aquel Acreedor eterno,
> mientra el último plazo no se cierra,
> me tome cuenta su sabiduría;
> . . . .[4]

It is in the works of Alonso de Ledesma, however, where the metaphors of debts, payments and collections (through the use of words such as *cuenta*, *deber*, *fiar*, *pagar* and *cobrar*) abound. Of his compositions (among those included in BAE, xxxv), the closest example we have found to the expression of the topic in *La fianza* is one entitled 'Dios y el hombre':

> Si a cobrar venís a mí,
> Señor, mal podréis cobrar.
> — No te pienso ejecutar;
> que yo pagaré por ti.
> —¿Tenéis, Señor, por escrito
> lo que debo de mi cuenta?

---

[1] For more general discussions of the phenomenon of analogies between the religious and secular realms, see Bruce W. Wardropper, *Historia de la poesía lírica a lo divino en la Cristiandad occidental* (Madrid: Revista de Occidente, 1958)—esp. chs. VIII and IX—, and J. M. Aguirre, *José de Valdivielso y la poesía religiosa tradicional* (Toledo: Diputación Provincial, 1965).

[2] BAE, xxxv, No. 671.

[3] BAE, xxxv, 508a. The gloss is included in his *Poesía cristiana, moral y divina* (Toledo, 1590). The line glossed is: 'Loco debo de ser, pues no soy santo.'

[4] Also included in BAE, xxxv, 508a.

— Todo en mi libro se asienta,
con que debes infinito.
— Pues tanto, ¡pobre de mí!
¿cómo lo podré pagar?
— No te pienso ejecutar;
que yo pagaré por ti.
— Mis padres, Dios los perdone,
sacaron eso fiado.
— Gracias a Dios, que has hallado
quien lo pague y quien te abone.
— Luego ¿más fiaréis de mí,
aunque no os puedo pagar?
— Mi vida te he de fiar;
mira si fiaré de ti.[1]

There is an echo of such metaphors in Tirso's *Santa Juana, Segunda parte*, aside from the first line of the glossed *octava* itself ('Larga cuenta que dar...'): María Pascuala, apostrophizing Santa Juana, says,

...en fin, eres mi fiadora,
y Dios severo acreedor
que cobrará con rigor
si no paga la deudora.

(*Ed. cit.* I, 717b; Act II, scene x.)

These lines, as well as the theme lines and the title itself of *La fianza*, exemplify well the influence of religious verse containing mercantile imagery upon the two plays in question.[2]

Since the climax of each of the two plays is undoubtedly the conversion of the sinner, it was natural that the authors should have chosen to include religious verse in the conversion scenes. The more so, because such verses were so used in real life at the time. In the prologue 'Al lector' in his *Romancero espiritual*, of which four editions were published between 1612 and 1614,[3] José de Valdivielso says,

...muchos siervos de Nuestro Señor, así religiosos, eclesiásticos y seglares, me han venido a dar gracias...alentando mi desgana [de publicar este libro] con hacerme seguro, que en confesiones, y fuera dellas, saben que he tomado por instrumento

---

[1] BAE, xxxv, No. 580 (from Ledesma's *Conceptos espirituales* (Madrid, 1602)). See also in BAE, xxxv, No. 382 (from Ledesma's *Juegos de noches buenas a lo divino* (Barcelona, 1605)); Nos. 581-3 (from his *Conceptos espirituales*); and Nos. 613 and 617 (from his *Tercera parte de conceptos espirituales* (Madrid, 1612)).

[2] The origin, direct or indirect, of the analogy that characterizes all of the above examples is almost certainly Biblical (see, for example, *Matt.* 18: 23-5 and *Matt.* 25: 19).

[3] J. M. Aguirre, *José de Valdivielso*, p. 21.

algunos de estos versos, para conversión de algunas almas envejecidas en culpa; persuadiéndome que, leyéndolos muchos, se podrían reducir algunos.[1]

The use of religious verse for the conversion of sinners is probably not a seventeenth-century innovation. Hans Janner, discussing religious glosses of the sixteenth century, says,

la glosa llega a adquirir un sello pastoral, en cuanto que fortalece la débil alma del hombre y despierta el arrepentimiento en el pecador, llevándole consuelo y piedad. De estas glosas de acento piadoso y temeroso de Dios dimana, en todo caso, una purificación religiosa ('La glosa española', *Revista de Filología Española*, xxvii (1943), 200).

There is at least one dramatic precedent for the inclusion of a gloss in a conversion scene. It is found in Mira de Amescua's *Esclavo del demonio* (1612; see p. 26, n. 1) and is composed of *coplas reales*. The lines glossed are:

> Esclavo soy, pero cuyo
> eso no lo diré yo;
> que cuyo soy me mandó
> que no diga que soy suyo.[2]

III Lope and Tirso

Now that we have presented an outline of the religious–literary milieu which would help to explain Lope's gloss in his *Desengaño* and could have provided materials and the tradition for the basic theme of Lope's play and the conversion scene, at least, of Tirso's *Santa Juana, Segunda parte*, we must return to the question which we posed earlier. The question is whether the three glosses—or any two of them—are interrelated, or whether they all spring independently from the religious–literary milieu. To consider the latter possibility first, there is little if any doubt that in the

---

[1] Quoted by Aguirre, *op. cit.*, p. 66. We adopt this reading in preference to that given by Miguel Mir in his edition of Valdivielso's *Romancero espiritual* (Madrid, 1880), because it seems more correct.

[2] See Mira de Amescua, *Teatro*, ed. Ángel Valbuena Prat (Madrid: Espasa-Calpe, 1960), pp. 133–5; vv. 2795–834. Mira glosses the same lines in his *Vida y muerte de San Lázaro* (an undated play), in a 'non-conversion' scene (i.e. Nabal, who is assigned the gloss, remains unrepentant). (See Robert J. Bininger, 'A Tentative Edition of Mira de Amescua's *La vida y muerte de San Lázaro*', unpub. M.A. thesis (Ohio State University, 1951), vv. 2735–69; Karl Gregg, 'A Metaphor in Mira de Amescua', *Bulletin of the Comediantes*, xix (1967), 37; H. Reynolds Stone, Review of ARM, *Papers of the Bibliographical Society of America*, lxi (1967), 282–3.) Tirso glosses the same lines in Act iii of his *Santa Juana, Tercera parte* (which he composed during August 1614), but not in the conversion scene. (See Da. Blanca de los Ríos, ed., *Obras dramáticas completas*, i, 763–4.) Janner ('La glosa española', pp. 216–19) discusses briefly the uses of glosses in seventeenth-century Spanish drama.

case of Lope's gloss in his *Desengaño* the motivation was not so much literary as psychological, and not so much social as private, even though it took public form. It corresponds to a spiritual crisis in his life. His son Carlos Félix had died the preceding autumn, and his wife Juana de Guardo died on 13 August 1613, nine days after giving birth to Feliciana.[1] In 1614, he was to take holy orders, and publish his *Rimas sacras*.

As for Tirso's *Santa Juana, Segunda parte*, the Mercedarian friar could have been merely referring, in Lillo's '¿Ya hablas capuchino?', to the origin and customary use of the *octava*. Moreover, Santa Juana (or Sor Juana) belonged to the third Franciscan order,[2] a fact which makes the *gracioso*'s question relevant, if irreverent.

On the other hand, there does seem to be some basis for supposing that Tirso's gloss is related to one or both of Lope's. The basis for such a supposition would be firmer if there were solid evidence that Tirso and Lope knew each other by 1614. Ruth Lee Kennedy argues convincingly in favor of her thesis that Tirso's praise and defense of the Lopean *comedia* found in *El vergonzoso en palacio* and *Tanto es lo demás como lo de menos*— a product of a warm relationship existing at the time between the two dramatists—should be ascribed, not to the period 1611–12, but to 1620–1.[3] Her thesis does not, of course, eliminate the probability that Lope and Tirso knew each other in Toledo as early as 1604–7, a period during which their residence in Toledo coincided. Miss Kennedy says, 'Lope's residence in the Imperial City is attested between 1604–10; Tirso's between 1604–7 and 1612–15.'[4] But to the dates which Miss Kennedy gives for Lope's residence in Toledo, we must add the spring of 1614—from 15 April or a few days earlier until the last week in May.[5] Lope was in Toledo for the purpose of taking holy orders at that time. Nevertheless, the fact that he stayed with Jerónima de Burgos ('Gerarda'), the actress and wife of the *autor* Pedro de Valdés, and the subjects and general tone of the eleven letters which he wrote to the Duke of Sessa during that period scarcely give the impression that he was pursuing his religious objective with

[1] Cristóbal Pérez Pastor, 'Datos desconocidos para la vida de Lope de Vega', *Homenaje a Menéndez y Pelayo* (Madrid, 1899), I, 597.
[2] The biography which probably served as the principal source for Tirso's trilogy is Fr Antonio Daza's *Historia, vida y milagros, éxtasis y revelaciones de la Bienaventurada Virgen Santa Juana de la Cruz, de la Tercera Orden de nuestro Seráfico Padre San Francisco* (Zaragoza, 1611). (See Da. Blanca de los Ríos, ed., Tirso, *Obras dramáticas completas*, I, 592.)
[3] 'A Reappraisal of Tirso's Relations to Lope and his Theatre', *Bulletin of the Comediantes*, XVII (1965), 23–34; XVIII (1966), 1–13; esp. XVII, 23 and 25.
[4] *Op. cit.*, XVII, p. 23.
[5] See Agustín G. de Amezúa, *Introducción al Epistolario de Lope de Vega Carpio* (Madrid, 1940) (vol. II of *Lope de Vega en sus cartas*), pp. 13–16, and the letters referred to by Amezúa, in vol. III (1941) of *op. cit.*, pp. 137–54.

single-minded purpose. He may well have become acquainted—or have renewed an earlier acquaintance—with Tirso or his writings for the stage, either directly or through other persons, such as his hostess and her husband or their fellow actors. In the summer of the following year, Lope had a falling out with Jerónima; during the same period, that actress and her husband put on Tirso's *Don Gil de las calzas verdes*.[1] In a letter which Lope wrote to his Maecenas toward the end of July, he refers to the current performance of Tirso's play—'desatinada comedia del Mercenario'—in the very midst of an account of Jerónima's promiscuous love life. Whether or not Lope's scornful allusion to Tirso's play is related to the fact that it was performed by the company of Valdés, with whose wife Lope had become considerably disaffected, is debatable.[2] On the other hand, Lope's reference to Tirso as 'el Mercenario', the scornful designation of the play and the context in which it is included surely bespeak an acquaintance of some standing. At the very least, they would lead one to suppose that Lope had known of Tirso's endeavors as a dramatic poet since the preceding year.[3]

The case for supposing that Tirso's gloss in Act III of *Santa Juana, Segunda parte* bears some relation to Lope's two glosses is, then, strong enough to warrant discussing the relationship, if only in hypothetical terms. Since Tirso composed his *Santa Juana, Segunda parte* at the end of 1613 and it may not have been performed until the summer of 1614, he could have been alluding mockingly to the gloss which Lope composed for his *Desengaño*, published in 1613 (almost surely in the latter half of the year, after the death of his wife). There can be little doubt that Tirso knew Lope's *Desengaño*, or that he at least knew of it. What would have motivated him to suggest a parallel between the conversion of Don Jorge and that of Lope de Vega is a matter for conjecture. It would not be hard, however, to imagine the man who was to write *El burlador de Sevilla* alluding satirically to such a publicized intention of reform on the part of a person who had been such a public example of scandalous living. The contrast was seen, for example, by Juan de Pineda and expressed in a *romance* included among the poetical compositions praising Lope upon the

---

[1] Valdés had contracted to perform Tirso's play along with five others, including Vélez's *El Marqués del Vasto* and Lope's *El fingido genovés* and his *El premio de la hermosura*, in the Casa de las Comedias, between 8 July and 4 August. (See Francisco de B. San Román, *Lope de Vega, los cómicos toledanos y el poeta sastre* (Madrid, 1935), pp. 209–10; Doc. 432.)

[2] Amezúa notes the coincidence between Lope's letter and the contract executed for Valdés (*Introducción al Epistolario*, p. 338, n. 12; his whole discussion of the relationship between Lope and the pair of actors (pp. 333–51) is interesting with regard to the present question).

[3] Miss Kennedy (*op. cit.*, XVII, 25) considers the letter sufficient proof that 'Lope felt in 1615 no particular warmth for Tirso...'.

appearance of his *Rimas sacras* in 1614. The antithesis between the old Lope and what Pineda believes is the new one is seen in the following strophe:

Si en el arte del amar
os vio el mundo peregrino,
oy en el arte diuino
diuino os pueden llamar.[1]

Tirso, who may have known something of Lope's not altogether exemplary conduct while the Fénix was in Toledo that spring of 1614, may have been more skeptical. Lope, judging by his letters, was making serious efforts to live a new life, and he may have been wounded by Tirso's jibe. Perhaps he was reacting to it when, in Act III of his play, he had Christ say, 'pues soy propio pastor, no mercenario' (v. 1831).[2]

If the above conjectures have any validity, it could be assumed further that Lope wrote, or at least finished writing, *La fianza satisfecha* in the second half of 1614, after the performance of Tirso's *Santa Juana, Segunda parte*.[3]

IV Leonido, Don Juan and Enrico

We have taken up the matter of literary works which—being possible sources of *La fianza satisfecha*—may be considered as possible *causes* and the matter of contemporary or nearly contemporary works whose cause and effect relationship to *La fianza* is uncertain, because of uncertain chronology. We can now go on to examine the possible *effects* of the play on two later works of its period. Then we shall trace briefly those vicissitudes of its later existence of which we have knowledge.

La fianza satisfecha has been proposed as a source of Tirso's *El burlador de Sevilla*, and it also resembles in some respects his *El condenado por desconfiado*. D. Leopoldo Augusto de Cueto, Marqués de Valmar, was the first to group *La fianza satisfecha* among the dramatic precursors of *El burlador*.[4] Eduardo de Mier then referred to Valmar's address and insisted that of the possibilities which the latter had mentioned *La fianza satisfecha* was the most likely one, because

[1] *Rimas sacras*, ed. facsimilar y estudio de Joaquín de Entrambasaguas (Madrid: CSIC, 1963), fols. [¢7v–¢8r].
[2] This last conjecture is, of course, based on our supposition that Lope wrote *La fianza satisfecha*, but in turn it seems to us a reasonable enough explanation of the line to strengthen the case for his authorship.
[3] M.-B. (p. 286) date *La fianza*, on the basis of its versification, as 'perhaps: 1612–15'.
[4] See José Zorrilla, *Discurso poético leído ante la Real Academia Española por…en su recepción pública el día 31 de mayo de 1885 y Contestación del…Marqués de Valmar* (Madrid, 1885), pp. 45–7.

Introduction

el móvil dramático del autor [Tirso] es idéntico en todo al de Lope en *La fianza satisfecha*. El pensamiento fundamental es la muletilla de hombre despreocupado, que ve la muerte lejos, muy semejante al famoso *Tan largo me lo fiais* de *El burlador de Sevilla*...expresada por Lope en *La fianza*, de esta manera:

> Que lo pague Dios por mí
> Y pídamelo después.[1]

The basic similarity which Mier singles out among those mentioned by Valmar—that of the 'muletilla'—is the one that Willis Barnstone develops most convincingly in a recent article.[2]

As for *El condenado por desconfiado*,[3] we know of no critic who has seriously explored the possibility that it may have derived partly from *La fianza*.[4]

---

[1] A. F. von Schack, *Historia de la literatura...en España*, tr. Eduardo de Mier, III, 443–4, note (by Mier).

[2] 'Lope de Vega's Don Leonido: A Prototype of the Traditional Don Juan', *Comparative Literature Studies*, II (1965), 105–6. We do not see so much resemblance as Barnstone does between Tirso's Don Juan and Lope's Leonido, principally because we do not agree with his analysis of the two characters. (For our view of Leonido, see pp. 59–69; a definition of Tirso's Don Juan with which we are in accord is that of Francisco Pi y Margall, 'Observaciones sobre el carácter de Don Juan Tenorio', in *Comedias de Tirso de Molina y de Guillén de Castro*, 'Colección de Libros Españoles Raros o Curiosos', XII (Madrid, 1878), xiii–xxx.) It is beyond the scope of this Introduction to weigh the relative validity of arguments advanced in favor of other possible sources of *El burlador*. We should like to avoid, however, seeming to suggest that Leonido is the only source of Don Juan Tenorio or that Tirso could have got only from *La fianza* his idea of God's extending credit to the sinner until the final reckoning.

[3] This is not the place to discuss whether or not the play was written by Tirso. Some of the studies devoted to *El condenado*'s authorship are not altogether irrelevant, however, and should be mentioned. Manuel de la Revilla ('El *Condenado por desconfiado*, ¿es de Tirso de Molina?', *La Ilustración Española y Americana*, Año XXII, Núm. 23 (1º. semestre, 1878), 411b–14b) attributes it to Lope; José L. Tascón ('*El condenado por desconfiado* y Fr Alonso Remón', *BBMP*, XVI (1934), 533–45; XVII (1935), 14–29, 144–71, 274–93; XVIII (1936), 35–82, 133–82) argues that the play is by Fr Alonso Remón and suggests that, because of similarities, *La fianza satisfecha* may also have been written by Remón (XVIII, 179); Karl Vossler ('Alrededor de *El condenado por desconfiado*', *Revista Cubana*, XIV (1940), 19–37) believes, because of the play's imperfections, that it is a work of Tirso's youth, that the Mercedarian wrote it between 1600 and 1610. We shall treat the play as Tirso's and argue that it was written later than *La fianza*. Bruerton dates it 1615–20 (*Hispanic Review*, XVII (1949), 346), and Da. Blanca de los Ríos believes it was written either in 1614 or 1615 (ed., Tirso, *Obras dramáticas completas*, II, 427–30).

[4] Menéndez y Pelayo (*Estudios sobre el teatro de Lope de Vega*, II (Madrid, 1921), 96) refers to some critics ('unos') who have seen a 'remota semejanza' between Leonido and Don Juan of *El burlador* and others ('otros') who see the same 'remote resemblance' between him and the Enrico of *El condenado por desconfiado*. He then names three critics who have analyzed *La fianza*: Schack, Klein, and Cañete. We have not consulted Klein's *Geschichte des Drama's*; Schack (*Historia de la literatura...en España*, III, 170–4) makes no comparison between *La fianza* and *El condenado*; Cañete ('Sobre el drama religioso español antes y después de Lope de Vega', Discurso leído en Junta pública...el día 28 de Setiembre de 1862, *Memorias de la Academia Española*, I (Madrid, 1870), 368–412) merely groups Leonido con Enrico and

Comparisons made by some critics between the Good Shepherd scenes of *La Buena Guarda* and *El condenado* and (by Von Schack) between the same scenes of the former play and corresponding ones in *La fianza* suggest that *La fianza* and *El condenado* should be compared in the same respect. As a matter of fact, the 'similarity' between the scenes of the Good Shepherd in *La Buena Guarda* and those in *El condenado* is not so great as Menéndez y Pelayo[1] and, before him, Manuel de la Revilla[2] stated. Hartzenbusch, to whom they refer, had merely called attention to the fact that, as in *La Buena Guarda*, there appears in *El condenado* a shepherd in search of the lost sheep.[3] Von Schack says in a note to his discussion of the Good Shepherd scene in *La fianza satisfecha*: 'Una escena semejante... se encuentra en *La buena guarda*...'[4] Neither of the scenes to which Von Schack might have been referring is similar enough to allow one to entertain seriously the thought that *La Buena Guarda*—on this sole basis— might be a source of *La fianza*.[5]

In the search for similarities between the two plays it would be more logical to examine those passages in *El condenado* which involve Enrico, since it is he, not Paulo, who is somewhat comparable to Leonido. The passages which immediately suggest themselves are the long narrations in which Enrico in the one play and Leonido in the other each brags of his criminal past. We shall confront first the portions of the two narrations which are most similar and then discuss less obviously comparable elements which enter into their composition.

Both accounts are written in *romance* E–O, and they both occur near the end of Act i of their respective plays. Twelve lines from *La fianza* can be divided into three four-line groups, each of them forming an independent thematic unit. While the three groups of four lines each occur in

'criminals' of other dramatic works whose salvation has been considered a bad example for society (p. 408). Charles V. Aubrun links *El condenado* with *La fianza* by suggesting in consecutive sentences that with his *Burlador* Tirso (1) 'a voulu rectifier la maladresse doctrinale de la *Fianza*', and (2) 'se propose aussi de revenir sur la leçon théologique de son *Condenado por desconfiado*' ('Le "Don Juan" de Tirso de Molina; Essai d'interprétation', *Bulletin Hispanique*, LIX (1957), 44). As we have already mentioned (p. 21 and p. 42, n. 3), José L. Tascón has remarked that *La fianza* and *El condenado* are similar in many ways, but he has not pointed out how.
[1] 'La extraña y casi literal analogía que presentan estas dos bellísimas escenas de alegoría mística [in *La Buena Guarda*] con otras dos que en situación parecida y con el mismo fin de preparar la conversión del pecador, hallamos en *El Condenado por desconfiado*,...' (*Estudios*, II, 91).
[2] Revilla bases much of his thesis that Lope wrote *El condenado* on its 'similarity' to *La Buena Guarda* in the Good Shepherd scenes (*op. cit.*, above, p. 42, n. 3).
[3] BAE, XLI (Madrid, 1857), 335 a, n. 1, and 341 a, n. 1.
[4] *Historia de la literatura...en España*, III, 172.
[5] See above, pp. 24–32, esp. p. 32.

consecutive order in *La fianza*, they appear separated from one another in *El condenado*. We transcribe them below in parallel columns for greater ease of comparison:

Fianza	*Condenado*
A un sacerdote le di	y un sacerdote que quiso
un bofetón en el templo,	reprenderme con buen celo,
y sólo tengo pesar	de un bofetón que le di,
de no haberle dado ciento.	cayó en tierra medio muerto.
(vv. 695–8)[1]	(*Ed. cit.*, II, 468a)
En mi vida estuve en misa,	En mi vida misa oí,
porque has de saber que tengo	ni estando en peligros ciertos
por perdido, y mal perdido,	de morir, me he confesado
el tiempo que gasto en eso.	ni invocado a Dios eterno.
(vv. 699–702)	(*Ed. cit.*, II, 468b)
Más son de treinta doncellas	Seis doncellas he forzado:
las que en esta vida puedo	¡Dichoso llamarme puedo,
decir que dejé sin honra;	pues seis he podido hallar
¡mira qué heroicos sucesos!	en este felice tiempo!
(vv. 703–6)	(*Ed. cit.*, II, 468a)

In general, Tirso's account is more thematically organized. Of the three deeds, Enrico mentions first the dishonoring of the virgins, then the striking of the priest and thirdly the fact that he does not attend Mass. Through Tirso's treatment of each, their order is that of increasing enormity. The matter of the virgins is made less serious by Enrico's comment on how difficult it was to find them; the matter of attending Mass is made more serious by his adding that he has never confessed nor called upon God.

The tone is different as well. If Leonido dishonored more than thirty virgins, Enrico is fortunate to have been able to find six. Tizón, when he remarks that his master had struck a priest ('una crüel bofetada'), says that the latter had admonished Leonido 'con lengua honrada' for 'tan gran maldad'. But Leonido, when he relates what happened, expresses regret that he had not struck him a hundred times. Enrico, on the other hand, mentions the 'buen celo' of the priest who tried to admonish him. Enrico does not give reasons for not having attended Mass; Leonido had called it a waste of time.

[1] Cf.
y, porque con lengua honrada
tan gran maldad reprendió,
a un sacerdote le dio
una crüel bofetada. (*Fianza*, vv. 85–8)

There are a few more similarities in their past lives which are not so readily seen because of the fact that Leonido's deeds are told not only by him but by Tizón, Dionisio, and Gerardo. Dionisio has said earlier, in complaining to Gerardo about Leonido,

> si, cuando de ricas joyas
> tus más secretos archivos
> para los juegos dejaba
> por darte pesar vacíos,
> .... (vv. 221-4)

Enrico says,

> Hurtaba a mi viejo padre,
> arcas y cofres abriendo,
> los vestidos que tenía,
> las joyas y los dineros. (*Ed. cit.*, II, 467b)

As the lines immediately following make clear, his purpose (like Leonido's) in stealing from his father was to have money and goods to gamble. Unlike Leonido, Enrico seems to have no additional motive ('por darte pesar'), and he condemns gambling in his account ('...de cuantos vicios hay, / es el primer padre el juego'). In the manuscript copy of *La fianza* there are four lines which follow immediately upon those we have just quoted (vv. 221-4):

> si, cuando escaló tus casas,
> cometiendo latrocinios,
> quitando vidas y haciendas
> a un tiempo a los dueños mismos,
> .... (See Variants of A, vv. 224-5)

Tirso has Enrico refer to the same sort of misdeeds in the following lines:

> Di luego en acompañarme
> con otros del arte mesmo;
> escalamos siete casas,
> dimos la muerte a sus dueños;
> lo robado repartimos
> para dar caudal al juego. (*Ed. cit.*, II, 467b)

Tirso has incorporated Dionisio's account of Leonido's beginnings in a life of crime into Enrico's own account of his progressively evil career. Between the lines which relate how Enrico stole from his father and those which tell of his committing, in association with other criminals, acts of burglary and homicide against other members of society, Tirso composes ten lines in which the transformation of unmanageable son into criminal is

45

explained and made more gradual, relating the process to the prime cause, which is gambling.

There are, to be sure, crimes that Enrico says he has committed which have no identifiable basis in those named in the several accounts of Leonido's past career; and the latter says he has committed, or he is said to have committed, crimes which apparently have no counterpart in Enrico's list. But, as the foregoing discussion has made clear, parts of the accounts are similar. Moreover, the accounts as a whole and the characters which they define, though not similar, are comparable. In the passages that we have confronted, the principal difference consists of the fact that Enrico, unlike Leonido, condemns the misdeeds that he has perpetrated. He, in contrast to Leonido, talks as though he were sorry about the evil he has done; Leonido talks as though he received pleasure from his crimes. Although Leonido is aware of the difference between good and evil, he may be said to lack a conscience or sense of shame, whereas Enrico, on the other hand, speaks as though he had a conscience. The difference is surely related to their contrasting attitudes toward the members of their families. Leonido feels lust for his mother and his sister and hate for his father. Enrico's lustful feelings are not incestuous; in fact, no female member of his family is even mentioned in the play. His feelings toward his father are in polar contrast to those of Leonido toward his. Leonido, near the end of his account, speaks scornfully of his father:

> ...porque un infame viejo
> — el cual dicen es mi padre —
> quiso reprenderme de ello,
> con un bofetón le puse
> bajo mis pies, y sospecho
> que es la cosa que en el mundo
> me ha dado mayor contento.   (vv. 716–22)

At the end of his account, Enrico, on the contrary, speaks fondly of his father, who may be said to represent the son's conscience:

> Cinco años ha que tullido
> en una cama le tengo,
> y tengo piedad con él
> por estar pobre el buen viejo,
> *y porque soy causa al fin*
> *de ponelle en tal extremo,*
> *por jugarle yo su hacienda*
> *el tiempo que fui mancebo.*   (*Ed. cit.*, II, 468 b)

46

The contrast between Gerardo and Anareto in the effect that the presence of each works on his son is particularly apparent in a comparison of two other passages. Marcela, trying to shame Leonido into restraining himself when he is engaged in a second attempt to ravish her, says,

> Mira que te mira Dios,
> y que tu padre te mira. (vv. 1454–5)

Leonido thinks he will satisfy God by telling Him to chalk up another sin to his account ('me lo pida junto todo' (v. 1459)), and, so that his father will not see his crime, he blinds him (vv. 1460–9). But in doing so, he is not impelled by shame. He seems, in fact, devoid of shame until his meeting with Christ.

Enrico, on the other hand, having contracted to kill an old man by the name of Albano, cannot carry out the obligation in the presence of his father, even though the latter is asleep:

> estos dos ojos que están
> con este sueño cubiertos,
> por temer que estén despiertos,
> aqueste temor me dan.
> No me atrevo, aunque mi nombre
> tiene su altivo renombre
> en las memorias escrito,
> intentar tan gran delito
> donde está durmiendo este hombre. (*Ed. cit.*, II, 474b)

That Anareto is Enrico's conscience is insisted upon in these five lines:

> Si conmigo le llevara
> siempre, nunca yo intentara
> los delitos que condeno,
> pues fuera su vista el freno
> que en la ocasión me tirara. (*Ed. cit.*, II, 474b)

Although the motivations are different, Enrico's order to Galván to draw the curtain between his father and himself is similar to Leonido's piercing of his father's eyes:

> Pero corre esa cortina;
> que el no verle podrá ser
> (pues mi favor [valor?] afemina)
> que rigor venga a tener
> si ahora piedad me inclina.

GALVÁN [*Corre las cortinas de la alcoba.*]
> Ya está corrida.

ENRICO   Galván,
ahora que no le veo,
ni sus ojos luz me dan,
matemos, si es tu deseo,
cuantos en el mundo están.   (*Ed. cit.*, II, 474 b)

Enrico is different from Leonido in many ways, certainly, but the basic difference between the two is that the former has a conscience and the latter has not. This difference is reflected in their attitudes toward their fathers and toward the criminal lives that they (the sons) have led. Since the passages in *El condenado* that correspond to others in *La fianza* appear to be more artistically situated and to have been recast for the purpose of showing Enrico endowed with a conscience, we are convinced that *La fianza* is the earlier play. It also seems probable that *El condenado* was composed shortly after *La fianza*. Since the Lope play was written, according to our conjectures, during the second half of 1614, we would propose that *El condenado* may have been composed early in 1615.

VICISSITUDES OF THE PLAY'S LATER EXISTENCE

We have discovered no record of any performance or printing of *La fianza satisfecha* in the seventeenth century. The one extant manuscript copy (A), which in all probability was made at the end of the seventeenth century or at the beginning of the eighteenth, could have been intended for the use of a printer, actors or readers. The number of times the play was printed during the eighteenth century bears witness to its degree of popularity, and we know that it was performed at least once during that century: on the morning of St Peter's Day, Friday 29 June 1781.

The source of our information is a letter of denunciation (*delación*) sent by D. Francisco Venturo del Ulazo, the inquisitorial commissary (*comisario*) in Meruelo,[1] to Lic. Entero Ortega, the prosecutor (*inquisidor fiscal*) attached to the Logroño tribunal of the Inquisition. According to the letter, some actors planned to remove some large benches from the church in Meruelo in order to construct a platform and perform *La fianza satisfecha* there; they were determined to carry out their plan in spite of opposition on the part of the priests. The latter sought the help of the vicar general (*provisor*) of the Santander tribunal of the Inquisition, who provided them with a writ (*auto*) authorizing them to prohibit both the removal of benches from the church and the performance of the play. The

---

[1] Meruelo, included in the judicial district of Santoña, lies to the west of that town, in the direction of Santander.

notary (*notario*) informed the priests and the mayor (*alcalde*) of the writ's contents, and the mayor offered his help in case there was need of it. When word got around the town that measures were being taken to prevent the performance of the play, the people came *en masse* to protest. The actors first and then the rest of the crowd having been informed by the notary of what the writ decreed, they insulted the notary and insisted that they were going ahead with their plans to use the benches from the church and put on the play. The mayor, seeing how furious the townspeople had become, did not dare lend his aid to the priests, and both he and the notary went to the commissary Venturo del Ulazo to tell him what had happened and presumably to request his help and advice. He decided that in order to avoid further civil disturbance the measures taken to prevent the performance should be suspended. The following morning, the benches were removed from the temple in spite of the priests' attempts to prevent it, and, a platform having been constructed, the play was performed. Venturo del Ulazo refers to the 'discovery', during the play, of a man crucified, naked from the waist up, and the commotion that the spectacle caused.[1]

In his letter to the prosecutor, Venturo del Ulazo asks whether *La fianza satisfecha* (a copy of which he sends with his letter) and another play that he had sent earlier (*Comedia del Renegado de Carmona*) should not be prohibited. The letter is dated 30 June 1781, and the date of the final action taken is 23 October of the same year. Lic. Ortega received the commissary's letter on 6 July and sent the play on 11 July to two censors, Fray Joseph Ruiz Pasqual, Lector de Prima de San Francisco (Logroño) and Padre Thomas Velasco, Comendador de la Merced (also Logroño). The former's opinion, brief and unfavorable to the play, was returned first; it is dated 24 July. It is apparent from the Comendador's opinion, dated 3 August, that he has read the play through and has given careful thought to its possible effects on spectators and readers. His much longer letter is favorable to the play. The prosecutor Ortega (on 8 August), in requesting of the General Inquisitor that the play be sent to a third reader, introduces some arguments of his own against the play.

[1] The letter forms part of a process that occupies twelve folios (twenty-one pages) counting the title page. Another process (to be described later) is included in the same bundle (AHN (Archivo Histórico Nacional), Inquisición, Leg.º 4506, N.º 4). This second process occupies five folios (seven pages) counting the title page. The two processes can be distinguished one from the other by additional numbers assigned them and by the name of the tribunal originally concerned: the longer (and earlier) process is marked 'N. 17' and 'Inqqon. de Logroño'; the other is designated 'nº. 18' and 'Inquisicion de Barcelona'. María Jiménez Salas ('Comentario', pp. 598–9 and notes) discusses the second process in some detail but apparently did not know about the earlier process.

Introduction

On 9 August, the play was sent to Fray Martín de Larrayoz, Prior de Nuestra Señora de Valbuena, who rendered an unfavorable opinion on 18 August, detailing his reasons, unlike the other hostile censor. Ortega then (on 23 August) sent the file to the General Inquisitor with his recommendation that the play be prohibited and all copies confiscated. The whole file, including Ortega's recommendation, having been seen by another inquisitor, '(que asiste solo) en Audiencia del mismo día', it was sent on to the Council of Castile (*Consejo*). The Council decided on 18 September (those present: the President (*Su Excelencia*) and Sres. Sanchez, Urrias, Otero, Escalzo and Loigorri) to have the play sent, together with copies of the censures 'suppressis nominibus', to the censors of the Order of Descalced Mercedarians, instructing them to give their opinion of every single one of the propositions in the play that were worth noting.

These two censors, Fray Antonio de la Santísima Trinidad and Fray Francisco de San Joachín, returned their opinion on 19 October. It was lengthy and detailed and completely favorable to the play. The process seems to have come to an end with their opinion. Below their signatures on the final page there are two notations. The first reads: 'En el Consejo a 22 de Octubre de 1781. / (S. C. preste.) / Al Relator [flourish].' The second reads: 'En el consejo a 23 de Octubre de 1781. / Su esca. y los Sres. Sanchez, Otero, Escalzo, y Loigorri. / Visto. [flourish].' The last dated item on the cover or title page of the entire process reads: 'Decreto del Conso. de 22 de Octre. de 1781 visto.' *We* have not seen the decree referred to, but it must have been favorable to the play's continued existence.

The second process began on 3 February 1798, when the Barcelona Inquisition sent a copy of *La fianza satisfecha* to its censors, Fray Mariano Camarasa and Fray Antonio Calvaria.[1] They returned a briefly expressed censure unfavorable to the play on 11 February. It was transmitted on 13 February to the prosecutor, who, in a marginal note, recommended prohibiting performances and reading of the play and that all copies be confiscated. The next date is found in a line which begins beneath the prosecutor's note and continues on the verso of the same folio: 'Preso. en 12 Diciembre / de 1799.' On that date, according to another entry on the same page, inquisitors of the Barcelona tribunal met and decided that the play should be prohibited, but that it should first be sent to 'S[u] A[lteza] i Señores del Consejo'.

Almost two years had gone by since the original censure. Now another

---

[1] In this document and in one other his name is spelled 'Calveria', but at the end of the opinion that he and Fray Mariano render jointly he signs himself 'Calvaria'.

ten months were to elapse before the play and the proceedings referring to it would be sent (on 24 October 1800) to the Council of Castile. The original censure was seen in Council on 4 November and was sent to the *Junta* for its judgement. The seven members of the *Junta* rendered their opinion on 12 November 1800, and in the Council on 29 November it was decided to prohibit, in the next edict, the performance and reading of the play. The final notation is: 'Ed°. de M²°. de 1801, / n°. 18, clas. 2ª.' *La fianza satisfecha* was finally banned in March of 1801.

The First Process. Logroño Inquisition

In Venturo del Ulazo's letter, the sole concrete criticism of *La fianza satisfecha* is found in the following words: 'se descubrio un hombre crucificado desnudo de medio arriua cuyo espectaculo causò bastante escandalo'. Brief as it is, the complaint has less to do with the play itself than the way it was performed.

What motivated the commissary's denunciation seems to have been principally the fact that it was this play (irrespective of its content) for whose performance the actors insisted on borrowing benches from the church against the will of the priests. It came to be the basic cause of disobedience on the part of the actors and some of the townspeople to civil and ecclesiastical authority.

The first of the original two censors to submit his opinion, Fray Joseph Ruiz Pasqual, says briefly:

hallè que toda ella [*La fianza satisfecha*] esta sembrada de proposiciones hereticas, erroneas, blasfemas, impias, temerarias, escandalosas, *piarum aurium* ofensibas, y contrias [*sic*; contrarias?] respectivamente a la Sagrada Escritura, dogmas Catholicos, y aversibas de los Santos Sacramentos.

The second censor, Padre Thomas Velasco, argued at some length in support of his favorable finding: that the play did not contain

[ni] dicho, ni hecho alguno, por el qᵉ se pueda presumir que su letura sea perjudicial; sino antes bien mui util, y mui conducente a la mayor honrra y gloria de Dios, provecho y perfeccion de los qᵉ la lean, u oigan representar.

He remarks that at first glance the author's portrayal of Leonido in the first and second *jornadas*, and 'las voces de qᵉ. se vale y lances qᵉ. finge para representarlo sovervio, lascivo, impio y sospecho en la fe' may seem objectionable because of the effect which such an example might have on the spectator or reader. But with Leonido's conversion and repentance in the third *jornada* his previous impious and blasphemous words and actions are cancelled. Those who read the play or see it performed 'con reflexion', far from being harmed by the experience, will benefit from it: 'conoceran la fuerza del poder divino, y la falsedad de los errores.' That, he believes, is what the author intended. The censor compares Leonido's life and conversion to those of Saints Paul, Augustine, Guillelmo, Pedro Armengol and many others, whose lives are printed in books which 'andan en manos de todos y todos las leen [i.e. las vidas] sin temor alguno de su ruina'.

These two censors being in disagreement, the prosecutor must send the play to a third censor. But in doing so he also argues against the play. While recognizing that Comendador Velasco's opinion 'merece mucho respeto por la literatura, juicio, y Christianidad de este Prelado', he is not satisfied: 'no puede aquietarse con este parecer, ni le convencen las pruebas en q^e. viene fundado.' The 'holy and good propositions' that the author makes Leonido utter after he is converted do not justify the heretical, blasphemous and scandalous ones he put in his mouth earlier, 'porque *non sunt facienda mala, ut inde eveniant bona*'. Since the end does not justify the means, Leonido's blasphemous and heretical words and deeds, if 'intrinsecam^{te}. malas', are 'ilicitas'. Even if his words and deeds should be only externally or materially heretical or blasphemous, they are illicit, because they are bad '*ab intrinseco*'. As for Velasco's argument that *La fianza satisfecha* is similar to the lives of saints, which everyone reads without harm, Ortega says that in the saints' lives the writer, before telling how his subject succumbed to this or that vice, prepares the reader by attacking the vice: this, says Ortega, is not done in *La fianza satisfecha*: the corrective note does not come until the third *jornada*, by which time the earlier blasphemies and heresies 'ya pueden estar olvidadas, por las representaciones, y pasos, que han mediado entre lo uno y lo otro'. Moreover, the dramatic medium itself, through which the delinquent actions are placed 'delante de los ojos...empleando toda la valentía de la eloquencia, y de la Poesia', and the skill of the actor, who is able to create the illusion that he is 'intimam^{te}. penetrado de aquellos sentimientos criminales, que representa', makes *La fianza satisfecha* a different matter from the saints' lives.

Fray Martín de Larrayoz, to whom the play was sent next, rendered an unfavorable opinion. He cites Fray Pedro de Tapia's remark: 'más daño hizo Lope de Vega con sus comedias en España; que Luthero con sus heregias en Alemania'. After referring to the bad example which Leonido's words and deeds set, he remarks,

Ya veo que todo esto es pura representacion del papel, que hace el comico, y no expresion del sentir y afecto del Author: pero si hemos de creer a los Santos Padres y aun a la misma lastimosa experiencia, es poner lazos a las almas, e inducirlas a los males, que se representan con tanta viveza de voces, y acciones, que es moralmente imposible no prenda el fuego en muchos de los circunstantes, y aun en los que leen tales escritos, no siendo hombres inteligentes y de recta intencion. ...Si las pinturas obscenas se prohiven justissimamente por ser provocativas ad libidinem, porque la imaginacion no se detiene en solo el artificio de la pintura, sino que pasa al objeto, que representan; quanto maior peligro hai en las representaciones vivas, que a un mismo tiempo hieren la vista, el oido y la imaginacion. Ni pueden honestarse con la conversion de Leonido, que se representa al fin de la tercera jornada, abominando sus hierros [sic] y pidiendo a Dios perdon de ellos; lo primero porque no es facil borrar aquella primera mala impresion, con el arrepentimiento siguiente en unos oientes, que no concurren con intencion de reformar sus vidas, sino con disposicion de añadir mas cebo a sus pasiones desordenadas. Lo segundo, porque en esto mismo se hace injuria a lo sagrado, que se profana, tomando en voca las justicias de Dios, los que en su trage, dichos y [h]echos le estan ofendiendo con escandalo de los proximos. Lo tercero, y ultimo, porque sin causa legitima, y contra los decretos de la Sta. Yglessia, veneran como si fuera un Sto. Martir por la fee de Jesuchristo, al mismo Leonido en apariencias de crucificado, implorando su intercesion en el Cielo. Cosa abominable, si se mira a fondo.

After receiving the third censure, the prosecutor in a briefly expressed opinion continues to insist that the play be banned, basing his position on the censures of Padres Larrayoz and Ruiz Pasqual. He says that Padre Velasco's censure is 'benigna con exceso, y no puede seguirse por las razones expuestas en mi anterior escrito' (see above, p. 52).

The final opinion to be submitted in the process was that of Fray Francisco de San Joachín and Fray Antonio de la Santisima Trinidad, to whom the Council of Castile had sent the play and the previous opinions (withholding the names of the censors). These two censors agree with the second one: there is no reason to ban the play; on the contrary, it is useful because it teaches to hate vice by showing its deplorable effects and teaches that only the Lord's mercy can redeem the sinner from the bottomless depths of his evil.

In Leonido they see an example of the extent to which the human heart can become depraved if it gives in to an inordinate passion; an example of the frenzy or madness which that passion, when uncontrolled by reason, can impress on the intellect: 'Los lamentables efectos de este trastorno en la voluntad y en la razon, se ponen como de manifiesto en si mismos, y en el obrar de Leonido.'

The censors condemning the play assume that the less informed and less intelligent spectators and readers will not know how to distinguish between good words and deeds and bad ones; or, even if they should be capable of judging Leonido's behavior and attitudes as bad, they will not abhor them just because they are bad. On the contrary, they will adjust their own indulgence in sin (since it is more attractive than goodness) to what they are led to believe is the limit of divine forgiveness. The censors favorable to the play show more faith in human nature. Fray Francisco and Fray Antonio state that faith as follows:

Tan participado es de la Divina sabiduria el conocimiento recto del mal para saberlo aborrecer; como el conocimiento de lo bueno, o la virtud para saberla seguir. Assi, lo que precisamente es una mera representacion del mal, comprovada con los mismos lastimosos efectos que acarrea al pecador; sea el mal este, o aquel; sea el pecador un lascivo, sea un blasfemo, sea un renegado, o sea un Demonio por el complexo de vicios, nada tiene en si de malo; antes si, mucho de bueno.

Analogous representations of sinners are found in Scripture, they recall, such as those of Chapter 2 of the *Book of Wisdom*. If, they continue, Lope de Vega had composed another play, based on the Biblical situation, for the purpose of showing those sinners recognizing their error ('Ergo erravimus a via veritatis...Nos insensati'), hoping by such example to instruct his readers or audience, 'no hay duda que el calificador primero, principalmente, le huviera descargado cien veces toda la metralla de su censura'. For in the Scriptural passage the sinners argue persuasively that their 'depraved maxims' are good and incite others to follow their course. 'Nada de esto se nos representa en la comedia de Leonido; se nos representa solo, un espiritu como frenetico, cuya mania era el deshonrrar por todos medios a su familia.'

Leonido's blasphemous words and deeds, like those of the impious men of the *Book of Wisdom,* are presented '*sub ratione mali*; como [son] en si; ... como [dignos] de odio, y de la mayor detestacion. La representacion del mal baxo la misma razon de mal; no solo nada tiene de malo, sino que es efecto del espiritu santo como hemos visto.' They refer also to Holofernes and his captains in the siege of Bethulia and the life and martyrdom of Saint Pedro Armengol, pointing out that if a good poet set out to write a play about either of those subjects 'claro es que introduciria en élla a Holofernes y a algunos de sus capitanes, hablando contra Dios...blasfemamente. Y en la de Sⁿ. Pedro Armengol, nos representaria al Santo en las primeras Jornadas con las maldades atroces, que en su oficio dice la Yglesia.' And would we say of such works that they and Chapter 2 of the *Book of Wisdom* 'estaban sembradas de proposiciones hereticas, erroneas, blasfemas, impias, temerarias, escandalosas, y mas que vemos en la primera censura? No por cierto.'

They point out that in *La fianza satisfecha*, as in the passage from the *Book of Wisdom* and in the account of the siege of Bethulia by Holofernes, wrong thinking and evil doing are identified as such:

No hay en toda ella [*La fianza satisfecha*] expresion alguna de Leonido, blasfema, cruel, lasciva, inhumana, o de otro modo desordenada, a la que el Author no adjunte immediatamente por boca del Gracioso Tizon la mas christiana correccion, y la mas justa censura [cf. Ortega's censure, above, p. 52]. Aún el primer pasage que se ve en la comedia, es una *desaprovacion formal de la conducta que va a referir el Author en Persona de Leonido* [our emphasis]. *Yo no sigo tu viage.* es la primera expresion de la comedia por la boca de Tizon. Tambien se ve que no se refieren los desordenes de Leonido con algun modo atractivo, o aliciente: sino al contrario, con un modo que por si mismo retrahe, horroriza, y convence de su misma iniquidad. No hay expresion alguna en que Leonido intente persuadir como bueno, lo que el hacia de malo. Por esto solia decir: *Bien o mal ya lo intenté; y a quien gusto no le dé, pidalo a mi fiero pecho.* El mismo confesaba su maldad en estos expresos terminos: *llegó mi maldad a tanto, que el mayor blason que tengo, es pensar que no se encierra, mayor Diablo en el infierno.* Esto, ya conoce V. A. que mas es manifestarse una furia del infierno, que aliciente o provocativo al vicio.

They then recount briefly the steps in Leonido's regeneration: his recognition of Christ, his conversion, his confession, his intent to mend his life, his decision to give it in payment of his debt, and finally his death on a cross. And they comment:

Todo esto, aunque solo representado, es lo mas puro y lo mas catholico que tiene nuestra Me. la Yglesia en el Misterio de la Predestinacion, y de la gracia. De estos mysticos Dogmas esta sembrada toda la tercera Jornada: no de las proposiciones hereticas, erroneas, blasfemas, impias que dice el calificador primero en su censura.

The other opposing censor had recognized that the scandalous attitudes expressed and atrocious deeds committed in the play were not the author's. But he had appealed to authority (Saints Thomas Aquinas and Chrysostom) and experience to argue that even so their effect on the less intelligent and less rightly inclined spectator or reader would be prejudicial. Fray Francisco and Fray Antonio state that Padre Larrayoz's censure, 'atendido a lo expuesto nos parece no hace fuerza'. (And it is true that if in the play evil is identified as evil the chance that its representation will have a harmful effect on the intellectually inferior consumer must either be eliminated or at least reduced.)

It is the morally less discerning consumer whom the last two censors have in mind, evidently, in trying to bolster the play's case against the censure of Padre Larrayoz. They agree that 'La authoridad del Angel[ico] Mr̃o. con el chrisostomo es inegable en el caso que el que oye, o lee una comedia, *fit per eam pronus ad vitia vel lasciviae, vel crudelitatis*'. They go on to quote St Cyprian, first regarding cruelty, then regarding lasciviousness, in the spectacles and performances of his time (and St Chrysostom's). They find his descriptions applicable to 'muchas comedias de estos tiempos', but 'Nada de esto hay en la comedia que se censura'. They are especially explicit concerning the second vice:

Y por lo que respecta a provocar o no a la lascivia, puede assegurarse que la tal comedia es de las mas puras, porque en ella nada hay de aquellas alcahueterias, graciosidades, chuladas, y porquerias que en otras muchas.

Padre Larrayoz had criticized as 'cosa abominable' the veneration with which Leonido's father and sisters treat him when he is dying on the cross. The last two censors defend the scene, saying that 'esta dispuesta con arreglo a los principios catholicos'. In the first place, 'la tal veneracion es de tramoya'. Secondly,

correspondiendo bien, como de [h]echo corresponde a la cosa representada, nada tiene de abominable, ni de viciosa. Representase un Ma[r]tir padeciendo por christo, a vista de todo un Publico. Esto no es malo. Consiguientemente al Dogma catholico de la intercesion de los santos para con Dios en nuestras necesidades, y en los ahogos, no es estraño, antes si muy regular en un catholico encomendarse a las oraciones del mismo santo representado.

That is what Marcela and Lidora [and Leonido's father] do.

The Mercedarian friars' thorough examination of the play and of the previous censures ends here. Their arguments in defense of *La fianza satisfecha* must have been convincing to the members of the Council.

The Second Process. Barcelona Inquisition

Fray Mariano Camarasa and Fray Antonio Calvaria find in *La fianza satisfecha*

muchas blasfemias horrorissimas contra Dios, muchas irreverencias de un hijo contra sus Padres, y muchas otras maldades cometidas por el mismo hijo; aunque es verdad que en la ultima jornada se halla su conversion despues de unos *ecos* de Christo improprios de este Senyor; por lo que jusgamos unanimes los dos infra escritos, que no debe permitirse su representacion, ni su letura por ser ofensiva a los piadosos oidos, inductiva a una vana presuncion, y poder inducir a los incautos muchas maldades, y por ultimo por la impropriedad de los *ecos* de Christo.

The members of the *Junta,* to whom the Council referred the process, accept the preceding censure, but their own is different. They take a broader view of the play, insisting less on details. Having referred to the play as 'obra segun parece del poeta bien conocido Lope de la Vega Carpio [*sic*]' and agreed that it is 'perjudicial a las buenas costumbres, é inductiva a una vana confianza', they discuss it as follows:

La conversion de un pecador, mayorm^te. tan impio y escandaloso como se pinta al heroe de esta comedia, es la cosa mas grande y admirable q^e. tiene la Religion de JesuChristo. Y si todas las cosas santas se deben tratar santam^te. q^to. mas la mas santa de todas, qual es esta? Sin embargo aqui se hace como un juguete de esta grande obra acompañandola con dichos y hechos indignos de la seriedad y gravedad de la Religion, por no decir otra cosa. JesuChristo n̄ro bien se introduce haciendo el ultimo papel en la comedia, y de un modo muy ridiculo, como advierten los Censores.

Ademas lo q^e. resalta en esta composicion, y es como el blanco de ella, se reduce á la expresion q^e. tantas veces repite el heroe mezclandola entre sus blasfemias; esto es: *Que lo pague Dios por mi;* lo q^e. da motivo al titulo de *La fianza satisfecha.* Esto qualquiera advierte q^e. puede inducir á las gentes menos instruidas y de poca capacidad á una vana confianza; quando lean q^e. un Joven el mas desalmado y libertino, burlandose de Dios y de su misericordia, logró su conversion, é inmediatam^te. la eterna felicidad, por haver reconvenido muchas veces con desprecio al Señor de la infinita bondad con q^e. se ofrecio por n̄ro fiador y Redentor. Si esto no es profanar lo mas sagrado, y hacer ridiculo lo mas serio y mas grave del Evangelio, no sabemos q^e. otra cosa lo sera.[1]

In the first process, the unfavorable censors had viewed the play from the perspective of the first two *jornadas;* the play's defenders had won their case by shifting attention to the point of view afforded by the third *jornada* and represented earlier in the play by Tizón's, and even Leonido's, characterization of his conduct as evil. In this second process, the focus is on the third *jornada* and on the title theme from the outset. If in 1800 there had been a censor kindly disposed toward the play, he would surely have found it more difficult to defend against those who attacked its very theology.

We have found no record of the play's having been performed during the nineteenth century, nor was it printed again until 1895, when it appeared in the Spanish Academy's edition of Lope's works. It had been

[1] María Jiménez Salas ('Comentario', pp. 598–9 and notes) reproduces all of the arguments of the first two censors, but only sums up those of the *Junta,* quoting a few lines from their censure. Antonio Paz y Melia (*Papeles de Inquisición: Catálogo y extractos,* 2ª. ed. por Ramón Paz (Madrid: Patronato del Archivo Histórico Nacional, 1947), No. 276 (on pp. 91–2)) gives briefer excerpts from the file of the same process.

mentioned and even considered briefly during the course of the century by an occasional critic.[1]

In the present century, *La fianza satisfecha* has been the object of intermittent but increasing attention, culminating in a kind of fervor of interest since the quadricentennial year of 1962. In that year, in the fall issue of the *Tulane Drama Review*, there appeared a translation done by Willis Barnstone under the title *The Outrageous Saint* (pp. 58–104). The translation of the play was introduced by English translations of a section from Otto Rank's *Das Inzest Motiv in Dichtung und Sage*[2] and of Ángel Valbuena Prat's 1931 article on Leonido as a pre-Freudian character (see below, pp. 60–2 and Bibliography), together with a note by Barnstone entitled 'Lope's Leonido: An Existential Hero' (pp. 56–7).

In the following year, John Osborne, by his own account, was persuaded to adapt *La fianza satisfecha*.[3] His adaptation, under the title *A Bond Honoured*, was performed for the first time on 6 June 1966, at the National Theatre, London. In the weeks that followed its première, it was the subject of much controversy.[4] Alberto Adell puts Osborne's adaptation, with its performance and the immediate reactions to it, in the generally more sober and on the whole balanced perspective which a year's interval permits by relating it to Lope's work in the context of its several interpretations—traditional, Freudian and existential.[5]

[1] Besides Von Schack, Cañete and Valmar, Adolph Schaeffer (*Geschichte des spanischen Nationaldramas* (Leipzig, 1890), I, 203–5) treats it briefly, giving a plot summary and offering a few lines of adverse criticism. Marcelino Menéndez y Pelayo, among his 'Observaciones preliminares' in vol. V of the Academy edition, also discusses it.

[2] (Leipzig, 1912). Rank merely summarizes the plot in that context.

[3] See his 'Author's Note' in his *A Bond Honoured* (London: Faber and Faber, 1966), p. 9; this is referred to and quoted by Daniel Rogers on pp. 154–5 of his article 'Not for insolence, but seriously' (*op. cit.*, above, p. 22, n. 2).

[4] A partial sampling of British reactions and counter-reactions (for which we are indebted to Edward M. Wilson) is as follows: *The Times*, June 7, 9, 10, 11, 13, 14, 15, 17, 18, 20, 22 and 24, and July 4 and 14; *The Daily Express*, June 7; *The Financial Times*, June 7 and 9; *The Evening Standard*, June 7; *The Guardian*, June 7, 9 and 16; *The Daily Telegraph*, June 7 and 9; *The Sunday Telegraph*, June 12; *The Observer* (*Weekend Review*), June 12; *The Daily Mail*, June 7 and 9; *The Sunday Times*, June 12; *The Spectator*, June 17; and *The New Statesman*, June 17. Other contributions to the dispute are referred to by Daniel Rogers in his *op. cit.*

[5] 'Lope, Osborne y los críticos', *Ínsula*, Año XXII, Núm. 247 (Junio 1967), p. 7. See also Daniel Rogers' article (*op. cit.*), a thoughtful treatment of *A Bond Honoured*. Rogers' able defense of Osborne's seriousness of intention in his adaptation of *La fianza satisfecha* is achieved in part through a thorough analysis of the relationship between *A Bond Honoured* and its Spanish source. His analysis, in turn, consists of an examination of the two plays to determine what their similarities and differences are, both in detail and in import, including a judgement of their relative quality. The aspect of Rogers' article which is pertinent to this section of our Introduction is his commentary on the degree of faithfulness which the adaptation bears to the original, in contrast to the Barnstone translation in certain passages,

MODERN CRITICAL APPROACHES TO THE PLAY

The few critical appraisals of *La fianza satisfecha* that have been published center mainly on the protagonist, Leonido, and properly so, for the principal challenge of the play is that of defining and explaining his nature. He has been called 'Faustian', a 'Don Juan', and a 'monster', and he has been discussed in contexts of Freudian psychology, Buddhism, and Christian theology, all in an attempt to clarify or justify his actions on stage and the motivations for those actions.

Lope has opened the door for consideration of both his actions and his motivations by including discussions of them in controversial contexts within the play. Thus, as will be seen, not only critics, but also the characters themselves, disagree in their observations of his basic nature. Each has his own interpretation, including Leonido, and the question seems to be whom we are to believe.

Criticism of the play has run the gamut of interpretations and value judgements, from those who, like Wilhelm Möller, condemn it as inferior theater in every sense, to those who, like Ángel Valbuena Prat, afford it a high place among the 'unexpected surprises' of the Spanish stage and seek to analyze it under the 'illuminating light of modern ideas'. The variety of opinions concerning Lope's intent offers a good example of the frustrations involved in attempting to second-guess the author.

Möller, in his comparison of Leonido to the *bandolero* type of the *Banditen-comedia*, describes the protagonist as a 'monster', who undergoes no evolution of character, but merely experiences a sudden change from one extreme spiritual state to another.[1] He is motivated, says this critic, by an 'innate inclination' (cf. v. 926) that drives him to commit evil deeds, and he exhibits a type of perversion that is psychologically unconvincing. Leonido's insults for insults' sake, according to Möller, constitute an *a priori* principle of evil that is foreign to human motivations. The rapid conversion merely leads from one 'monster' state to another; the nearness of death thrusts the morally-negative Leonido into the 'elevated, half-enraptured state of the human sphere of a candidate for

for example. Rogers also provides the information that on 22 December 1966, Joe Burroughs' translation of the source-play, titled *A Pledge Redeemed*, was broadcast on the BBC Third Programme and that John Osborne worked from a literal translation provided by the National Theatre. This brings to three the number of translations that have come to our attention, though only Willis Barnstone's, so far as we know, has been published.

(Regarding Rogers' opinion that Lope is not the author of the source-play, see above, pp. 22–3. As for his critical evaluation of the source-play, we have taken some cognizance of it below, p. 69, n. 1.)

[1] *Die Christliche Banditen-comedia* (Hamburg, 1936), pp. 27–9.

Introduction

Paradise', but he remains a 'monster' throughout. Möller believes that Lope's primary desire is to exploit the theater to the fullest, and that for this purpose he allows Leonido's 'monstruous' nature to go in all directions, unencumbered by any moral judgement that might fall to either a sub-human or a super-human being. He seems to feel that Lope has failed, that the play suffers from the falseness of its theme, and that it provides an 'incomparably low degree of entertainment'.

Möller's appraisal seems to be based mainly on what the protagonist himself says, for it is Leonido alone who assigns the cause of his behavior to 'innate' characteristics. Möller, in accusing Lope of having created an unbelievable character, may have assumed that Leonido's judgement is identical with that of his creator. If, however, Leonido's judgement does not coincide with Lope's, then perhaps the latter has not failed, and Möller would find it necessary to reconstruct his argument.

Otto Rank,[1] whose brief treatment of the play is often mentioned by critics, gives little more than the plot (taken from Schaeffer's *Geschichte des spanischen Nationaldramas*, according to Valbuena Prat[2]), and a contextually implied comparison of Lope's life with elements in the play. As Eric Bentley points out, Rank 'presumably did not read *The Outrageous Saint*'.[3]

On the other hand, one is tempted to question Valbuena's reading of the play, too. He attempts to explain Leonido's actions in terms of Freudian psychology, and in the process he grants him attributes that Lope did not. He refers to the 'symptoms' that enable us 'to diagnose the exact nature of Leonido's disease'.[4] He sees Leonido's 'hatred of his own kin and his desire to insult his family' as 'consequences of his pathological state of mind'.[5]

Valbuena correctly records Leonido's actions: his incestuous attempts on his sister and his mother, his murder of the latter and his blinding of his father. He then provides, however, an explanation of the relationship and meanings of these acts which, although it may be clinically sound, does not describe what takes place in the drama. Valbuena says:

All these monstrosities fit logically into a psychoanalytical framework. The jealousy of the incestuous Leonido makes him humiliate and hurt his father. As for

[1] 'The Incest of Amnon and Tamar', tr. Bayard Q. Morgan, *Tulane Drama Review*, VII (Fall, 1962), 38–43. (From his *Das Inzest Motiv in Dichtung und Sage* (Leipzig, 1912).)
[2] 'A Freudian Character in Lope de Vega', tr. Pedro León, *Tulane Drama Review*, VII (Fall, 1962), 49. (From his 'Un personaje prefreudiano de Lope de Vega', *Revista de la Biblioteca, Archivo y Museo*, del Ayuntamiento de Madrid, VIII (1931), 25–35.)
[3] Eric Bentley, footnote to Valbuena Prat, 'A Freudian Character'.   [4] *Ibid.*, p. 44.
[5] *Ibid.*

the final cruelty, we recall that Freud interprets the act of blinding a father as a symbol of castration. Oedipus blinds himself in punishment for his own incestuous act. The cruel behavior of Leonido towards his father is thus explicable. We note that the incestuous attempt on his sister revives in Leonido his earlier love for his mother.[1]

Valbuena then reveals the emphasis he prefers to give the play by describing its essence as follows: 'Incest between brother and sister is almost the entire basis of the plot—the double plot—of the play.'[2]

The above references to Freud and Oedipus are accurate enough, but their relevance to Leonido is debatable. Furthermore, to say that Leonido is jealous, and that this jealousy is responsible for his hurting his father, is to add to the play an element that Lope did not include. His 'cruel behavior', therefore, is not 'thus explicable'. Moreover, the statement above concerning the basis of the plot cannot be substantiated by any reading of the text.

Along with Leonido's incestuous tendencies, Valbuena cites his sadism in treating others cruelly, which is converted into masochism when he repents and willingly delivers himself over to his executioners. His 'uncontrolled lust for sin is transmuted...to a thirst for repentance and martyrdom'.[3] Valbuena views Leonido's willingness to die on the cross, crowned with thorns, as his ultimate masochistic act, and he even claims to 'sense the almost autobiographical nature of the play' best in this scene because Lope, in one of his sonnets, asks Christ to nail him with Him to the cross.[4] Valbuena makes a somewhat parenthetical observation that Leonido's identification with Christ through his penitence and renunciation represents an idea that belongs more to Buddhism than to Christianity.[5]

Even granting the dubious notion that Leonido's repentance and willingness to accept his punishment are presented in a masochistic framework, one must deny that his identification with Christ is more Buddhist than Christian. On the contrary, one might even make a Thomistic case here for dramatic apocatastasis. At any rate, it is not necessary to abandon Lope's obviously intentional Christian–Moorish context to explain Leonido's identification.

Valbuena's reasoning concerning the 'autobiographical' nature of the play is unsound; one cannot establish the autobiographical elements of either of two literary works by merely comparing them with each other.

Valbuena's position regarding the nature of Leonido's subconscious seems generally untenable. He speaks of the latter's 'subconscious

---

[1] *Ibid.*, p. 47.   [2] *Ibid.*   *Ibid.*, p. 52.
[4] *Ibid.*, p. 53.   [5] *Ibid.*, p. 52.

enjoyment of his past cruelties—reflected in the scene in which he tells a priest about his parricide'.[1] It seems that 'conscious' would have been a more felicitous adjective here, if there were even such a scene in the play (see vv. 85–8, 695–8 and 2028–31, the only lines in which a priest is even mentioned). Then, with regard to vv. 2772–5, which Leonido addresses to his sister, Valbuena states that he utters them 'without forgetting subconsciously his love for her'.[2] There is nothing in the text to warrant such a statement. Leonido's conversion appears to be complete by this point.

What must be remembered is that Leonido is not a whole man, but a character in a play, and the only subconscious he can possess must come from his creator. His dimensions are limited to the confines of the work itself, and, despite his similarity to actual case histories, one cannot assign him motivations, repressions, or subconscious characteristics that the author has not given him. A 'Freudian' analysis of Leonido's 'subconscious', therefore, is an 'analysis' of something that does not exist. If the play offers any insights regarding subconscious phenomena, it is not Leonido's but Lope's subconscious that is revealed. It is possible that certain universal symbols appear in the play that would reveal an insight into Lope's personality, and one might even successfully undertake a study of them in terms of the Jungian collective unconscious. Such a study, however, would concern the personality from which they sprang, not the invented, limited, carefully-controlled 'personality' of a fictional character. In an analysis of Leonido's personality, therefore, we are obliged to work within the limits established in Lope's text. It is probably only natural, when faced with a character like Leonido, to have recourse to terms such as Oedipus, sadism and masochism, but such terms can be applied only descriptively in this case, not analytically: they neither explain nor enlighten.

Willis Barnstone is correct in pointing out that Leonido is not an atheist.[3] Leonido recognizes from the beginning that he will have to pay God for his behavior (vv. 15–17), although the threat of future retribution does not deter him in the present. He constantly refers to his own actions in terms of good and evil: 'delito' (v. 348), 'malicia' (v. 668), 'maldad' (v. 679). Barnstone remarks that Lope's theme is Faustian.[4] In the realm of the abstract, it is, to be sure, reminiscent of Faust, since it involves a mortal and a supernatural being. Leonido makes no pact with the devil, however, who indeed does not even appear; and he enters into no agree-

[1] *Ibid.*   [2] *Ibid.*, p. 53.   [3] 'Lope de Vega's Don Leonido', p. 105.
[4] *Ibid.*, pp. 105–6.

ment with the supernatural, but merely decides to do as he pleases for the moment. Christ's calling him to account cannot really be construed as the termination of a pact; in Barnstone's 'metaphorical language of finance', it has been at best a unilateral contract (see vv. 15–17).

Barnstone, in his comparison of Don Juan and Leonido, refers to the latter's 'more complex, philosophical character'.[1] If there is a philosophical element in Leonido's character, it is difficult to isolate. He certainly is not a philosopher, nor does he philosophize, and not even by broadening the meaning of the term could one say that his characterization gives rise to a philosophical problem in the drama. The question of sin–repentance–salvation is theological, or at least religious, not philosophical. The adjective 'complex' seems to be intended to symbolize the success of an attempt to impose a rational explanation on a character whose actions are irrational. María Jiménez Salas comments on the dilemma of many critics: 'Se quiere hacer de Leonido un personaje incomprensible; se le arranca del marco en que Lope le colocara, y después no hay manera *normal* de explicarlo.' Her own explanation is that Leonido in the first two acts behaves like a romantic character: 'Leonido presenta, para mi gusto, tres notas románticas muy notables: determinismo (*porque tal he nacido*); rebeldía dinámica (inadmisible en el personaje clásico que compone su pergeño moral como los pliegues de su vestidura); anti-racionalismo... Leonido se abandona...a su querer y sentir, y este abandono le proporciona una formidable facilidad de acción. Se desenvuelve, pues, Leonido con plena normalidad en un plano irreal desde el punto de vista de la razón, pero grandemente verdadero desde el punto de vista teatral.'[2] The key to Leonido's character, then, must lie in discovering in what dialectic Lope intends us to view his actions and motivations, a dialectic which must be forthcoming from the world of the play itself, as Jiménez Salas points out.

Leonido's so-called 'rapid conversion' scene may be greatly responsible for Möller's judgement concerning the lack of verisimilitude he notes in the play as a whole (see above). This scene is the turning-point of Leonido's life and hence of the drama, and if we feel that it falls short, we will find it difficult to believe the rest of Lope's creation. It takes but a minute to scan the verses that lead us through Leonido's total spiritual change (vv. 2008–103); as a result, our first impression is that it all happens too quickly to be convincing. Upon further reflection, however, we realize that we are faced with the difference between reading a play and seeing it performed. The fact is that structurally Lope has provided a thorough

---

[1] *Ibid.*, p. 101.   [2] 'Comentario', pp. 588, 591.

preparation for Leonido's repentance and acknowledgment of Christ as his Redeemer, through the warnings and predictions of Tizón and Gerardo (vv. 59, 89–100, 161–8, 342–5 and 824–5). It is as though he were constantly suggesting what is actually going to take place toward the end of the play. Furthermore, Christ's speech to Leonido concerning his debt must be as convincing to Leonido as it is to the audience. Leonido's crucial scene is bolstered by more than mere structural preparation, however, for coupled with the latter are the important possibilities of stage properties, acting and directing, which could not only lengthen the elapsed time of the scene but also enhance our acceptance of it through effective aural and visual stimuli. We see then that Lope, through a solid knowledge of his craft, has successfully exploited the potential of his medium to represent dramatically and convincingly the enigma of the religious experience. All the elements named above focus together in the climax as Leonido falls to his knees and brings the play to its moral and dramatic apogee, combining easily to produce a believable portrayal on stage of the 'conversion' of a man's soul, which is, by its nature, not so much a complexity as a mystery.

Barnstone presents a challenging interpretation of Leonido as a 'type of existential hero'. He states:

From the beginning he relentlessly seeks to destroy all accepted social and religious norms. He is a desperate man, alone—despite servant, wealth, and title—seeking his own identity. Before he can find himself, he must violently reject all values given him by others. He must purify himself by wiping out all traces of personal and social morality. For him the world and its ideas are without meaning, absurd, and he reacts with persistent rage against the world he doubts. He seeks an absolute freedom, a nudity, indeed a form of anarchy comparable to that of André Breton's free man who would walk into the street firing his revolver at random passers-by.[1]

Barnstone continues:

He tries everything, that is, everything in his day, and rejects it all. But he never once abandons the serious responsibility of his quest for self-discovery. He even painfully declines the human temptation of Lidora's kind love. He must remain pure and firm in his course...He meets a seemingly absurd world with outrageous action. He rejects in order to find. He must discover his individual freedom and identity before he can be at peace with himself and the world. To do this he methodically annihilates his own personality and becomes an outrageous saint.[2]

If Leonido is seeking his identity in a world he considers absurd as the result of philosophical inquiry, Lope certainly keeps the fact well hidden. Nowhere does Leonido question who or what he is; nowhere does he

[1] 'Lope de Vega's Don Leonido', p. 112.　　[2] *Ibid.*

comment on life in the existentialist framework described above; and nowhere is his aloneness mentioned. Furthermore, his rejection of Lidora is not at all 'painful' (see vv. 829–76).

The above analysis might be made of someone proceeding in Leonido's fashion, if other facts of his life were available to substantiate the statements. It is difficult to make such statements, however, without internal corroboration, which in this case seems to be lacking. The description of what Leonido does is accurate enough; it is why, and even how, he does it that is debatable. He does reject, for example, family and religion;[1] but to state that he does so 'in order to find' individual freedom and identity 'before' he can be at peace with himself and the world is to create a causal relationship out of whole cloth. Again it is basically not the descriptive nature of the statements that invites contention, but their application analytically.

Markéta L. Freund takes issue with Rank, Valbuena, and Barnstone.[2] She summarily dismisses the first two to speak of Barnstone's description of Leonido's self-purification: 'Esta "purificación de sí mismo" incluye matar a su madre, cegar a su padre, intentar repetidamente violar a su hermana, renegar de su religión y otras "auto-purificaciones".'[3] She proceeds then to state her view of Lope's intent as follows:

Lo que intentó Lope de Vega era crear un pecador tan abominable, tan perverso y tan brutal, que nadie pudiera imaginarse que hubiera perdón para tal monstruo humano. La razón por la que Lope necesitaba un protagonista de esta dimensión era que el tema central de su obra había de ser la infinita misericordia de Dios, su ilimitada capacidad de perdonar y de salvar al alma más negra, más perdida imaginable. Lo infinito es conmensurable solamente con lo infinito; y así, para demostrar lo inmenso del perdón divino, había que juntar en un solo personaje los más horripilantes pecados conocidos a los cristianos. Los pecados tenían que ser tales y de tan increíble atrocidad, para que el público se diera cuenta cabal de la inimaginable misericordia de Dios.[4]

---

[1] See, for example, vv. 801–6. The concept 'religion' included that of 'society', as well, in sixteenth- and seventeenth-century Spain, as anyone acquainted with its history and its literature of that time well knows. Alexander A. Parker has pointed out that in Mira de Amescua's *Esclavo del demonio* 'la rebeldía contra la sociedad [is presented] como rebeldía contra la autoridad paterna: es decir, el vínculo social, que es indispensable para la vida moral del hombre, se concibe como el vínculo de la familia'. Parker mentions, among works which exemplify the use of this kind of analogy, *La fianza satisfecha*, 'obra que se relaciona estrechamente con las comedias de bandoleros' ('Santos y bandoleros en el teatro español del Siglo de Oro', *Arbor*, XIII (1949), 401–2).

[2] 'Una nota a la interpretación de *La fianza satisfecha* de Lope de Vega', *Hispanófila*, Núm. 25 (1965), 17–19.

[3] *Ibid.*, p. 17.

[4] *Ibid.*, p. 18. (See also Jiménez Salas, 'Comentario', *passim*.)

Introduction

Professor Freund challenges also the English title, *The Outrageous Saint*, as misleading, since it fixes one's attention on the perversity of the protagonist, whereas the emphasis of Lope's title is on Leonido's debt to Christ, Who has paid for his sins with His blood. Leonido can best satisfy the debt to his Savior symbolically by dying voluntarily on the cross; in this way, 'se purifica el protagonista para merecer y recibir el perdón humano y divino'.[1]

Although she may be taking Barnstone's use of the term 'purification' too literally, she seems to have concentrated closely on the actual text of the play. One wishes that her brief statement were developed at greater length.

The similarities between Lope's life and Leonido's characterization are consistently pointed out by critics (Barnstone, Rank, Valbuena Prat, already cited),[2] and they must be considered for whatever interest they may bear for those who seek such comparisons. Once similarities are noted, however, whether between an author and his character, or between two characters, or, indeed, between two authors, there remains little more to say. The play is not autobiography, but invention for the theater, and to single out similarities is not necessarily to contribute to an understanding of the work. While we may delight in enumerating the similarities, we find that we must ignore all the dissimilar elements: Leonido's killing of his mother, his blinding of his father, his embracing of Islam, his double capture by the Moors, his repeated attempts on his sister and his crucifixion, with none of which can we make biographical comparison. The similarities, then, appear to be arbitrary choices. All one can really say is that Lope's life did not include the dissimilar elements, which seems to say no more than the statement that his life did include the similar ones. We shall resist, therefore, any temptation to explain Leonido's nature on the basis of Lope's.

Lope himself has presented Leonido from more than one point of view. Several of the characters in the play comment on the traits and motivations of the protagonist that seem most obvious to them, and Leonido himself is granted a number of lines near the beginning to explain his own behavior.

It is not to be assumed, of course, that any given character speaks for the

[1] *Ibid.*, pp. 18–19.
[2] Jacqueline van Praag-Chantraine adopts the same approach in her '*La fianza satisfecha*, "comedia famosa" de Lope de Vega', *Revue Belge de Philologie et d'Histoire*, LXIV (1966), 945–58, an article which appears again, after some revision, in *Actas del Segundo Congreso Internacional de Hispanistas* (Nijmegen: Instituto Español de la Universidad de Nimega, 1967), 245–52.

author, and that, therefore, his words must take precedence over a careful analysis. Indeed, the characters disagree in their evaluation of Leonido's nature and the motivations for his behavior, for each one speaks in accordance with the dramatic relationship he bears to the protagonist.

Thus Belerbeyo, his enemy in the historical context as well as the dramatic, recognizes first, as positive values, his physical strength and bravery, and he proclaims himself proud to be Leonido's captive (vv. 604–14). Even after Leonido's long discourse on his own terrible nature, Belerbeyo calls him 'noble y valiente' (v. 731). Later, however, as Belerbeyo's life becomes more deeply entwined with Leonido's, he begins to consider the latter prideful and mad. He proceeds then to judge Leonido and to state that his haughtiness and madness should not go unpunished (vv. 961–8).

Tizón's role is balanced against Leonido's, dramatically and theologically. From the beginning he judges his master, calling him blasphemous (v. 59) and reminding him of God's inevitable punishment (vv. 165–8). He is fearful when Leonido is almost foolhardy, and he is reverent when Leonido defies eternity. Nowhere in his judgement, however, does Tizón go beyond the externals of Leonido's behavior to seek an explanation of it; he merely watches him act and places the blame squarely upon him as he warns him of his impending doom. His is not the voice of conscience, but of the outside observer, whose relationship with Leonido is close enough to justify his role as that of the warning companion. Tizón's treatment of his prisoner, Zarabullí, might seem, at first glance, to reflect some of his master's own cruelty and impudence (vv. 777–84). The parallelism in this scene between Tizón's actions and those of his master probably should not be considered, however, as an expression of the servant's nature; the parallelism is only dramatic, as Tizón's role is throughout the play, at times similar and at times antithetical to Leonido's. Tizón conforms to one of the functions of the *gracioso* as the central figure of an undercurrent in the main plot, but he does not take on his master's characteristics. He taunts Mohammed, not God, and forcing the Moor to partake of wine and pork, from his point of view, does not endanger his own soul. More than anything else, it seems to be a safe type of bravado.

Dionisio, the outraged brother-in-law, sees Leonido as an unbridled devil pursuing selfish desires and sinning willfully (vv. 189–200). He too, then, makes a value judgement of Leonido's nature. He goes farther than the others, however, by proposing a theory of motivations for Leonido's actions. His uncomplicated explanation of Leonido's dishonorable behavior is familiar to all eras: parental irresponsibility is to blame (vv. 217–32). If Leonido's father, Gerardo, had bent the twig properly, the growth of the tree would have taken a different direction; if he had punished him for earlier, less consequential transgressions, he would not have arrived at his present state.

Whereas Dionisio places the emphasis on Leonido's family environment, the protagonist explains his own behavior on a basis that falls within the realm of heredity. He attempted to dishonor his sister, he exclaims, 'porque tal he nacido' (v. 278). Throughout his lengthy description of his birth and youth (vv. 623–730), he maintains his belief that his terribleness is innate, and that he dishonors for the sake of dishonoring. Möller, as mentioned above, has apparently based part of his evaluation of Leonido's nature on this speech.

Gerardo's reaction to Leonido's initial behavior in Act I involves an answer both to his son and to Dionisio. As he rebukes Leonido, reminding him that his own life has been exemplary, he is likewise answering, in a way, Dionisio's charge of irresponsibility. Gerardo's creed has been that of the example, not the whip, and Leonido's failure to emulate the model behavior of his father is of his own doing, and he must now be punished. Gerardo, along with several others in the play, ignores Leonido's explanation of an innate evilness, which might tend to excuse his actions; instead, he places the burden squarely on his son, who, he feels, has exercised free will in choosing his way of life.

In the face of the attitudes discussed above, Christ's judgement of Leonido becomes crucial to the meaning of the play. Of all the characters, it is Christ alone who changes Leonido's direction, and who is directly responsible for the climax and dénouement of the work. Leonido has acted somewhat inconsistently; while he has claimed that his nature is innate, that he was born the way he is, he seems, at the same time, to be fully aware that he is making deliberate choices. Christ follows Leonido's temporal father in the matter of free will and sets the record straight: Leonido has sinned, and he must pay. Christ's words, 'por sólo darme enojos' (v. 1841), imply not only deliberateness on Leonido's part, but also a knowledge of what would be displeasing to Christ. This combination constitutes willful sinning in Lope's context.

The inference, therefore, is that the protagonist has been acting as a free agent, and that he is responsible for his own behavior. If he were truly incapable of controlling himself because of an 'innate inclination' that drove him to commit evil deeds, we would have no play. It is precisely his obvious knowledge of the difference between good and evil, along with his conscious choice of the latter, which provides a justification for even the possibility of repentance and punishment. The symbolic significance of Christ's sacrifice for him (vv. 1942–2008) can have its effect only in this Christian context of free will and the relationship of sin–punishment–repentance–reward. That effect—the final choice on Leonido's part—also occurs in a framework of free will, representing not a form of masochism, nor a Buddhist-like identification, but a decision, freely made by Leonido, to accept his spiritual responsibility and to pay whatever price is necessary to gain salvation.

All the other explanations of his actions and motivations fade away in the play; Lope does not revive them. One is left at the end with the feeling that not only has Lope made full use of the theater of his time for the purpose of presenting lively entertainment, but that at the same time he has given his work substance by treating, in no uncertain terms, a basic point of Christian theology.

Lope's message to the Spaniards is that of St Paul to the Romans, but Lope dramatizes his example, Leonido, by exaggerating him. If for even the greatest of sinners such as Leonido there is salvation, the implication is that everyone can have hope, and Lope makes it clear that he is addressing all men in Christ's first speech on stage, which begins, 'Ingratos hombres' (vv. 1802–31). He does not speak solely to Leonido until line 1834, after the latter has interrupted Him. In the exaggeration of sinful man and in the representation of God's infinite mercy through the Christ figure lies the universality of *La fianza satisfecha*. As St Paul wrote to the Romans, 'the wages of sin is death'; but just as St Paul finishes his verse, so Lope finishes his play, with emphasis on the other possibility that is open to the servant of God through His gift of free will and His infinite mercy: 'but the gift of God is eternal life through Jesus Christ our Lord' (*Romans* VI, 23).[1]

[1] Having referred to Daniel Rogers' excellent article previously, in our discussion of authorship and once again in giving brief account of translations and the Osborne adaptation, we now recommend it to our readers. Our differences with respect to Rogers' position on the authorship of *La fianza satisfecha* have already been set forth. We see no good reason to modify the present section on 'Modern Critical Approaches to the Play' so as to include a discussion of what Rogers has to say about *La fianza*. His approach to the play, at odds with those of Rank, Valbuena and Barnstone and in agreement with Freud, very nearly coincides with ours (see his 'Not for insolence, but seriously', p. 153).

A word or two should be said about his statement regarding Leonido's crucifixion: 'The final sensational apparition of the crucified hero can hardly be seen as anything but an atrocious error of judgement and taste. *The attempt to stage the Pauline metaphor "I am crucified with Christ"* (Gal. 2:20) in a baroque juxtaposition of extremes is daring but ill-conceived' (p. 152; our italics; see also p. 168). We have nothing to say about errors of judgement or taste except that tastes, obviously, change. The main point we would make is that there was no attempt, in our opinion, 'to stage the Pauline metaphor'. In the first place, although we

VERSIFICATION

	Lines	Verse Form
ACT I	1–168	*Redondilla*
	169–268	*Romance* I–O
	269–306	*Quintilla*[1]
	307–466	*Décima*[2]
	467–622	*Redondilla*
	623–828	*Romance* E–O
ACT II	829–1036	*Redondilla*
	1037–1140	*Romance* U–O

have chosen the stage directions of the printed versions, the original ones may have read as in the MS copy (see 'Notes to A Variants', v. 2738), according to which Leonido was not crucified but impaled. This was a common happening, if not in real life, at least in the *comedias de cautivos*, which, according to one of the characters in Cervantes' *Baños de Argel*, 'siempre en tragedia acaban' (*Obras completas*, ed. Á. Valbuena Prat (Madrid: Aguilar, 1956), p. 311a). In the same play, for example, Hazén, a repentant renegade, dies impaled clutching a small wooden cross (*ed. cit.*, p. 287), and, like Leonido, he recognizes that his salvation (through that kind of death) depends on the cruelty of his executioners: 'que en ser el cadí crüel / consiste mi salvación' (p. 287a). The boy, Francisco, also dies a martyr's death: 'Atado está a una columna, / hecho retrato de Cristo' (p. 310b). His father, who hastens to see him before he shall have breathed his last breath, compares this real imitation of Christ's passion to the feigned Holy Week imitations in Seville:

> ¡Dulce mitad de mi alma,
> ay de mis entrañas hijo,
> detened la vida en tanto
> que os va a ver este afligido!
> ¡En la calle de Amargura
> — perezosos pies, sed listos —
> veré en su ser a Pilatos
> y en figura veré a Cristo! (p. 310b)

As we remarked earlier (p. 29), the priest Félix, in *Los cautivos de Argel*, dies impaled, and D. García, a repentant renegade, dies crucified.

The few examples referred to above are intended to show that, when *La fianza satisfecha* is compared, as it should be, with other *comedias de cautivos*, there was nothing particularly exceptional for the seventeenth-century Spaniard in Leonido's death, whether it was by impalement or by actual crucifixion. In either case, the cross is there, varying only in size. What should be stressed is not the resemblance of Leonido's death to Christ's passion, which was at that time a theatrical commonplace, but the relationship of his death to the conversion scene and the title theme: there is no doubt of the dramatist's intent to stage *that* metaphor.

[1] Types 1 and 5 alternating. These could also be considered *coplas reales* (see M.–B., p.12). Morley and Bruerton treat them as *quintillas*, however (p. 286). Two lines are lacking in all of our texts in the *quintilla* following v. 288.

[2] Or *quintillas* of types 6 and 5 alternating. Morley and Bruerton treat them as *décimas*, and with good reason: a pause is usually almost obligatory at the end of the fourth line of the first *quintilla*. (See M.–B., pp. 12 and 286.)

	1141–1325	*Quintilla* (type 1)
	1326–1485	*Redondilla*
	1486–1591	*Décima*[1]
	1592–1731	*Redondilla*

Act iii	1732–1781	*Quintilla* (type 1)
	1782–1795	Sonnet (echoic)[2]
	1796–1921	*Lira*
	1922–2011	*Quintilla*[3]
	2012–2103	*Romance* A–A
	2104–2151	*Redondilla*
	2152–2279	*Octava real*
	2280–2347	*Romance* E–O
	2348–2359	*Redondilla*
	2360–2397	*Romance* Ó (*versos agudos*)
	2398–2521	*Romance* E–A
	2522–2646	*Quintilla*[4]
	2647–2818	*Romance* E–O[5]
	2819–2852	*Romance* E–A

[1] So treated by Morley and Bruerton (see p. 286). Vv. 1576–81, six lines intervening to interrupt the regular pattern of *décimas*, can be explained in any one of three ways. In the Academy edition, v. 1581 is treated as a *verso suelto*. This solution leaves the *quintilla* intact and of the type it needs to be (6) in order to fit into the established pattern of *décimas*. But there is no *quintilla* of type 5 to complete the *décima*. This suggests the second solution, which is the one evidently adopted by Morley and Bruerton: namely, to consider that there was once a *quintilla* of type 5, of which all but one line has been lost in the transmission of the text. In choosing our text, this is the solution we have adopted (although we do not assign the missing lines numbers). A third possibility which seems attractive in this case is to accept A's reading of one perfect *décima* between our vv. 1565 and 1582, thus reducing from sixteen to ten the number of these lines and eliminating the metrical irregularity (see textual note to vv. 1566–81).

[2] The last tercet is not echoic. Morley and Bruerton failed to identify the tercet, disguised as it was by its lack of echo and by its division into four *lira*-like lines: hence, they count only eleven lines of sonnet (p. 286). For further discussion, see our note to vv. 1793–5.

[3] Like vv. 269–306, these could be considered *coplas reales* (see p. 70, n. 1).

[4] Vv. 2522–6, type 1; 2527–601, types 1 and 5 alternating regularly, beginning and ending with type 1; 2602–16: the first and last are of type 1 and the middle one of type 5; 2617–46, types 1 and 5 alternating regularly, beginning with 1 and ending with 5. The pattern seems regular, with type 1 predominating; the group division indicated above corresponds to the logical division of the dialogue either on the basis of sense or distribution among the personages. Hence we conclude that probably there are no passages lacking in this run of 125 lines and the text is relatively free of major error. There is, of course, the possibility that some early versifier-editor rearranged or rewrote these lines in the above pattern, but this possibility exists no more here than with respect to the whole play.

[5] Except for the letter in prose, to which we have assigned arbitrarily the line numbers 2687–700.

COMEDIA FAMOSA

LA FIANZA SATISFECHA

DE

LOPE DE VEGA CARPIO

PERSONAS QUE HABLAN EN ELLA

LEONIDO, galán
TIZÓN, gracioso
DIONISIO, caballero
GERARDO, viejo
REY moro

MARCELA, dama
ZULEMA, moro
ZARABULLÍ, moro
LIDORA, mora
CRISTO, pastor

JORNADA PRIMERA

Calle. Salen LEONIDO *y* TIZÓN

TIZÓN	Yo no sigo tu vïaje.
LEONIDO	La puerta me has de guardar,
	y la tengo de gozar,
	por afrentar mi linaje.
TIZÓN	Considera que es tu hermana. 5
LEONIDO	Acaba, llama, Tizón,
	porque esa misma razón
	hace su infamia más llana:
	eso me da mayor brío
	para poderla gozar. 10
	¿No gozó Amón a Tamar,
	siendo hermanos?
TIZÓN	Desvarío
	el tuyo es: ¿no sabes, pues,
	cuán bien lo pagó?
LEONIDO	Es así:
	que lo pague Dios por mí, 15
	y pídamelo después.
	Dios ha de ser mi fiador;
	porque, si en verdad me fundo,
	ni le ha habido, ni en el mundo
	no le puede haber mejor; 20
	y, si es la paga en dinero,
	ninguno más rico hallo.
TIZÓN	(Sin freno está este caballo;
	él dará en despeñadero.)
LEONIDO	¿No llamas?

5 es] *om.* AB
12 Desvarío] ¡Qué desvarío C–J
13 ¿no sabes, pues,] pues, ¿no sabes B–J
14 cuán bien] que BC
] *om.* D–J
19 ni le ha habido,] ni la ha habido, BC
] ni la habido, D–F
] no lo ha habido, I
] ni lo habido, K–M

12 hermanos?] hermano? I
13 el tuyo es:] es el tuyo, AC–J
] es ése tuyo, B

20 le] la B–F
21–3

TIZÓN   No; que esperaba   25
por ver si el divertimiento
te mudaba el pensamiento.

LEONIDO   No me canses, llama, acaba;
llama, o quítate de ahí;
que este furor me desvela.   30

TIZÓN   En el patio está Marcela.

LEONIDO   Pues entro. Quédate aquí;
y, porque mi inclinación
sepas, te quiero avisar
que no la quiero gozar   35
porque la tengo afición:
que ni su amor me maltrata,
ni su talle me aficiona,
ni me agrada su persona,
ni su donaire me mata,   40
ni su gracia me contenta,
ni de su lengua yo gusto;
sí sólo porque es mi gusto
dar a mi sangre esta afrenta.
Espérame; volveré.   45

TIZÓN   ¿Y sabes si volverás?

LEONIDO   Gracioso, Tizón, estás;
pues claro está que lo sé;
que a mi soberbio querer
ninguno le pone rienda.   50
Aunque el infierno pretenda
estorbarlo, he de volver;
que no temo el embarazo
de todo el infierno junto,
porque a su infernal trasunto   55
sabrá rendir este brazo;
y, si el cielo pretendiere
lo mismo, tampoco temo.

---

28 me] te F–N   36 tengo] tenga K–N
40 donaire] aire K–N   40 mata,] agrada, B–J
                                      ] arrebata, K–N
42 ni...gusto;] ni su lengua me da gusto; A–J
43 sí] sino A–J
                                        43 es mi gusto] gusto AI
                                                    ] quiero B–HJ
45 Espérame; volveré.] Yo me voy; espérame. A–J
58–79

TIZÓN	Dios te convierta, blasfemo.	
LEONIDO	Él haga lo que quisiere;	60
	y a quien mi acción atrevida	
	en honra o hacienda estrague,	
	pida a Dios que se lo pague,	
	y que después me lo pida;	
	que hombre soy yo que sabré	65
	satisfacer cualquier mengua.	
TIZÓN	Maldiga Dios tan vil lengua.	
	Entra; que yo esperaré,	
	rogando al cielo la ampare	
	de tal afrenta y ultraje.	70
LEONIDO	Voto a Dios, que mi linaje	
	abrase si lo estorbare. *Vase.*	
TIZÓN	Él entra ya sin gobierno.	
	¡Ah, desdichado Tizón!,	
	si sigues su inclinación,	75
	serás tizón del infierno.	
	No hay pecado en todos siete	
	que él no haya ejecutado,	
	ni hubo ocasión de pecado	
	sin asirla del copete.	80
	Sin mostrar rastro de pena,	
	viendo ultrajada su fama,	
	esta mañana a una dama	
	quitó una rica cadena;	
	y, porque con lengua honrada	85
	tan gran maldad reprendió,	
	a un sacerdote le dio	
	una crüel bofetada.	
	Yo no sé en qué ha de parar;	
	que tan enorme vivir	90
	o en un palo ha de morir,	
	o el diablo lo ha de llevar,	
	porque no he visto furor	
	semejante; y el infiel	
	luego dice que por él	95

65 hombre soy yo] soy hombre B–E   69 la] te B–J
      ] hombre soy F–J   ] le K–N
75 su] tu N   87 a] *om.* I
94 el infiel] él, infiel, BCF–M

pague el divino Hacedor.
   La fïanza buena es,
y puede pagarla bien;
mas es cierto que también
querrá cobrarla después.   100

Dentro MARCELA.

MARCELA   ¡Cielo santo!, ¿no hay justicia?
TIZÓN   ¿Qué es aquesto? ¿En eso estamos?
       ¿Ya la justicia llamamos?
       Declarada es su malicia.
MARCELA   ¡Mi Dios, venidme a ayudar!   105
TIZÓN   Él oiga tu gran gemido;
       porque yo temo a Leonido,
       y allá no me atrevo a entrar.

Dentro DIONISIO

DIONISIO   ¡Traidor! ¿Esto imaginaste?
       ¡Matadle!

Dentro LEONIDO

LEONIDO   Menos rigor.   110
TIZÓN   Éste es Leonido; ¡ah, señor,
       y qué presto te arrojaste!
       Hoy dejas tu vida amarga
       en manos de tu cuñado;
       que ya el diablo se ha cansado   115
       de llevar tan grande carga.

Sale LEONIDO *con la espada sangrienta en la mano.*

LEONIDO   Esto es hecho.
TIZÓN   Y no bien hecho.
LEONIDO   Bien o mal, ya lo intenté;
       y a quien gusto no le dé,
       pídalo a mi fiero pecho.   120
TIZÓN   (Algún puto desalmado
       que te lo llegue a pedir.)

  98 pagarla] pagarlo A–N   **100** cobrarla] cobrarlo A–N
103 ¿Ya] y a E–J   103 ¿Ya...llamamos?] *om.* N
105 a] *om.* ADE   107
113 dejas] darás B–N   122 te] se AB

	Y ahora ¿adónde hemos de ir?	
LEONIDO	A pasear el mercado.	
TIZÓN	¡Cuerpo de Dios con tu flema!	125
	Hasle quitado a tu hermana	
	la honra, y ¿con esa gana	
	quies ver la Plaza de Elema?	
	Vas de suerte que imagino	
	que eres ministro de Herodes,	130
	y ¿es posible te acomodes	
	a seguir ese camino?	
	Yo, señor, no voy contigo;	
	que, en delitos tan atroces,	
	la culpa está dando voces	135
	para que llegue el castigo.	
	Pues, si te cogen, a fe	
	que el pueblo busque su traza,	
	para que des en la plaza	
	la bendición con el pie.	140
LEONIDO	Deja, gallina, el temor.	
TIZÓN	Déjolo, y te desamparo;	
	que pretendo mear claro,	
	y diez higas al doctor.	
	Que has muerto a tu hermana avisa	145
	la fiera espada sangrienta,	
	y ¿no quieres que lo sienta?	
LEONIDO	Calla; que es cosa de risa:	
	Tizón, ¿en eso reparas?	
	Luego, ¿piensas que murió?	150
TIZÓN	Pues ¿no la mataste?	
LEONIDO	No.	
TIZÓN	Pues ¿qué la hiciste?	
LEONIDO	Dos caras.	
TIZÓN	(Agradézcanle, por Dios,	

123 ¿adónde] ¿dónde K–N   124 el] al B–N
126 Hasle] Hasla G–J   128 quies ver] quieres ver D–J
    ] verás K–N
128 de] *om.* I   128 Elema?] Elena? B–J
132 ese] este EI   137 te] le N
143–4
    144 higas] hijas C
    ] higos EK–M
153 (Agradézcanle,] (Agradézcanlo, B–F

la merced, que es oportuna;
que Dios no le dio más que una,   155
y él dice que le hizo dos.)
    Señor, yo me quedo acá;
que mañana tu rigor,
por hacerme gran favor,
con dos caras me honrará.   160
    Tú, escápate por los pies,
si no quies pagarlo.

LEONIDO   Así:
que lo pague Dios por mí,
y me lo pida después.

TIZÓN   Eso sí. Páguelo Dios;   165
que lo puede bien pagar;
pero a fe que ha de llegar
tiempo que lo paguéis vos.   *Vanse.*

Córrese una cortina, y aparécese GERARDO, *viejo, en una silla durmiendo,*
            y al lado una caña.

GERARDO   ¡Detente, detente, aguarda;
espera, mozo atrevido!   *Despierta.*   170
¡Jesús! ¡Qué pesado sueño!
¿Qué es esto, cielo divino?

   Sale DIONISIO *alborotado.*

DIONISIO   Despierta del sueño torpe,
que te tiene los sentidos,
noble Gerardo, ocupados,   175
y escucha de un afligido
las lastimosas razones.
Escucha los fieros silbos
de una serpiente pisada,
y de un fiero basilisco.   180
De un toro herido en el coso

---

155 le] la EI   156 le] la E–N
161 escápate] escapaste M
162 si no quies pagarlo.] si no la quieres pagar. BC
                     ] si no los quieres pagar. D
                     ] si no lo quieres pagar. E–HJ
                     ] que, si no, lo pagarás. I
                     ] pues has de pagarlo. K–N
162 Así:] ¡Ah, sí! G–J   181 De] y de F–HJ
181 el] *om.* J   ] y K–N

oye, señor, los bramidos,
las voces de una leona,
que le han matado los hijos.
Oye de un hombre afrentado   185
las quejas; que Dios no quiso
dar lugar a la venganza,
como se lo dio al delito.
Tu hijo, noble Gerardo
— ése, que de su principio   190
es en maldades Nerón,
y Heliogábalo en los vicios;
ése, a quien jamás la rienda
de la razón ha rendido;
antes, cual fiero caballo,   195
corre tras de su apetito;
ese Luzbel en soberbia,
ese hidrópico de vicios,
pues no le sacian pecados,
aunque cometa infinitos —   200
ése, pues, entró en mi casa...
— mas ¡cielos!, ¿cómo lo digo?;
que no es bien diga su afrenta
quien vengarla no ha podido;
pero, aunque a ti te lo cuente,   205
se queda en mi pecho mismo,
porque, siendo uno los dos,
es decirlo yo a mí mismo —
entró, señor, en mi casa
con pensamientos lascivos,   210
siendo mi mujer su hermana,
y entrambos a dos tus hijos.
Imaginé que segura
estaba de sus designios
mi honra; pero engañéme,   215

183	las] y B–N	184	matado] robado B–N
184	los] sus B–N		
188	lo] la B–N	194	la razón] corrección B–E
			] corazón F–HJ–N
201–4		204	vengarla] vengarlo E
205	lo] la B–KM		
205	cuente,] cuento, B–FG(?)H–N		
208		212	y] *om.* BC

80

como sus obras lo han dicho.
Tú, señor, tienes la culpa;
porque, si en otros delitos
su soberbia no ampararas,
ni tanto hubieras sufrido,   220
si, cuando de ricas joyas
tus más secretos archivos
para los juegos dejaba,
por darte pesar, vacíos,
hubieras, señor, dejado   225
que ejercitara su oficio
la justicia y no ampararas
al que era de amparo indigno,
ahora no hubiera dado
causa a tan justos suspiros,   230
ni en mi cara, como ves,
su maldad hubiera escrito.
Al fin, señor, de Marcela,
tu hija, el tálamo limpio
quiso manchar y quitarme   235
la honra que tanto estimo.
Mas ella, que tiene sangre
tuya y mía, con los bríos
que recibe de los dos,
dio a su defensa principio;   240
y, no teniendo otras armas,
los dedos navajas hizo,
con que defendió animosa,
sin manchar tu honor, el mío.
Mas el traidor, indignado,   245
como fiero basilisco,
sacando su infame espada,
le dio en su rostro dos filos.
Ella, que herida se siente,
a voces defender quiso   250

224–5   **226** ejercitara] ejecutara B–N
228 era de amparo indigno,] de un palo era digno,   B–N
235 quitarme] quitarle B–N   **243–68**
244 el mío.] y el mío. B–EI   245 Mas] Cuando B–HJ–N
                                         ] Quedó I
248 le] la FG(?)H–N

lo que, por faltarle fuerzas,
tuvo ya por ofendido.
Apenas sus tristes voces
tocaron en mis oídos,
cuando por librar mi oveja   255
corrí tras de sus balidos.
Llego, y al entrar encuentro
al lobo, que convencido
de las voces, se salía
mostrando fingido riso.   260
Sacó la espada, y, sin darme
lugar a defensa, hizo
en mi rostro lo que ves,
y de la ciudad se ha ido.
Nada le turba ni altera,   265
porque hasta el mismo delito,
que a otros sirve de freno,
a él de espuelas ha servido.
    Quise seguirle...

      Sale LEONIDO.

LEONIDO   Detente;
que no has menester seguirme;   270
pues ya me tienes presente,
porque no he querido irme
hasta ver si eres valiente.
    Yo, padre, yo mismo he sido
el que pretendió atrevido   275
quitar la honra a mi hermana,
no por ser ella liviana,
sí porque tal he nacido;
    que, en viva rabia deshecho,
hallo, por mi buena cuenta,   280
que, para estar satisfecho,
por dar a mi sangre afrenta
me la sacara del pecho.
    Y de suerte la aborrezco
que, aunque mil muertes merezco   285

---

251 faltarle] faltarla F–KM   265 ni] y C–J
271 pues...presente,] *om.* B–N   273 eres] eras N
285 que,...merezco] *om.* B–N

por pensarlo, con la diestra
a sacar la infame vuestra
desde este punto me ofrezco.
    Y, sin temer amenaza
de vuestra vejez cansada,   290
con aquella infame traza
. . . .
    yo lo hice, yo; yo he sido
el que pretendió atrevido
afrentaros; y tal vengo
que el mayor pesar que tengo   295
es no haberlo conseguido.
    Ya sabéis lo que ha pasado,
porque cuenta os vino a dar
ese que está a vuestro lado,
que no fue para vengar   300
el honor que le habéis dado.
    Si lo tuvo por afrenta,
eso a mí más me contenta,
y de suerte me alborozo
que es tanto mayor mi gozo   305
cuanto él el agravio sienta.

GERARDO   Hijo cruel, ¿cuándo viste
en los años de tu padre
cosa que a tu ejemplo cuadre
para los males que hiciste?   310
¿Cuándo, soberbio, aprendiste
de mis costumbres ancianas
la lección que tus livianas
necedades han seguido,
pues te hacen tan atrevido   315

---

286 por pensarlo,] al veros, que B–E
        ] en pensarlo, que F–M
        ] que pienso que N
289 temer] temor ni B–N
291
302 tuvo] tiene BE
        ] tuviera CD
313 que] de B–N
314 han seguido,] has seguido, B–J
        ] que has seguido, K–N
315 tan] *om.* D–N

286 con la diestra] con ésta I
290 cansada,] cansado, B
297 sabéis] sabes A–CI

306 sienta.] siente. F

314 necedades] mocedades B–N

315 pues] y B–N

que menosprecies mis canas?
　¿Qué acciones en mí notaste
en mi tierna mocedad
que te diesen libertad
para lo que aquí intentaste?　　　　　　320
　¿Cuándo en mí, Leonido, hallaste
ni señal que desdijera
de mi valor, ni le diera
a tu intento desbocado
indicios de haberme hallado　　　　　　325
en tan infame quimera?
　¿Qué Nerón que tú más fiero?;
¿qué más verdugo crüel?;
¿qué más soberbio Luzbel?;
¿qué lobo más carnicero?　　　　　　330
De tus maldades infiero
que, siguiendo ese gobierno,
el Soberano y Eterno
castigará tu insolencia,
por justísima sentencia,　　　　　　335
en las llamas del infierno.
　Y aun es de suerte tu vida
que el fiero rigor que digo
será pequeño castigo
a culpa tan conocida,　　　　　　340
porque, infame fratricida,
de una tan notoria afrenta
tomará Dios a su cuenta
el castigo de tal modo
que una vez lo pagues todo;　　　　　　345
y plegue a Dios que yo mienta.
LEONIDO　　　　¿Que mientas o no, qué importa?:

316　menosprecies] menosprecias B　　　　317　en mí] di,　K–N
320　aquí] tú　B
322　desdijera] te dijera　B–J
　　　] te indujera　K–N　　　　　323　de...diera] *om.*　B–N
325　indicios] ni indicios　B–N　　　　325　haberme] haberte　B–N
328　verdugo] saeta　B–N
335　justísima sentencia,] su infinita clemencia,　B–N
336　llamas] penas　B–N　　　　　341　fratricida,] fraticida,　BC
345　una] de una　F–HJ–N　　　　　345　lo] *om.*　N
347　importa?:] monta?:　I

ya el delito cometí;
que lo pague Dios por mí,
y tus razones acorta.   350
Pero, si quieres, exhorta
a tu yerno, que promete
vengar lo que en su retrete
pasó; que tiene ocasión,
y no ponga dilación   355
en asirla del copete,
    puesto que se ve afrentado.

DIONISIO   ¡Infame, saca la espada;
que no es bien esté envainada
cuando tan mal has hablado!   360

LEONIDO   Préciaste de muy honrado;
y, si otro fueras, lo hiciera,
porque afrentado te viera,
mas no me está bien a mí,
porque hago el caso de ti   365
que de una mujer hiciera.
    Aquí dar voces te cuadra,
con que más tu honor se pierde,
porque pocas veces muerde
el perro que mucho ladra.   370
Muy bien sabes que en tu cuadra
te faltó la valentía,
y así verás este día
cómo el corazón te engaña,
pues con aquesta vil caña   375
castigaré tu osadía.   *Dale de palos.*

GERARDO   ¡Tente, Leonido arrogante,
alma de razón exenta!

DIONISIO   La venganza está a mi cuenta.

LEONIDO   Quitaos, viejo, de delante;   380
castigaré este arrogante.

---

362 y, si otro fueras,] si no lo fueras, B–N   **363** viera,] vieras, B
364 mas] y B–N   **367** te] le B–EK–N
367 cuadra,] acuerda, F–HJ
368 con que más tu honor] al honor que en ti B–EIN
                      ] el honor que en ti F–HJ–M
371 cuadra] casa B–J   **376** tu] mi B
380 de] *om.* B   **381** este] a este LN

GERARDO   Nombre de viejo me ofreces
cuando el de padre obscureces,
y es la causa que tu loca
vida es tal, que aun en la boca   385
a tu padre no mereces.

LEONIDO   Tu caduco intento sigue
defender a mi enemigo,
y así lleva tú el castigo,
pues no quieres le castigue.   390
Toma, porque se mitigue
mi cólera.

Dale un bofetón a su padre.

GERARDO   ¡Santo cielo!
¡Justicia!

DIONISIO   Mi noble celo,
padre, te piensa vengar.

LEONIDO   Si yo te diera lugar,   395
que lo intentaras recelo.

DIONISIO   ¿Quién hizo tan vil delito?

LEONIDO   Yo, porque más no presumas,
siendo mis dedos las plumas,
le dejo en su cara escrito,   400
porque como solicito
que mil afrentas te haga,
sólo mi furia me paga
con hacer su sangre fiel
tinta, su pecho papel,   405
y fiera pluma esta daga.
Voyme; que verle no quiero.
Si tú le intentas vengar,
en la ribera del mar
hasta puesto el sol te espero.   *Vase.* 410

GERARDO   Plegue a Dios, ingrato fiero,
que el cielo tome venganza,
pues mi vejez no la alcanza.

389	tú el castigo,] tu castigo, BC	394	piensa] intenta B–N
400	su] tu BN	400	escrito,] escritos, B
404	su] mi BC	405	su] tu N
406	daga.] espada. B–J	408	le] lo E
410	te] *om.* B–N	411	fiero,] hijo, B–J

        Sin que te guarde decoro,
        permita que un brazo moro   415
        te pase con una lanza.
            Y pues que te vas burlando
        de mí, permita por ello
        que con una soga al cuello
        en Túnez te entren rastrando.   420
        Esto con causa demando,
        y que para cumplimiento
        de tan grande atrevimiento,
        infame Sardanapalo,
        acabes puesto en un palo,   425
        donde sirvas de escarmiento.

DIONISIO   Las maldiciones que lanzan
        tus iras, señor, afloja,
        porque las que un padre arroja
        casi de continuo alcanzan;   430
        tus palabras se abalanzan;
        sosiega, padre y señor;
        que en tan acerbo rigor,
        para alivio de tu mal,
        te queda un yerno leal,   435
        si se va un hijo traidor.
            Deja el pasado intervalo;
        que, si el traidor está ausente,
        en mí un hijo obediente
        tendrás para tu regalo,   440
        que en amar tu pecho igualo;
        y porque mejor lo veas,
        si ir a descansar deseas,
        llevarte en mis hombros fundo,
        y mostraremos al mundo   445
        ser tú Anquises, y yo Eneas.

GERARDO   Aunque son tantos los daños,

418 permita] permite B   420 en] *om.* I
420 entren] entre B
      ] vea I   420 rastrando.] arrastrando. BCG–JLN
421 demando,] os demando, B   **424**
434 tu] tal BC   437 el] al B
446 Anquises,] Aquiles, F–HJ–N
447 Aunque...daños,] Mira que no son engaños. (*Assigned to Dionisio.*) BCE–N
              ] Mírame que no son engaños. (*Assigned to Dionisio.*) D

tu obediente pecho estimo,
y así a tus hombros arrimo
la carga de tantos años;   450
que esos nobles desengaños
son puntales, do se encierra,
en cualquier caduca guerra,
cuando con pena forceja,
esta casa, que de vieja   455
quiere ya dar en la tierra.
 Vamos a ver a mi hija,
y a tu esposa; que me da
pena su pena.

DIONISIO   Tendrá
gusto en verte. No te aflija   460
tu vejez, sino corrija
la tristeza que se ofrece.

GERARDO (Hoy mi yerno me obedece,
y mi hijo me fue traidor:
tenga la paga, Señor,   465
cada cual como merece.)   *Vanse.*

Salen LEONIDO *y* TIZÓN

TIZÓN   No es mi intención ofenderte,
sino el haberme mandado
te buscase con cuidado...

LEONIDO Pues, Tizón, puedes volverte,   470
y a quien eso te mandó
podrás decir que no ha sido
posible hallarme.

TIZÓN   Leonido,
¿qué demonio te cegó
para intentar en la sala   475
lo que te echa de tu tierra?

LEONIDO Mi descanso es en la guerra;

449 así a tus] en tus F–J
  ] en tus dos K–N
451 esos] estos E
459 su] tu N
459–60 Tendrá/gusto] Mucho gusto tendrá I
461 corrija] corrige F–J
469

449 arrimo] arrimando F–J
452 puntales,] puntuales, F–HM
460 te] se I
462 se] te N
471 eso] esto D

88

vete, Tizón, noramala.

TIZÓN   No quiero nada, señor;
a quien la quiera la da.   480

     Hace que se va.

LEONIDO   Oye, escucha; ven acá.
Ve, y di a aquel hablador
    de Dionisio que le aguardo,
pues dice que no es cobarde,
hasta mañana en la tarde   485
en este puesto.

TIZÓN   Gallardo
    mensajero has escogido:
seré viento en el volver;
y ¿qué armas ha de traer?

LEONIDO   Las que con menos rüido   490
    pudiere.

TIZÓN   Pues yo me parto.

LEONIDO   Dios te guarde.

TIZÓN   Bien sería.
(Yo muero si en todo el día
de su presencia me aparto;
    que una dama me mandó   495
le siga para notar
sus intentos, y he de estar
donde pueda verle yo.
    Parece que el puesto place.
Plegue a Dios que no me venza   500
el sueño; que ya comienza
Baco a surtir: calor hace;
    y, puesto que es tan temprano,
y el sueño me desafía,
no he de mostrar cobardía;   505
yo he de ir a probar la mano.)   *Vase.*

480   la da.] le da.   BC   489   ha] has   E
491   pudiere.] pudieres.   N   491   me] *om.*   HJ
494   su] tu   N   496   le] te   N
497   sus] tus   N   498   verle] verlos   B–N
503   y, puesto que es] y, pues es   AF–HJ
                 ] y, pues aún   K–M
                 ] y, pues aún es   N

LEONIDO   El cuerpo siento cansado;
¿cómo a tal extremo llego?
¿Yo he de cansarme? Reniego
del traidor que el ser me ha dado.   510
    Árboles, si osáis menear
vuestras hojas, mientras duermo,
soy el Diablo de Palermo,
y las tengo de abrasar.
    Sed Argos en mi defensa,   515
y honraré vuestros despojos,
si las hojas hacéis ojos
para que estorben mi ofensa.
    Por vos nacen mis rigores;
guardadme, y perded recelo;   520
que abrasaré al mismo cielo,
si negáis vuestros favores.

Duérmese, y salen el REY BELERBEYO, ZULEMA *y* ZARABULLÍ.

REY   Gracias a Alá que pisamos
las sicilianas arenas.

ZULEMA   Mira, señor, lo que ordenas;   525
que junto a Licata estamos.

ZARABULLÍ   Tú coger muchos cristianos,
y rico a Túnez volver.

REY   Yo ya los quisiera ver
para probar estas manos;   530
    que hasta tanto que a Lidora
haya servido, no acierto
a dar paso.

ZULEMA   Ya en el puerto
de Licata estás, y ahora
    mira qué has de prevenir;   535
que esta ribera es el paso

511 Árboles,...menear] Prestad sombra, verde Mayo,
                 y, si se osan menear   B–J
513   **515**
523 a] *om.* A–FK–N   **526** junto a Licata] junto Alicata F–J
                                    ] junto a Alicata K–N
529 Yo ya] Ya yo B–EI
       ] Yo F–HJ   **529** los] lo B–HJ
531 a Lidora] Alidora F   **534** Licata] Alicata F–N
536 el paso] del Saso, B–N

90

adonde suelen acaso
algunas veces venir
   cristianos a entretener
el tiempo.

ZARABULLÍ   Tener cuidado;   540
que ser cristiano esforzado,
y dar a todos qué hacer.

REY   ¿Ya temes, perro?

ZARABULLÍ   No creo;
pero hombre apercibido
valer más.

ZULEMA   Allí dormido   545
parece que un hombre veo.

REY   Pues quedo, y sin vocería
le quitad luego la espada.

ZULEMA   Ya yo la tengo ganada.

    Quítale la espada a LEONIDO.

REY   Despertad; que ya es de día.   550

    Despierta LEONIDO.

LEONIDO   ¿Contra mí tan vil intento?
¿Las armas osáis sacar,
sabiendo os puedo abrasar,
infames, con el aliento?
    Decidme, canalla perra,   555
¿cómo el verme no os espanta;
pues, en moviendo la planta,
hago que tiemble la tierra?
    Y, si me hacéis enojar,
sólo con un puntapié,   560
perros, os arrojaré
a esotra parte del mar.

REY   No temo fieros cristianos
de gallinas como él,

540 Tener] Tened B–N   **541** esforzado,] es forzado, AN
544 pero] pues K–M
   ] que N   **545** valer] vale AN
548 luego la espada.] la espada luego. B–J
552 osáis] osar F–HJ
563 fieros cristianos] cristiano, fieros BC
564 gallinas] gallina E
    ] cobardes I

| | y así con este cordel | 565 |
| | le pretendo atar las manos. |

LEONIDO   ¿A mí atar, cuando mi fama
           tiene a Sicilia alterada?
           Pues me quitaron la espada,
           árbol, prestadme una rama;   570
               que aquí, sin más intervalos,
           ni dejarlo que sosiegue,
           porque a morderme no llegue,
           mataré este perro a palos:
               aquí veréis lo que valgo.   575

                Riñe.

REY   ¡Muera, Zulema!

LEONIDO   Llegad,
           moros, y el palo probad.

ZULEMA   ¡Muera el perro!

LEONIDO   ¡Muera el galgo!

Éntralos a palos LEONIDO, *y sale* TIZÓN, *y lleva una bota y en*
        un lienzo un poco de tocino.

TIZÓN   ¡Válgame Santa María,
           San Gil, San Blas, San Antón!   580
           y ¿quién te ha hecho, Tizón,
           entre los turcos espía?
               ¡Oh, malhaya Belcebú!;
           ya no me puedo valer:
           hoy me llevan a comer   585
           la cabra con alcuzcú.
               Pero aquí quiero esconderme,
           por si pudiera escaparme.

Escóndese, y sale ZARABULLÍ *huyendo.*

ZARABULLÍ ¡Santo Mahoma, ayudarme!;
           que no poder defenderme.   590
               ¡Válgate el diablo, el cristiano!
           ¡Oh, qué valiente que ser!
           Ya no poder defender,

---

566 le pretendo atar] al punto le atad I   570 prestadme] aprestadme B
572 dejarlo] dejarle G–J   573 morderme no] morder no me B–N
580 San Antón!] San Antonio! B–HJ   588 pudiera] pudiere B
589 ¡Santo Mahoma,] ¡Santa Mayoma, J   589 ayudarme!;] ayudadme!; A–JN

sino quedar en su mano.
    Aquí me esconder callando   595
e no hacer mucho ruido.

Escóndese do está TIZÓN, *y préndelo éste.*

TIZÓN   ¡Oh, sea muy bien venido!;
    que ya lo estaba esperando.
ZARABULLÍ   ¿Quién diablos? ¿Cristiano estar
    aquí agora?
TIZÓN   Sí que estoy,   600
    y ya verá lo que soy;
    que lo tengo de pringar.
ZARABULLÍ   ¡Oh, qué nacer desdichado!

Sale LEONIDO *con las armas de los moros, y ellos delante.*

REY   A tus fuerzas me rendí,
    porque en mi vida no vi   605
    tan gran valor de soldado.
    Hoy puedes decir que has sido
    más que Marte, porque Marte
    no fuera a vencerme parte,
    y tu brazo me ha vencido.   610
    Confiésome por tu esclavo,
    y, aunque el serlo a pena arguyo,
    estimo tanto el ser tuyo,
    que ya de serlo me alabo.
    Y, pues con aqueste leño   615
    me venciste, no te asombre
    te pida tu patria y nombre,
    porque conozca mi dueño.
LEONIDO   Oye, si tu gusto es ése,
    y sabrás quién te venció.   620
ZARABULLÍ Que no beber vino yo.
TIZÓN   Beba, galgo, aunque le pese.

594 su] tu B–J   595 me esconder] esconde BC
                                    ] esconderme DE
596 e no...ruido.] sin fiar hacer ningún ruido. B–E
                   ] sin osar hacer ruido. F–N
599 ¿Cristiano] ¿Cristianos B   601 verá] verás N
609 no fuera...parte,] *om.* BC   619 ése,] éste, D

Dale a beber.

LEONIDO   Sabrás, esforzado moro,
a quien llaman Belerbeyo
— que sin conocerte dice   625
quién eres tu propio esfuerzo —,
como yo nací en Licata,
a quien el Salso da riego,
que en los montes de Petralia
sale del terreno centro.   630
Fue mi nacimiento asombro
a todos los de mi pueblo,
por las estupendas cosas
que, como oirás, sucedieron.
Nací una lóbrega noche,   635
y tan lóbrega que el cielo
mostró cubrirse la cara
por no ver mi nacimiento.
Fue tan horrible a los hombres,
que, con ser casi el invierno,   640
dieron sus truenos espanto,
y sus relámpagos miedo.
Pensó asolarse la isla,
viendo tan airado el cielo,
que, envueltos en duras piedras,   645
arrojó rayos y fuego.
El Etna salió de madre,
despidiendo de su pecho
mil encendidos volcanes,
que iban abrasando el suelo.   650
Bramaba el mar, y las rocas
bramaban con tanto exceso
que, en oyéndolas Sicilia,
su fin tuvo por muy cierto.

627	yo] *om.* F–N	627	Licata,] Alicata, F–N
628	Salso] Saso B–N	**629**	de] *om.* D
630	centro.] suelo. B–N	640	el] en AK–N
652	bramaban] chocaban I		
653	en oyéndolas Sicilia,] oyéndolas Sicilia, FK–M		
	] oyéndolas la Sicilia, G–J		
	] oyéndolas en Sicilia, N		

Nací, en fin, en esta noche,   655
y se dice que, en naciendo,
di una voz que causó espanto,
por salir de tal sujeto.
Fueme crïando mi madre,
y aseguran que los pechos   660
mil veces le ensangrentaba
en señal de aborrecerlos,
y que mostraba más gusto,
como voraz sanguijuelo,
de beber de aquella sangre   665
más que por el alimento.
En fin, moro, con los años
fue la malicia creciendo,
de suerte que me temían
los muchachos de mi tiempo.   670
Y fue el temor en tal grado,
que para ponerles miedo,
'¡Guarda; que viene Leonido!'
decían sus padres mesmos.
No para sólo en muchachos;   675
que los varones perfectos,
sólo con oír mi nombre,
eran de hielo sus pechos.
Llegó mi maldad a tanto,
que el mayor blasón que tengo   680
es pensar que no se encierra
mayor diablo en el infierno.
Jamás di la muerte a nadie;
pero a infinitos afrento;
que gusto verlos sin honra,   685
por ver que lo sienten ellos.
En esto todas mis fuerzas
fundo, porque sé de cierto
que estar sin honra un honrado
es vivir estando muerto.   690
Quise afrentar a mi madre

656 que,] *om.* DE   656 en] *om.* BC
660 aseguran] decía B–N   661 le] la F–N
683   686 sienten] sientan B
688 porque] que L

con lascivos pensamientos,
y, porque se resistió,
mil heridas di en su pecho.
A un sacerdote le di   695
un bofetón en el templo,
y sólo tengo pesar
de no haberle dado ciento.
En mi vida estuve en misa,
porque has de saber que tengo   700
por perdido, y mal perdido,
el tiempo que gasto en eso.
Más son de treinta doncellas
las que en esta vida puedo
decir que dejé sin honra;   705
¡mira qué heroicos sucesos!
Intenté a mi propia hermana
deshonrar, mas quiso el cielo...
— mas ¿qué digo?; yo lo quise;
que Dios no bastaba a hacerlo,   710
porque es corto su poder,
si yo las cosas emprendo.
Ni el infierno tiene fuerzas;
que tiembla de mí el infierno.
Dile, al fin, dos puñaladas;   715
y, porque un infame viejo
— el cual dicen es mi padre —
quiso reprenderme de ello,
con un bofetón le puse
bajo mis pies, y sospecho   720
que es la cosa que en el mundo
me ha dado mayor contento.
Esto soy, soberbio moro,
y no pienses que me tengo
por más porque te he vencido;   725

697 pesar] el pesar BC   706 heroicos sucesos!] heroico suceso! I
708 mas] y B–HJ   709 lo] no K–N
     ] no IK–N
710 Dios no bastaba] el cielo no basta I
710 a] *om.* B–HJ–M   712 emprendo.] comprendo. N
713 fuerzas;] fuerza; B–E   715 Dile,] Dila, F–N
723 Esto] Éste B–FK–N

que eso para mí es lo menos.
Y voto a Dios que me holgara
que trajeras el infierno
contigo, porque los diablos
echaran de ver mi esfuerzo.   730

REY   Noble y valiente Leonido,
por aquel sagrado templo
adonde está de Mahoma
el santo y divino cuerpo,
aunque el ser cautivo siento,   735
por serlo tuyo me alegro,
y estimo en más conocerte
que ser de un reino heredero.
Yo salí sólo a dar gusto
a una mora, por quien peno,   740
y ella me pidió un cristiano
de Sicilia; que, aunque tengo
infinitos que la sirven,
son las mujeres extremos,
y apetecen novedades,   745
como es de flacos sujetos.
Holguéme verte en la orilla;
que, como estabas durmiendo,
tuve por cierto que fueras
la causa de mi remedio.   750
Pero sucedió al revés,
y no siento lo que pierdo,
aunque fuera más, pues gano
a tan gran valor por dueño.

ZARABULLÍ   E yo también estimar   755
a vos y tener respeto.

TIZÓN   Mas no lo tenga; que un palo
dirá cómo ha de tenerlo,

734 santo y divino] tan venerable I   735 aunque] que, aunque A–N
735 el ser cautivo siento,] siento el ser cautivo, B–EIK–N
736 serlo] el ser F–HJ   737 en] *om.* B–N
743 sirven,] sirvan, BDE
746 como...sujetos.] como variables sujetos. I
746 flacos sujetos.] flaco sujeto. A–HJ   748 que,...durmiendo,] *om.* BC
753 fuera] fuere KM   754 valor] varón N
757 lo] le A–C   757 tenga;] tengas; N
     ] la DE   758 ha] has N

porque con él cada día
le enseñaré.

ZARABULLÍ   No quererlos.   760

REY   Parta Zulema, si gustas,
               y diga en Túnez, que preso
               quedo en tu poder, Leonido.

ZULEMA   En el volver seré viento.

ZARABULLÍ No, señor; que yo ir mejor.   765

TIZÓN   Sabe, galgo, que no quiero.

LEONIDO   ¿Luego tú tienes cautivo?

TIZÓN   ¿Pues no lo ves si lo tengo?,
               y se me piensa escapar.

ZARABULLÍ No querer escapar, cierto,   770
               sino decir a Lidora
               que ser preso Belerbeyo.

TIZÓN   No me está bien eso a mí,
               y más ahora que intento
               darle un poco de tocino,   775
               que dentro este lienzo tengo.

ZARABULLÍ No comer tocino yo.

TIZÓN   Acabe; cómalo, perro,
               porque le aguarda la bota.

ZARABULLÍ Ah, señor, jamás beberlo;   780
               que castigara Mahoma
               este grande atrevimiento.

TIZÓN   Aunque no quiera Mahoma,
               yo lo quiero.

                    Hace que beba.

760 le] te N   760 quererlos.] quererlo. N
761-3 Parta...Leonido.] Parta Zulema, y diga en Túnez,
                         Leonido, que preso quedo
                         en tu poder, si es que gustas.   B
                       ] Parta Zulema, y diga en Túnez,
                         Leonido, que preso quedo
                         en tu poder, si gustas.   C–HJ
                       ] Parte, Zulema, y di en Túnez
                         que en tu poder quedo preso,
                         si gustas de ello, Leonido.   I
768 lo tengo?,] le tengo?, N   773 eso] esto BC
775 tocino,] un tocino, H   **776**
781 castigara] castigará BCD(?)E(?)F–J

LEONIDO	Yo pretendo,	
	dando otra afrenta a mi sangre,	785
	aumentar el amor nuestro.	
	Toma, Príncipe, tus armas;	
	vosotros haced lo mesmo,	
	y dadme acá un capellar	
	y turbante.	
TIZÓN	¡Santo cielo,	790
	señor! ¿Qué quieres hacer?	
LEONIDO	Lo que yo quiero o no quiero	
	ahora verás, Tizón.	
ZULEMA	Yo desnudarme pretendo	
	por vestirte; que no es mucho	795
	me desnude por mi dueño.	

Vase LEONIDO *vistiendo de moro.*

LEONIDO	¿Qué te parece, Tizón?:	
	¿estoy galán?	
TIZÓN	Estás hecho	
	un Gran Turco en el vestido,	
	y un Solimán en el pecho.	800
LEONIDO	Pues, vete, y dile a mi padre	
	que de su sangre reniego,	
	de su Dios, y de su ley,	
	del bautismo, y sacramentos,	
	de su pasión, y su muerte,	805
	y sigo a Mahoma.	
TIZÓN	(¡Ah, perro!	
	¡Dios te castigue!) Señor,	
	esa nueva no me atrevo	
	a llevar de ti.	
LEONIDO	Pues, ven,	
	y serás cautivo.	
TIZÓN	Menos;	810

788
793 verás,] lo verás, AIN
799 Gran] Grande AF–HJ

809 de ti.] *om.* B–HJ

789 dadme] dame K–N
794–6 Yo...dueño.] *Assigned to Zarabullí.* F–N
808–9 esa...de ti.] esa nueva yo a llevarla
                        no me atrevo.   I
810 cautivo.] mi cautivo. AB

99   7-2

más quiero llevar la nueva.

REY   Goces el hábito nuevo
eternos años, Leonido.

LEONIDO   Y tú los vivas eternos.
Vamos a ver a Lidora   815
por tu gusto.

REY   Tal le tengo
que aquí y allá, mientras viva,
soy tu esclavo.

LEONIDO   Por mi dueño
te pienso siempre tener,
mientras me dure el aliento.   820

TIZÓN   Partamos, y esta anguarina,
junto con este sombrero,
llevaré para testigo;
mas mira, señor, que el cielo
ha de cobrar.

LEONIDO   Ya lo sé,   825
mas buena fïanza tengo;
pague Dios una por una;
que después ya nos veremos.   *Vanse.*

815 Vamos...Lidora] *Assigned to the King.* I
816 por...tengo] LEONIDO Si es tu gusto, yo le tengo; I
817–18 que aquí...esclavo.] *Assigned to Leonido.* I
818–20 Por mi...aliento.] *Assigned to the King.* I
825 cobrar.] obrar. B–E   825 Ya lo sé,] Ya yo lo sé, B

JORNADA SEGUNDA

Salen LEONIDO, *de moro, y* LIDORA, *mora.*

LIDORA	Detente.
LEONIDO	No hay detener.
LIDORA	Vuelve la cara.
LEONIDO	No quiero. 830
LIDORA	¿Eres piedra?
LEONIDO	Soy acero.
LIDORA	¡Cruel hombre!
LEONIDO	Necia mujer.
LIDORA	Mira que te quiero.
LEONIDO	¿A mí?
LIDORA	A ti, pues...
LEONIDO	Pues, no me quieras.
LIDORA	He de morir.
LEONIDO	Aunque mueras. 835
LIDORA	¿Y por causa tuya?
LEONIDO	Sí.
LIDORA	¡Ah, gran Argolán!
LEONIDO	Lidora.
LIDORA	¿Que no me querrás?
LEONIDO	Jamás.
LIDORA	Eres crüel.
LEONIDO	Necia estás.
LIDORA	Oye, mi bien.
LEONIDO	Quita, mora. 840
LIDORA	¿No te obliga mi hermosura?
LEONIDO	No; porque la voluntad
	no se inclina a tu beldad,
	y el intentarlo es locura.
	Si crüel te he parecido 845

829 detener.] detenerme. C
831 piedra?] cruel? B–N   834 A ti, pues...] A ti. F–N
834 Pues, no] Pues que no N   840 Quita, mora.] ¡Qué locura! B–J
843 no se...beldad,] no se dispone a quererte, B–E
               ] no se decanta a quererte, F–HJ
               ] hoy no se inclina a quererte, I
844 y el...locura.] y es querer darme la muerte,
               si te trato de adorar. B–J

en estas respuestas darte,
no puedo, Lidora, amarte,
aunque a otras he querido.

    Lascivo en extremo he sido,
señora, y en tanto grado,   850
que he bellos rostros gozado,
y al tuyo le he aborrecido.

    Yo confieso que eres bella:
de serlo puedes preciarte,
pero yo, Lidora, amarte   855
no lo permite mi estrella.

    Confieso, conozco, y sé
las gracias que tú atesoras,
y, aunque me cansan las moras,
te estimo, y no sé por qué.   860

    Ese tu gallardo brío
— el donaire, la belleza,
el garbo, la gentileza —
se me lleva el albedrío.

    Ese cuello de marfil,   865
que la misma nieve afrenta,
y el sol de tu rostro aumenta
con rayos de mil en mil;

    ese tu saber profundo,
de quien es bien que se asombre   870
el mundo; no digo un hombre,
sino que te adore el mundo.

---

850 y] *om.* C   852 le] *om.* B–E
855 amarte] a amarte F–HJ   856 permite] permita BC
857–64 Confieso,...albedrío.] *Assigned to Lidora.* I
857 Confieso,...sé] Pues, yo de mi pecho sé B
                 ] Pues, yo de mi pecho soy C–J
858 las gracias...atesoras,] fiera de varios tesoros; B–J
859 y,] que, B–J   859 las moras,] los moros, B–J
862 — el donaire, la belleza,] — tu donaire, tu belleza, I
863 el garbo, la gentileza —] tu garbo, tu gentileza— I
864 se me lleva] me arrebata I   865–72 Ese cuello...el mundo.] *om.* I
                 ] me llevan K–N
867 y el sol...aumenta] *om.* B–HJ
                 ] esos ojos en que ostenta K–N
868 con] amor K–N   868 de mil en mil;] en mil en mil; BC
                         ] mil a mil; K–N
870 quien] que B   871 digo] puede B–HJ–N

Y, aunque sé que no merezco
los favores que me has hecho,
no sé qué miro en tu pecho   875
que de balde te aborrezco.

LIDORA   Aunque me ves que soy mora,
a los moros aborrezco,
y aqueste amor que te ofrezco
grandes bienes atesora.   880
    ¡Quiéreme, Argolán!

    Sale el REY.

REY   ¿Así
se guarda la ley a un rey?

LIDORA   ¿Cuándo yo falté a tu ley?

REY   ¿Cómo cuándo, si yo vi
    que le estabas persuadiendo   885
al noble y fuerte Argolán
te sirviese de galán?

LIDORA   Y en eso, di, ¿qué te ofendo?

REY   ¿Qué me ofendes? ¿No me diste
palabra de que sería   890
mío tu amor, si traía
un cristiano?

LIDORA   Bien dijiste,
    pero yo no te he agraviado;
que si bien lo consideras,
aunque eso fuera de veras,   895
el cristiano no me has dado.

REY   Ya sé con quién te recreas,
y a quién con tu amor persuades.

LIDORA   ¿Es muy bueno que te enfades,
cuando burlarme deseas?   900

REY   ¿Yo burlarte?

LIDORA   Sí, señor;
pues un cristiano ofreciste,
y, como ves, me trajiste

---

873 Y,] Yo, I   876 de balde] de verdad N
877 ves] veis F–M   881 Argolán!] Argolán, a mí! F–J
884 vi] oí I   892 dijiste,] dijistes, C–F
898 con] *om.* B–HJ–M
    ] tú I

un moro, a quien tengo amor.
   Y es tan grande la afición   905
que le tengo, que le diera
sólo porque me quisiera,
la sangre del corazón.
    ¿Qué digo 'querer'?; por sólo
que algún amor me mostrara,   910
y a la cara me mirara,
aunque con fingido dolo,
   le hiciera, a estar en mi mano,
según le tengo el amor,
de todo el mundo señor,   915
y con poder soberano;
   y si más mi amor me prueba
a mostrar que soy mujer
puedes, Belerbeyo, creer
que es por el traje que lleva;   920
   que, a no traer traje moro
y a no haber su ley dejado,
patente hubiera mostrado
lo que en el alma le adoro.   *Vase.*

LEONIDO   (Y correspondencia hallaras,   925
mas mi mala inclinación
me fuerza a que tu afición
menosprecie.)

REY   ¿En qué reparas?
    Ya, Argolán, patente has visto
lo que esa mujer te adora.   930
Tú, ¿qué dices?

LEONIDO   Que Lidora
se cansa; que yo resisto
   a su gusto; y que primero
le faltará luz al día,
y a mi brazo valentía   935

913 le] se DE
917 más...prueba] el amor me reprueba I
922 a] *om.* B-HJ-N   922 dejado,] negado, B-N
925-8   925 hallaras,] hallarás, B-EG
927 fuerza] esfuerza B
931-2 Que...cansa;] Que se cansa Lidora; I
934 faltará] faltara BCE   935 y] *om.* B-DFK-N

para regir este acero;
   primero verás bajarse
de los cielos las estrellas
y en este suelo con ellas
duras piedras barajarse;   940
   y antes dejará de ser
Mahoma santo profeta,
que yo en tus cosas me meta,
ni estime aquesta mujer.

REY   Estos brazos, Argolán,   945
por el favor que me has hecho,
del gran amor de mi pecho
patentes muestras darán.
   Rige, traza, manda, ordena
en Túnez, cual dueño suyo;   950
que todo mi reino es tuyo:
ponme al cuello una cadena;
   ponte mi corona real.

LEONIDO   No reino yo en compañía,
porque la soberbia mía   955
no tiene en el mundo igual.
   Algún día podrá ser
— y esto en mi valor lo fundo —
que, sacándote del mundo,
me la pueda yo poner.   960

REY   ¿Estás loco, por ventura?
Mas sí lo debes de estar;
y así se le habrá de dar
el castigo a tu locura;
   que eres villano grosero,   965
y fuera bien que advirtiera

936–7 acero;/primero]   acero;
                              que yo me oponga a tu gusto;
                              primero   I
941 dejará] dejara AG–J   947 amor] favor BC
952 ponme...cadena;] *om.* B–J
                  ] LEONIDO No quiero yo cosa ajena. K–N
954 No reino yo] No reino FG   958 mi] el B–EI
                  ] Yo no reino HJ   ] *om.* F–HJ
963 y así...dar] pero yo le sabré dar I
                  ] y así le habrá de dar L
                  ] y así le habré yo de dar N

        tu soberbia que está fuera
        de su propio gallinero.

LEONIDO   Por mostrar las obras callo
        con que he de ponerte freno;   970
        que en el suyo y el ajeno
        canta, cuando es bueno, el gallo.
          Llama todo tu gobierno,
        a tu ciudad, y a Mahoma;
        que haré que mi rabia os coma   975
        y os vomite en el infierno.
          Desnuda, moro, el acero.

REY   ¡Ah de mi guarda! ¡Lidora!

          Sale LIDORA

LIDORA   ¿Quién mi cuarto altera ahora?
LEONIDO   Yo, Lidora, yo lo altero;   980
          yo, que afrento vuestra ley;
        yo, que asuelo la ciudad;
        yo, que rompo la amistad;
        yo, que mato a vuestro rey;
          yo, que jamás me acobardo.   985
        Y, para mostrar mi modo,
        saca, Rey, tu reino todo;
        que en la ribera te aguardo.
          Salid; que allí mostrará
        este brazo varonil   990
        que a ti, a ciento, y a cien mil,
        y a Mahoma abrasará.   *Vase.*

REY   ¡Espera, perro!

LIDORA   Detente,
        noble Belerbeyo; aguarda,
        deja sosegar tu guarda   995
        y aquese brazo valiente.

---

967 está] estás N   968 su] tu N
969 Por] Con N   977 el acero.] la espada. B–J
978 ¡Lidora!] *om.* B–J
979 mi…ahora?] altera el cuarto mío? B–J
980 yo lo] lo B–E   984 a] *om.* B–N
       ] yo le G–JN
988 ribera] ribera del mar B–HJ   991 y a cien mil,] y cien mil, B–E
992 abrasará.] abrasaré. AF–HJ   995 sosegar] sosiega I

REY   ¿Qué dices?

LIDORA   Digo que cese
el enojo y que tu brío
esta vez, por amor mío,
le ha de perdonar.

REY   Si ése   1000
es tu gusto, me detengo;
y haz cuenta que un encendido
rayo en el aire has tenido,
de lo cual a inferir vengo,
Lidora, que sola fueras,   1005
cuando tan furioso estoy,
a la venganza que voy,
quien detenerme pudieras;
y a mi pecho, de ira lleno,
que tras la venganza vuela,   1010
siéndole el agravio espuela,
sólo tu amor es el freno,
porque, con verte presente,
el enojo se me olvida;
yo le concedo la vida.   1015

LIDORA   Mahoma la tuya aumente.

Sale ZARABULLÍ.

ZARABULLÍ   Dar a mí albricias, Lidora.

REY   De alguna graciosa tema.

LIDORA   Dinos, ¿de qué?

ZARABULLÍ   Que Zulema
llegar a palacio agora   1020
y traer muchos cristianos
presos para que servirte.

LIDORA   Si es verdad, gusto de oírte.

ZARABULLÍ Decir que son sicilianos.

LIDORA   Dile que entre.

997 dices?] decís? BC
1000 ha] has C–F
1001 me detengo;] yo me detengo; B–M
1003 tenido,] detenido, D–HJ
1020 llegar a palacio] a palacio llegar B–M
    ] a palacio llega N
1024 Decir] Decid B–F

998 el] ese N
1000–1 Si ése/es] Si es ése I
1010 vuela,] vuelva, L

107

| ZARABULLÍ | Ser Pompeyo. | 1025 |
| REY | Valiente soldado es. | |

Tocan cajas, y salen ZULEMA, *con bastón de general,*
y TIZÓN, GERARDO *y* MARCELA, *cautivos.*

ZULEMA   Pasad, y besad los pies,
cristianos, a Belerbeyo.
    Y tú, señora, las plantas
en sus bocas y en la mía   1030
pon con gusto.

LIDORA   Alegre día,
pues que tanto te adelantas.

ZULEMA   En darte gusto no tardo.

LIDORA   Cuéntame, Zulema fuerte,
tu jornada.

ZULEMA   Tuve suerte;   1035
ya prosigo.

LIDORA   Ya te aguardo.

ZULEMA   Al punto, Lidora hermosa,
que cogió su manto obscuro
la enemiga de los hombres
y encubridora de insultos;   1040
cuando el soberbio Bóreas
a sus caballos les puso,
con los acicates, alas,
para que huyesen del mundo;
cuando el hijo de Latona,   1045
vistiendo de negro luto
los antípodas, nos muestra
gozoso su aspecto rubio,

1025	Ser] Seor I	1033	En...tardo.] *Assigned to Zarabullí.* N
1033	darte] darle N	1033	no tardo.] notorio. D–HJ
			] consigo. I
1036	ya] y así BC	1039	enemiga] enigma K–M
	] y D–HJ		
1041	Bóreas] Boates AF–HJ	1042	caballos] cabellos F–HJ
	] Bootes B–EG		
	] Boreates I		
1043	con] en B–N	1043	los] sus B
1045	Latona,] Catón, F–J	1046	de] su BC
	] Hiperión, K–N		
1047	los] las A–HJ		

a cuya vista las aves,
con los piquillos agudos,   1050
siendo los sauces atriles,
forman al sol contrapuntos,
salí de Túnez alegre
sólo por buscar tu gusto
— que es mi brazo, bella mora,   1055
de tus placeres conducto.
Con cien africanos moros,
las anchas playas ocupo,
donde sus palacios tiene
el hidrópico Neptuno.   1060
Apenas pisé las aguas,
cuando al paso se me opuso
una nave, que el piloto
sin dormir fue Palinuro;
porque, aunque estando despierto,   1065
pretendió su fiero orgullo
que llegar, ver, y vencer,
como el César, fuera junto,
y en esta ocasión salieron
vanos los intentos suyos,   1070
porque apenas embestimos,
cuando se bajó al profundo.
Era la gente cruzada
de aquel profeta desnudo,
que ellos dicen que a su Dios   1075
mostrar con el dedo supo.
Pero ni su cruz, ni ellos,
ni su Dios hicieron fruto;
antes forzados bajaron
a besar el pie a Neptuno.   1080
Porque, yendo yo a servirte,
noble Lidora, presumo
le faltan al cielo fuerzas
contra mi brazo robusto.

1050 los piquillos agudos,] dulces agudos picos, I
1056 de] a LN   **1064**
1065 aunque] aun I   **1073-6**
1083 faltan] faltara BD–N   1083 fuerzas] fuerza N
     ] faltará C

Al fin, adelante paso,   1085
y seguro el agua surco;
y, aunque en Malta lo supieron,
no salieron de sus muros.
Y, al tiempo que el rojo Febo,
cansado de dar al mundo   1090
tan gran vuelta, en el ocaso
escondió su veloz curso,
por entre pardos celajes,
aunque a la vista confusos,
de la famosa Sicilia   1095
descubrí los altos muros.
Tomé puerto en sus arenas,
como cazador astuto,
buscando a tiento la caza,
que se me antoja que escucho.   1100
Dividí luego en cuadrillas
entre unos árboles mudos
la gente, donde las aves
sonaban tristes arrullos,
y yo, de ellos apartado   1105
medio tiro de trabuco,
dándoles la seña cierta,
de verdes hojas me cubro.
Allí estuve sin dormir;
que, como la caza busco,   1110
me fueron las hojas ojos,
aunque al fin ojos nocturnos.
Apenas sonaba el aire,
cuando tengo por seguro
ser cristianos; que la noche   1115
hace de las sombras bultos.
De esta suerte lo pasamos
todo el tiempo que tributo

1096 los] sus B–N   1096 altos] bellos B
1100 que se me antoja que] y de improviso la B–N
1104 sonaban] cantaban B   1104 tristes] tantos N
1104 arrullos,] argullos, D   1107 dándoles] dándole BC
      ] orgullos, E
1111 las hojas ojos,] los ojos hojas, B–HJ–N
1116 las sombras] la sombra B
                  ] sus sombras DE

pagó el mar a las tinieblas,
por estar Febo difunto.   1120
Hasta que, saliendo el alba,
al supremo Alá le plugo
que una mujer con tres hombres
dieran materia a mi triunfo.
No les juzgué bien apenas,   1125
cuando el alfanje desnudo,
y, emprendiendo a todos cuatro,
mostré no tener segundo.
Murió el uno, y traigo tres,
y de lo que más presumo   1130
es que sean sicilianos,
cosa tanto de tu gusto.
Y yo, por mostrar, señora,
lo que de servirte gusto,
estos que yo cautivé   1135
a tus plantas pongo juntos
con mi boca, a quien suplico
no mire el presente rudo,
sino la gran voluntad
con que en servirte me ocupo.   1140

LIDORA   Hasme dado tal contento,
Zulema, con tu victoria,
que me dice el pensamiento
sean mis brazos la gloria
del gallardo vencimiento.   1145

ZULEMA   Tu discreción has mostrado,
y a nuevas obligaciones
quedo, señora, obligado,

1124 dieran] dieron A–FK–M   1127 y,] ya GHJ
1127 emprendiendo] en prendiendo AFK–M
                 ] prendiendo BC
1130 de lo que más] si traerlos B–E   1131 que sean] porque son B–N
1132 tanto] tanta AF–J
1134 lo que...gusto,] en lo que a servirte acudo, B–N
1135 estos...cautivé] lo que más has de estimar B–N
1136 pongo juntos] lo reduzco B–FK–N
              ] los reduzco G–J
1143 me] *om.* F–HJ   1143 el pensamiento] amor atento I
1144 sean] que entre I   1145 del gallardo] corone del I
1145 vencimiento.] atrevimiento. J

pues en tan breves razones
toda mi historia has pagado.   1150
   No has mostrado ser mujer
en eso poco que hablaste,
dando bien a conocer
que mejor tú lo pagaste
que yo lo supe vencer.   1155

LIDORA   A quien eres corresponde,
gran Zulema, tu opinión.

REY   Mahoma divino, ¿adónde
llegará la discreción
que en esta mujer se esconde?   1160
   Como veis que caro cuesta,
toda la cara ofrecéis
a quien el premio os apuesta.

ZULEMA   Yo pienso que la tendréis,
gran señor, por muy bien puesta;   1165
   mas, si algún caso siniestro
contra vos en ofrecella
hice, como poco diestro,
quede Lidora con ella
y yo por esclavo vuestro.   1170
   Y que así tratéis es justo
a quien lo que debe ignora
como yo vuestro disgusto;
que antes en darla a Lidora
entendí que os daba gusto.   1175

REY   Ella está bien empleada,
como es justo que lo esté
una tan buena jornada
— y yo su esclavo seré,
si mi servicio le agrada.   1180
   Que tan buena servidumbre

1151	mostrado] menester G–J	1153	dando... conocer] *om.* B–I
1158	divino,] santo, I	1160	esconde?] encierra? F–J
1161	caro] cara B–HJ–N	1162	toda la cara] todo lo caro I
			] toda la carta N
1164	la] lo I	1165	puesta;] puesto; F–J
1172	lo que debe ignora] no debe ignorar, N		
1173	como yo] como ya B–HJ–M	1174	que] y I
	] conozco I		
1176	Ella] En ella I	1180	le] la G–J

 — supuesto que la trajeras —
 era de su claro lumbre,
 y en no dársela, me dieras
 extremada pesadumbre.   1185
  Que quien por su cuenta toma
 servir con bríos lozanos
 mi valor, que el mundo doma,
 merece, no que cristianos,
 mas que la sirva Mahoma.   1190

LIDORA El favor que no merezco
 dentro el corazón imprimo.

REY Yo el presente os agradezco,
 y, en señal de que lo estimo,
 Zulema, este anillo ofrezco: 1195
  recíbelo, no por paga,
 sino en señal de afición.

ZULEMA Bien será razón que haga
 mi brazo en otra ocasión
 presa que más satisfaga;   1200
  que a toda la cristiandad
 los dos juntos me obligáis
 rinda a vuestra voluntad,
 pues vos con premios me honráis,
 y vos con tanta amistad.   1205

LIDORA Id a descansar, señor;
 que cansado habréis venido.

ZULEMA Agradezco ese favor,
 pero el haberos servido
 es mi descanso mayor.   1210

TIZÓN ¿Qué haremos de encarecer
 la jornada y el camino
 y dejarnos perecer
 sin dar un trago de vino
 a quien rabia por beber?;   1215

1182 la] lo BC   1183 su] tu N
1183 claro] clara F–N   1184 en] *om.* F–HJ–M
1186 Que] Y I   1190 la] le I
1192 dentro] en I   1194 de que lo] de lo que B–N
1195 Zulema,] a Zulema, B–J
1198 Bien será razón] Él será ocasión B–N
1199 ocasión] acción F–N   1211 haremos] habemos N

que yo no busco regalo
en esta mísera vida,
sino vino, bueno o malo;
que ya sé que la comida
ha de ser con algún palo;   1220
que, si en cualquiera ocasión
los duelos con pan son menos,
yo soy de otra complexión;
que no menos, sino buenos,
mis duelos con vino son.   1225
Mas, paciencia: ya me aplaco
entre esta perra canalla,
y mis flacas fuerzas saco;
pero, ¿qué paciencia se halla
do no conocen a Baco?   1230

LIDORA   Si me das, señor, licencia,
enviaré por Argolán.

REY   Sí, pero no en mi presencia.

ZULEMA   ¿Pues qué? ¿Reñidos están?

LIDORA   Tuvieron cierta pendencia,   1235
mas el enojo destierra,
y vuelva Argolán acá...

REY   Todo en tu gusto se encierra.

LIDORA   ...por ver si conocerá
los cautivos de su tierra.   1240

REY   Váyanle luego a buscar.

ZULEMA   Yo propio me ofrezco a ir.

LIDORA   Más me quieres obligar.

ZULEMA   Sólo os procuro servir.   *Vase.*

LIDORA   Y yo os lo sabré pagar.   1245

REY   Porque puedas fácilmente
mejor, Lidora, informarte
de quién es aquesta gente,

1224 no menos,] no buenos, B   1229 se halla] basta A–J
1230 do no conocen] de no conocer AI   1231 das,] dar, GHJ
1233 no] *om.* D–HJ
1237 Argolán acá...] Argolán a casa... B–J
            ] a casa Argolán... K–N
1239 por...conocerá] Vengan, y conocerán B–HJ–N
            ] Venga él, y conocerá I
1239–40 por ver...tierra.] *Assigned to Zulema.* B–N
1242 me ofrezco a] merezco B–HJ–N   1246 puedas] puedes BC

	quiero con ellos dejarte. *Vase.*	
LIDORA	El cielo tu vida aumente.	1250
	¿Qué tenéis? ¿De qué lloráis?	
	Mirad que no conocéis	
	en cúyo poder estáis;	
	que, aunque cautivos os veis,	
	me pesa que os aflijáis.	1255
	Mostrad esa bella cara.	
MARCELA	¡Ay, noble y hermosa mora!,	
	mi desdicha no repara	
	en ser yo cautiva ahora,	
	sino en que fortuna avara	1260
	con aquel honrado viejo	
	haya sido tan crüel;	
	que es tal su aspecto y consejo	
	que puede mirarse en él	
	el mundo como en espejo.	1265
	Que te sirva yo, no importa;	
	que bien lo sabré sufrir,	
	si tu enojo se reporta;	
	pero, ¿en qué te ha de servir	
	quien tiene vida tan corta?	1270
	¿Cómo, señora, podrá	
	servir a tus pies rendido,	
	ni qué gusto te dará	
	aquel que de ser servido	
	tan necesitado está?	1275
	Si algún disgusto te diere	
	— que el darlo será muy cierto,	
	con la mucha edad que adquiere —	
	venga en mí su desconcierto	
	al doble que mereciere.	1280
	No ejecutes tu desdén,	
	aunque mi padre te aflija;	
	hazme, señora, este bien:	
	pague, señora, su hija,	
	que lo llevará más bien.	1285
LIDORA	Deja los tristes enojos;	

1249 ellos] ella N   1255 pesa] pena F–HJ–N
1278 adquiere —] tiene — B–N

pon a la tristeza calma;
enjuga los tristes ojos;
que se me llevan el alma
aquellos blancos despojos.   1290
¿Cómo te llamas?

MARCELA   Marcela.

LIDORA   Pues, Marcela, no te aflija
ni el ver cautivo te duela
a tu padre; que otra hija
ya ha cobrado.

MARCELA   Consuela   1295
tu lengua mi corazón.

LIDORA   Dadme, buen viejo, los brazos.

GERARDO   Que me deis será razón
vos los pies.

LIDORA   Estos abrazos
confirman nuestra afición: 1300
apretad los brazos más;
que el corazón me consuela
este abrazo que me das.
Ruégaselo tú, Marcela,
pues que más con él podrás;   1305
y en este punto diré,
aunque todo Túnez ladre,
que con mi padre encontré:
¿gustaréis de ser mi padre?

GERARDO   Y vuestro esclavo seré.   1310

LIDORA   Pues, enjugad esas canas,
y en presencia de los moros
disimulad.

MARCELA   Mucho allanas
con tu valor.

LIDORA   Cesen lloros;
que somos, Marcela, hermanas.   1315

TIZÓN   Y a mí, ¿qué papel me dan

1292   aflija] aflijas B   1295   ya ha] ha ya B–EN
1297   Dadme,] Dame, LN   1299   abrazos] brazos AM
1301   apretad...más;] *om.* BC
1307   todo Túnez ladre,] a Túnez no le cuadre,   I
1313   allanas] allana F–J   1314   con] *om.* A–J
1314   lloros;] los lloros; A–J

para cuando estemos solos?

MARCELA   Calla, Tizón.

TIZÓN   Callarán,
pues nos va bien con los bolos.

Sale ZULEMA.

ZULEMA   A la puerta está Argolán.   1320

LIDORA   Pues dile que entre al momento
(¡Cielos santos! ¡Qué incentivos
dentro de mi pecho siento;
que de ver a estos cautivos
todo el corazón reviento!)   1325

Sale LEONIDO.

LEONIDO   Aunque de enojo rabiando
contra este Rey arrojado,
en oyendo tu mandado,
vine al punto.

LIDORA   Voy buscando,
valiente Argolán, tu gusto.   1330

TIZÓN   Escucha, Marcela, aquí: *Hablan aparte.*
¿no es éste tu hermano?

MARCELA   Sí.

LEONIDO [*a* LIDORA] Agradecértelo es justo.

MARCELA *sigue hablando aparte con* TIZÓN.

MARCELA   ¿Qué es esto, cielo supremo,
que tan desgraciada he sido   1335
que a su poder he venido?

TIZÓN   Alguna desdicha temo:
disimula.

LIDORA   En esta hora
estos cautivos me dan,
y he de mostrar, Argolán,   1340
lo que mi pecho te adora.
Todos me sirven a mí,
y, porque veas mi celo,

1322   incentivos] incentivo B   1324   de] en   B–GIK–N
1324   a] *om.* I   1324   estos] aquestos   IN
1325   todo...reviento!)] al pecho oprime el contento!)   I
1327   contra] con   I   1329   vine] viene   BC
1333   Agradecértelo] Agradecérselo B   **1336**   su] tu   N

	ellos y yo, sin recelo,	
	hemos de servirte a ti.	1345
LEONIDO	¿Qué es esto, santo profeta?	
GERARDO	Dad las plantas a este viejo,	
	que, por faltarle consejo,	
	a besarlas se sujeta.	
LEONIDO	Son ceremonias, vejete.	1350
	(Buena ocasión se me ofrece.)	
LIDORA	(¿Qué mucho, si lo merece,	
	que a besarlas se sujete?)	
LEONIDO	De muy poco os espantáis,	
	y, porque no os espantéis,	1355
	yo os pondré do merecéis;	
	que a mis pies honrado estáis.	

Conoceréis que mi celo
mucho al vuestro se aventaja,
porque cuanto el cielo os baja,   1360
tanto a mí me sube el cielo.
    ¿Vos a mis pies, viejo ingrato?
A cólera me provoca.
No merece vuestra boca
ni llegar a mi zapato.   1365
    Levantad; que habéis mostrado,
viejo, ser muy atrevido,
pues valor habéis tenido
de llegar do habéis llegado.
    Ya que a mis pies os pusisteis,   1370
debajo de ellos es justo
que os veáis hoy por mi gusto,
pues tan atrevido fuisteis.
    Hoy vuestra arrogancia loca,
viejo vil, castigaré,   1375
poniendo mi altivo pie
sobre vuestra infame boca.

1350 Son ceremonias, vejete.] LIDORA ¡Plegue Alá que no se inquieten! B–E
                ] LIDORA ¡Plegue Alá que no se inquiete! F–M
                ] LIDORA ¡Plegue a Alá que no se inquiete! N
1353 besarlas] besarla B–J   1355 espantéis,] ofendáis, N
1360 cuanto] cuando K–M   1370 pusisteis,] pusiste, K–M
1373 fuisteis.] fuiste. F–HJ–M
          fuistes. I

Pónele el pie en la boca.

Y con esto se concluya
vuestra muy grande insolencia;
que quien no tiene vergüenza   1380
dicen que la tierra es suya.
Levantad.

Dale con el pie.

GERARDO   ¡Divino cielo!
TIZÓN   (¡El puto que se arrodille!)
GERARDO   ¡Que así un buen padre se humille
a un mal hijo!
LIDORA   De ese suelo   1385
levantad, padre, al instante,
y en vuestras manos protesto
que me pesa haberos puesto
en las de aqueste arrogante.
GERARDO   ¡Oh, mal hijo!
LEONIDO   ¡Razón loca!   1390
¿Yo su hijo? ¡Linda traza!
Haré echarle una mordaza,
si hijo me nombra su boca.
ZARABULLÍ   ¿Qué digo? Señor Tizón,
acá estamos: ¿con quién hablo?   1395
TIZÓN   ¡Cuerpo de Dios con el diablo!:
¡miren qué linda rázon!
ZARABULLÍ   Mirar muy bien lo que habra;
que ha de comer alcuzcú.
TIZÓN   ¡Que le coma Belcebú!   1400
(Comiera aunque fuera cabra.)
ZARABULLÍ   Venir conmigo, e yo hacer
lo que ver vos.
TIZÓN   Allá voy
(porque tan hambriento estoy

1379–80   1381 dicen] dice N
1384 ¡Que así un buen padre se humille] ¡Que esto se pueda sufrir B–J
1388 pesa haberos] pesa veros BC   1391 su] tu N
                ] pesa de haberos DE
1393 si...boca.] si más me nombra su hijo. B–J
1398 habra;] habla; B–J

que al moro me he de comer).   *Vanse.*   1405

LIDORA [*a* GERARDO] Del enojo que te he dado
perdona; que más me aflijo
de ver que, siendo tu hijo,
tan vilmente te ha tratado.

LEONIDO   ¿Conócesme tú?

MARCELA   Quisiera,   1410
infame, no conocerte,
y, antes de venir a verte,
que a mí la muerte me viera.
   ¿Tú en este traje villano?

LEONIDO   Sí, porque con este traje   1415
doy afrenta a mi linaje
y a todo nombre cristiano;
   y aquese caduco viejo,
a quien mi lengua solía
llamarle padre algún día   1420
— de quien ahora me quejo —
   en este traje que ves
y con tu lengua profanas,
pondré las infames canas
mil veces bajo mis pies;   1425
   que se echa claro de ver
que ya de vosotros toma
justa venganza Mahoma,
pues os pone en mi poder.
   Y tú, que tan atrevida   1430
allá mostraste disgusto,
aquí seguirás mi gusto,
o pondré fin a tu vida.
   Aquí no tendrás amparos,
pues tu fortuna te humilla.   1435

LIDORA [*a* GERARDO] Sentaos, padre, en esta silla;
que me enternece el miraros.

MARCELA   Moro, deja esa intención,
porque no me has de vencer.

1405 al moro] l moro B   1405 he] ha HJ
      ] el moro C–HJ–M
1409 ha] he B   1412 y,...verte,] *om.* BC
1413 viera.] diera. AK–N   1415 Sí, porque] Si vi que B–E
1434 amparos,] amparo, A–E   1437 el] *om.* N

LIDORA [*a* GERARDO] ¡Quién os pudiera poner   1440
en medio del corazón!

LEONIDO   Marcela, yo he de gozar
de tus brazos.

MARCELA   Serán lazos
para ahogarte.

LIDORA [*a* GERARDO]   En estos brazos
puedes, señor, descansar.   1445
     Haz treguas: cese el regar
con llanto las blancas canas.

GERARDO   Todo mi disgusto allanas.

         Siéntase en la silla.

LEONIDO   No tienes que porfïar;
     que dueño llego a ser hoy   1450
de tu hermosura, Marcela,
porque me sirve de espuela
el afrenta que te doy.

MARCELA   Mira que te mira Dios,
y que tu padre te mira.   1455

LEONIDO   Podrá, Marcela, mi ira
satisfacer a los dos:
     a Dios, porque le ofendí,
me lo pida junto todo;
y a mi padre de este modo.   1460

         Saca la daga.

MARCELA   ¡Tente, soberbio! ¡Ay de mí!

LEONIDO   Viejo, mi gusto estorbáis
tan sólo porque lo veis;
y, porque no lo estorbéis,

1440–1 ¡Quién...corazón!] *Assigned to Leonido.* N
1440 os] te B–N   1445 señor,] señora, B
1445–6 descansar./Haz]   descansar.
          GERARDO   Dadme a besar esos pies.
          LIDORA   Haz   B–KM
        ]   descansar.
          GERARDO   Dame a besar esos pies.
          LIDORA   Haz   LN
1450 hoy] yo H–J   1453 el afrenta] la afrenta H–J
1453 doy.] doy yo. I   1458 porque] que, pues B–E
1464 lo] le F–J   ] que F–HJ
                                             ] ya que I

1465

haré que no lo veáis.
esta daga vuestros ojos
punzará.

Dale con la daga en los ojos, y llevará GERARDO
un lienzo con sangre.

MARCELA   Tenlo, señora.

LEONIDO   Pues no lo verás, ahora
podrán cesar mis enojos.

LIDORA   ¿En qué Libia te has criado,   1470
hircano tigre?, o ¿qué fiera
te dio la leche primera?

LEONIDO   Aun no estoy desagraviado;
que no puede mi rigor
sufrir tanto desdén junto;   1475
ahora ha llegado el punto
de conocerlo mejor.

Humillad, viejo hablador,
a mi alfanje la cerviz;
que tenéis suerte infeliz,   1480
pues hoy, con fiero rigor,
la muerte os he de dar yo,
pues vuestra hija atrevida
quiere que os quite la vida
con el rigor que mostró.   1485

Marcela, alto a consentir
en mi gusto, o ver la muerte
de este viejo.

MARCELA   ¡Acerba suerte!
¿Qué mal me puede venir
mayor? ¿Puédese sufrir   1490
que me deshonre un infame,
y que la sangre derrame
del padre que me engendró?

1465 lo] le F–M
1466–7 vuestros ojos/punzará.] sacará vuestros ojos. I
1467 Tenlo, señora.] Ten, Lidora. B–J   1472 leche] muerte BC
               ] Tenle, Lidora. K–N
1482 os he de dar yo,] os he de dar, B–HJ
               ] yo os he de dar, I
1487–8 en mi gusto,...viejo.] en dar la muerte a este viejo. I
1492 y] o J

GERARDO	Mejor es que muera yo
	que no su amiga te llame. 1495
	Cierra los ojos al vicio,
	y este caso no te tuerza;
	déjale que su vil fuerza
	ejecute el sacrificio;
	que será mejor servicio 1500
	al cielo, que está presente,
	que padezca un inocente
	esta muerte apresurada,
	que no verte a ti manchada
	con acción tan insolente. 1505
LEONIDO	¿Qué respondes?
MARCELA	Que le des.
LEONIDO	Pues ya le doy.
MARCELA	¡Tente! ¡Aguarda!
GERARDO	Ea, hija, ¿qué te acobarda?
LEONIDO	Ha de morir.
MARCELA	Muera, pues;
	mas no muera.
LEONIDO	Descortés 1510
	eres, infame, a mi gusto.
MARCELA	Que muera y no muera gusto.
LEONIDO	Eso no tiene lugar.
MARCELA	Pues, si muerte le has de dar,
	que yo no lo vea es justo: 1515
	los ojos cubrirme quiero.

        Cúbrese.

LEONIDO	Ya le doy.
MARCELA	¿Qué, ya le das?
LEONIDO	Sí, pues tan crüel estás.
MARCELA	Dale, lobo carnicero;
	degüella el manso cordero; 1520
	que en tus acciones registro
	— y tu gusto no administro,
	por ser de vil interés —

1495	te] le B–I	1501	está] esté B
1507	le] la M	1507	¡Tente!] ¡Detente! F–J
1508	Ea, hija,] *om.* B–J	1513	Eso] Esto DE
1515	lo] la G–J		

	un sacrificio al revés	
	en la causa y el Ministro.	1525
LEONIDO	Acaba de resumir	
	lo que has de hacer.	
GERARDO	Oh, Marcela,	
	¿qué cuidado te desvela,	
	hija, de verme morir?	
	No lo quieras diferir:	1530
	declara tu voluntad;	
	no te ciegue la lealtad	
	que es justo tenerme a mí;	
	que, en no decir luego sí,	
	pones duda en tu beldad.	1535
MARCELA	Pues, no quiero que haya duda,	
	sino que patente el mundo	
	entienda que no hay segundo	
	a mi valor. ¿De qué duda	
	tu infame pecho? Sacuda	1540
	el golpe sin embarazo.	
LEONIDO	Pues ya se ha llegado el plazo,	
	ejecuto mi rigor.	
MARCELA	¡Favor, supremo Hacedor!	
LIDORA	¡Detén, Argolán, el brazo!	1545

Detiene LIDORA *a* ARGOLÁN.

LEONIDO	¿A detenerme has venido,	
	perra? ¡Por el Alcorán,	
	que ha de abrasar Argolán	
	a ti y al viejo atrevido!	
	Y aun el infernal bramido	1550
	ha de temblar de mi furia	
	— pues tu presencia me injuria —	
	cuando con soberbio bando	
	venga a Túnez abrasando	
	por vengarme de esta injuria. *Vase.*	1555

1524–5
1529 de verme] déjame A–EI
        ] de F–HJ
1534 en] *om.* BC
1539 ¿De qué] ¿Qué HJ
1551 ha de] has de N

1527 Oh,] *om.* B–J
1530 lo] le DE

1535 beldad.] verdad. N
1550 bramido] murmullo B–J

LIDORA	¡Favor, moros! ¿No hay alguno que venga a favorecerme?	

Sale ZULEMA.

ZULEMA	Al mundo pienso oponerme por ti, aunque soy sólo uno.	

Salen el REY *y* TIZÓN.

REY	¿Quién, Lidora, fue importuno	1560
	a tu gusto? ¿Quién te dio	
	disgusto? ¿Quién se atrevió	
	de los que en el mundo están?	
LIDORA	El infame de Argolán	
	con guerra me amenazó:	1565
	dijo que bien se me acuerde	
	que a componer va una escuadra.	
REY	Calla; que perro que ladra,	
	Lidora, muy poco muerde.	
TIZÓN	De esta vez mi amo se pierde.	1570
REY	Poco tiene que perder,	
	según su vil proceder.	
TIZÓN	En este punto le dan	
	al que prendiere a Argolán	
	a Lidora por mujer. *Vase.*	1575
REY	Desde hoy por mí se te ofrece,	
	pues lo merece mi fe. *Vase.*	
ZULEMA	(De Lidora gozaré,	
	pues mi valor lo merece.) *Vase.*	
LIDORA	Buena ocasión se me ofrece,	1580
	pues que la gente se fue;	
	. . . .	
	venid, padre, y vos, hermana;	
	que, pues el cielo os guardó,	
	he de regalaros yo.	
GERARDO	Contigo mi bien se allana.	1585
LIDORA	De mi condición humana	

1562 se atrevió] se ha atrevido B–J
1565 me amenazó:] me ha amenazado: B–J   **1566–81**
1566 que] si I   1567 componer] disponer I
1570 De...pierde.] *om.* B–J   1574 prendiere] prendiera KLN
1576 te] *om.* B   1586 humana] extraña B–HJ–N

podéis fïar.

GERARDO   Bien mostraste
lo mucho que me estimaste,
pues, con tu vista gallarda,
siendo el Ángel de la Guarda,   1590
hoy a guardarme llegaste.   *Vanse.*

Salen TIZÓN *y* ZARABULLÍ *con alforjas; y ha de llevar un saquillo*
con higos, otro con pasas, otro con arroz, y un poco de carne.

ZARABULLÍ   Si tú hacer lo que me ofreces,
yo traer muy bien qué comer.

TIZÓN   Si quieres a Mahoma ver,
te lo mostraré mil veces.   1595
La gramática en mi tierra
catorce años estudié,
y aún muy bien me la sé,
porque en sólo aquesto encierra
hoy su ciencia mi capricho,   1600
y haré que lo puedas ver.

ZARABULLÍ Pues, yo buscar qué comer.

TIZÓN   Zarabullí, ya te he dicho
que comer es desatino
higos sin pan.

ZARABULLÍ   Ya traerán.   1605

TIZÓN   Venga abundancia de pan,
supuesto que falta vino.

ZARABULLÍ   Yo ir por pan, pues te agrada.   *Vase.*

TIZÓN   Y, ¿a quién no puede agradar?
Vive Dios que le he de dar   1610
al perro burla extremada:
veré lo que trae aquí
en esta alforja el cuitado;
con un saquillo he encontrado.

1593-4   1593   muy] *om.*   H–J
1594   a Mahoma ver,] ver a Mahoma,   A–J   1595   lo] le   B–E
1598   aún muy bien me la] muy bien a musa   B–FK–N
                   ] muy bien la musa   G–J
1599   en sólo aquesto] sólo en esto   B–E   1608   ir] voy   B–N
                   ] en sólo esto   F–J
                   ] en aquesto   N
1611   al...extremada:] extremada burla al perro: B–J
1613   el cuitado;] extremada;   B–J

Higos son. ¿Higos a mí?   1615
  ¡Me dan enfado, por Dios!;
y aquí para la memoria
pasas: ¡mala pepitoria!
Y, ¿qué habrá en estotro? Arroz;
  ¡algún Lucifer lo abra!   1620
Otro envoltorio está acá;
veamos lo que será.
¡Por Dios, que es carne de cabra!,
  y asada está; ¡mal agüero!
¿Cabra asada he de comer?   1625
Pero, ¿qué tengo de hacer,
supuesto que no hay carnero?
  Mal en mi estómago forja
cabra asada. ¿Qué haré?;
que, si me destemplo, a fe   1630
que ha de ser dentro la alforja.
  Disimulemos; que viene.

Sale ZARABULLÍ *con pan.*

ZARABULLÍ ¿En qué diablo haber pensado;
  que todo lo haber sacado?

TIZÓN Moro honrado, así conviene;   1635
  y ahora, mientras yo como,
para que me des contento,
has de decir al momento
quién era tu madre, y cómo
en este mundo te echó;   1640
que, si mi ciencia no yerra,
sospecho que alguna perra
la primer leche te dio.

ZARABULLÍ Yo, Tizón, ser africano,
  y ser nacido en Tripol.   1645

TIZÓN Bueno vas.

ZARABULLÍ   Adorar sol
como señor soberano.
  Tener mi padre, Argolante,

1616 ¡Me dan enfado, por Dios!;] ¡Ya me dan enfado!; B–J
1617–18   1617 y] *om.* I
1620 abra!] obra. F–HJ   **1625** ¿Cabra] ¿Carne B–N
1646 vas.] va. I   1648 Tener] Tened DE

con mi madre, que ser mora,
a quien belleza atesora   1650
con gran extremo.

TIZÓN   Adelante.

ZARABULLÍ   Después que estar ya casada,
puedes, cristiano, creer
que, como al fin ser mujer,
hacerse luego preñada.   1655
   Venir a servir al rey
mi padre, que te prometo
ser hombre de buen respeto
y moro de buena ley,
   pero tener mala suerte;   1660
que, con ser hombre de hazañas,
un día jugando a cañas,
un caballero dar muerte.
   De la alteración murió
mi madre, y el mismo día,   1665
con una grande agonía,
a mí en el mundo me echó.
   Morir ella, al fin, de parto,
y perra que criar perrico
dar leche a mí cuando chico.   1670

TIZÓN   (A fe que me esfuerzo harto
por darle fin al panete.)

ZARABULLÍ Morir mi madre, Pompeya,
y quedar yo con plebeya
gente, desnudo y pobrete,   1675
   aquí en servicio del Rey.
Ya no saber decir más.

TIZÓN   Basta: a Mahoma verás,
porque eres moro de ley.
   Serás valiente cosario.   1680
(Los relieves que han quedado
he de poner en recado,
por si fuere necesario.)

1651 gran] *om.* B–J   1655 luego] lueño DE
1668 de] del B   1669 que] *om.* B–J
1672 panete.)] panote.) N   1680 Serás] verás, N
1680 cosario.] corsario. AK–N   1683 fuere] fuera N

Tú te has de poner aquí
con los dos brazos cruzados,   1685
y con los ojos cerrados,
y estarás diciendo así:
'Ardúa, Mahoma, ardúa
más que agua tiene el Po;
que ardúa quisiera yo,   1690
y para tu moscardúa.'
    Diciendo esto, arriba mira;
luego a Mahoma verás:
Zarabullí, ¿quieres más?
ZARABULLÍ Sólo que no ser mentira.   1695
TIZÓN   ¿Mentira yo? Parto listo;
que el negocio es harto grave.
(Andando yo en una nave
hacer esta burla he visto.)   *Vase.*
ZARABULLÍ ¡Qué contento estar, señor,   1700
si a Mahoma santo ver!
Nunca pensar merecer
tan soberano favor.
    Ardoa, santo Mahoma,
tanto como el río Po.   1705
¿Si responde?, pero no;
que no parece, ni asoma.
    ¡Ardoa!; que se derrueca
el cuerpo, si sois servido.
Parece que ha respondido;   1710
pero no; que se está en Meca.

1685 cruzados,] abiertos, B–J   **1688–91**
1688   1689 que] *om.* B
1690 quisiera] quiera I   1693 luego] y luego B–N
1700 estar,] ser este F–J
      ] ser K–N
1704 Ardoa,] Ardúa, B–N
1708–9 ¡Ardoa!;...servido.] Ardúa; aquí se derriba
                              todo el palacio de Meca. B–N
1710 Parece...respondido;] y, sin ver a Mahoma, B–J
                              ] y aquí siciliano peca, K–N
1711 pero...Meca.] aquí Sicilia no peca. BCI
                  ] aquí siciliano peca. D–F
                  ] aquí Sicilia peca. GHJ
                  ] sin ver a Mahoma arriba. K–N

¡Ardoa!, porque ya espira
mi flaqueza. ¡Ardoa! ¡Ardoa!

Aparécese en lo alto TIZÓN *con un cuero de vino o aire.*

TIZÓN   (Ya estoy puesto en alta proa.)
              Alza los ojos y mira.   1715

ZARABULLÍ   ¡Ah, perro, Tizón, cristiano!,
              ¿vas a hacer burla de mí?

TIZÓN   Pues ¿qué hay, Zarabullí?

ZARABULLÍ Yo castigar siciliano.
              Yo hacer a Rey que encerrado   1720
              tener continuo en mazmorra.

TIZÓN   Pues, ¿de qué te alteras, zorra?;
              que la verdad te he contado;
              (¿No advierte que es majadero,
              pues tan a pechos lo toma?);   1725
              porque en su tiempo Mahoma
              fue de vino un grande cuero.

Arrójasele.

ZARABULLÍ   Yo hacer bien castigar,
              porque ser tan atrevido.

TIZÓN   (La burla pesada ha sido,   1730
              mas yo la habré de pagar.)

1712–13 ¡Ardoa!,...¡Ardoa!] *om.* B–N	**1716**
1716–18 ¡Ah,...Zarabullí?] *om.* B–N	**1719** Yo] Que B–N
1720 Yo] *om.* B–N	1720 a Rey] al Rey B–M
	] el Rey N
1720 encerrado] enterrado D	1721 tener] estar B–N
1721 continuo] continua K–N	1721 en] *om.* F–HJ–N
1725 pechos] pecho BK–N	
1727 fue...cuero.] de sólo vino fue arriero. B–N	
1728 hacer] os haré B–N	1730 pesada] quebrada BC
1731 la] lo B–KM	

JORNADA TERCERA

Salen el REY *y* ZULEMA.

REY   Aquí, arrojado del viento,
en una barquilla pobre,
dicen que aportó.

ZULEMA   Contento
tengo que pesar le sobre   1735
a quien le falta el talento.
    ¡Barbaro vil, que pudiera
ser regalado y servido
sólo con que te creyera!

REY   Jamás en un presumido   1740
verás cosa verdadera;
    que la hinchada presunción
les hace que pierdan luego
el uso de la razón,
siéndoles caballo griego,   1745
en que va su perdición.
    Piensa el soberbio tener
el mundo bajo su pie
solamente con querer,
y ésa es la causa porqué   1750
todo lo viene a perder.
    Piensa que todo lo puede;
piensa que todo lo sabe;
y verás que casi adrede,
porque de ello no se alabe,   1755
todo al revés le sucede.
    Pensó dejar afrentada
su hermosa hermana, y con él
tanto Mahoma se enfada
que le arrojó del bajel   1760
como cosa desechada.

1732–4   **1739–81** sólo…esto.] *om.* N
1740   en un] del que es   I
1741   verás cosa verdadera;] acción airosa se espera;   I
1743   hace] hacen   AC   1745   siéndoles] siéndole   B
1760   del] su   B–HJ–M

Al fin, buscarle tenemos,
por ser gusto de Lidora,
a quien es justo agrademos,
y en volver sin él ahora   1765
mucho crédito perdemos.
    Gente acude por aquí,
y nuestra escuadra es muy corta,
y así me parece a mí
que volver al mar importa,   1770
o escondernos por ahí.

ZULEMA   Aquí podremos seguros,
entre estos árboles broncos,
sufrir los fieros arturos,
sirviendo los verdes troncos   1775
a nuestro intento de muros.

REY   Pues, alto a tomar el puesto,
y valerse de los pies,
en oyendo el silbo, presto.

ZULEMA   Estimo el aviso, aunque es   1780
decirme soy nuevo en esto.   *Vanse.*

Sale LEONIDO *muy furioso, y responde* CRISTO *a los ecos.*

LEONIDO   Ingrato cielo, ¿qué muralla

                                        CRISTO halla?,

LEONIDO   ¿ni qué defensa un desdichado

                                        CRISTO echado?,

LEONIDO   cuyo deleite hoy consagrado

                                        CRISTO a grado,

LEONIDO   una crüel sin afrentalla

                                        CRISTO halla,   1785

LEONIDO   y, pretendiendo deshonralla,

                                        CRISTO honralla;

LEONIDO   y, aunque del mar salí afanado,

                                        CRISTO a nado

LEONIDO   he de volver al regalado

                                        CRISTO hado,

1768 nuestra escuadra es] nuestra espada es B–HJ–M
               ] es nuestra fuerza I
1771 por ahí.] hacia allí. I   **1782–95**
1784 consagrado] ha consagrado I   **1784** a grado,] agrado, B–N
1785 una] a una I   1787 mar salí] marfil F–M
                                                ] mar tan N

LEONIDO   por ofender a quien me acalla.

                                              CRISTO   Calla.

LEONIDO   ¿Quien tal me diga el mundo tiene?

                                               CRISTO   Tiene.   1790

LEONIDO   alguna lengua desenfrenada.

                                               CRISTO   Nada.

LEONIDO   Sal; que mi rabia desespera.

                                               CRISTO   Espera.

LEONIDO   Que, por el cielo santo, que si viene,
                 sea quien fuere, en una bofetada
                 he de obligarle que a mis plantas muera.   1795

     Sale CRISTO, *de pastor, descalzo, ensangrentados los pies, con un
         zurrón que llevará lo que se dice adelante.*

CRISTO   En busca de una oveja
                 vengo, que, sin mirar cuánto me debe,
                 de mi aprisco se aleja.
                 Amor es grande que mi pecho mueve;
                 que me costó la vida,   1800
                 y dame gran dolor verla perdida.
                 Ingratos hombres, ¿cómo
                 así dejáis mi ley por vuestro gusto?,
                 pues a mi cuenta tomo
                 premiaros siempre más de lo que es justo,   1805
                 y veis que mi contento
                 le tengo puesto en dar por uno ciento.
                 Decid, inadvertidos,
                 ¿por qué atendéis tan poco a lo que importa?,
                 pues veis que los sentidos,   1810
                 la hacienda y el vivir todo se acorta,
                 y la mayor fortuna,
                 cual viento vago, tumba es de la luna.
                 Tened, tened la rienda;
                 que en el juego del mundo hay mil azares,   1815

1789	ofender] defender N	1789	me acalla.] me calla. B–M
1790	el mundo] al mundo K–M	**1793–5**	
1793	viene,] viniese aquí, K–N	1794	fuere,] fuera, K–N
1794	en] con K–N	1797	vengo,] *om.* A–J
1797	cuánto] lo mucho que A–J	1800	me] *om.* B
1801	gran] grande B	1807	puesto] siempre N
1811	se] lo N		
1813	cual...luna.] que al viento va la tumba de la luna. B–HJ–N		

133

y es justo que se entienda
que paga leves gustos con pesares;
y el cielo a breves penas
da siempre gloria eterna a manos llenas.
  Venid, ovejas mías;   1820
mirad vuestro pastor, que al sol y al frío
las noches y los días,
con la cabeza llena de rocío,
os busca, y os convida
en paz y amor y con eterna vida.   1825
  Sacad del duro pecho
algún balido; que en el mismo instante,
en tierno amor deshecho,
el favor hallaréis en mí bastante;
que el darlo es ordinario,   1830
pues soy propio pastor, no mercenario.

LEONIDO ¿Eres, villano, a suerte,
aquel que respondió cuando yo hablaba?

CRISTO Yo soy el que a la muerte
me igualo en fuerzas.

LEONIDO   Pues, responde, acaba: 1835
¿dónde vas tan llagado,
de la planta al cabello ensangrentado?

CRISTO En busca de una oveja
vengo, como ya ves, pisando abrojos;
que la triste se aleja   1840
de mi aprisco, por sólo darme enojos;
y es tal su daño horrendo
que yo la busco, y ella me va huyendo.

LEONIDO Pues, ¿una oveja tanto
te importa a ti, pastor? Deja que muera. 1845

CRISTO Que tal digas, me espanto:
si me costó la vida, bueno fuera
dejarla de esa suerte,

1816 entienda] atienda M 1817 con] en BC
1825 en paz y amor] con paz eterna B–N
1828 tierno] firme B–N 1831 pues] que A–J
1839 ya ves,] veis, B–J 1841 mí] su BC
   ] ves, K–M
   ] me ves, N
1841 enojos;] enojo; M 1845 a ti,] om. B–J

donde un lobo voraz le diera muerte.

LEONIDO   ¿Por dicha la has llamado?   1850

CRISTO   Mil veces han tocado a sus orejas
las voces que le he dado.

LEONIDO   ¿Y no responde?

CRISTO   Aquésas son mis quejas.

LEONIDO   Déjala por perdida.

CRISTO   ¡Ay!; que me cuesta mucha sangre y vida: 1855
    por los daños que ha hecho,
merece que un dragón fiero la trague;
y su lascivo pecho
a mí los deja todos que los pague;
y mi amor se resuelve   1860
que muera, si a mi aprisco no se vuelve.

LEONIDO   Eres tú un ignorante;
que, si esa oveja que pintaste fuera
con vida semejante,
y por desgracia mía la tuviera,   1865
luego que la encontrara,
en manos de mil fieras la entregara.

CRISTO   ¡Ay, hombre! ¡Qué engañado
vives! Mira por ti; que esa sentencia
que en mi presencia has dado   1870
será al fin quien te tome residencia;
y, pues a Dios no quieres
volverte, morirás.

Hace como que se va.

LEONIDO   ¡Tente! ¿Quién eres;
que muestras tal ultraje
de mí? ¿Quién eres?; que el verte me enoja.   1875

1849 le] la B–N   1852 le] la EG–J
1854 Déjala] Dejadla B–LN   1857 trague;] coma; B–J
1862 Eres tú un] Tú eres A–J
1863 pintaste] pintastes C–L
1865 desgracia] su desgracia B–M
1865 mía la tuviera,] acaso mía fuera, B–J
1867 mil] las BC   **1868–9**
1871 al fin] por tiempo B–J
1875 ¿Quién eres?;] Pastor, ¿quién eres?; B–J
1875 el verte me enoja.] me enoja el verte. B–HJ–N
            ] me congoja el verte. I

CRISTO   El que tomó este traje
para satisfacer lo que se arroja
tu condición dañada:
débesme mucho, y no me pagas nada.

LEONIDO   A furia me provoco   1880
de sólo haber oído que te debo;
mas déjote por loco,
y a sufrir tus locuras me conmuevo.
¡Mirad qué Marco Craso
para poder deberle hacienda acaso!,   1885
siendo un descalzo triste,
de andar entre las zarzas lastimado.

CRISTO   Pues en eso consiste
lo que me debes y por ti he pagado;
que la vida me debes,   1890
y me la has de pagar.

LEONIDO   Necio, no pruebes
mi cólera e impaciencia:
vete, villano, porque yo me espanto
que mi corta paciencia
haya podido ya sufrirte tanto.   1895

CRISTO   Harto más he sufrido
yo por tu amor, y mal agradecido.

LEONIDO   Vete, loco, inocente,
y no me enojes más; que, si me enojas,
te pesará.

CRISTO   Detente,   1900
y, pues aquí con tal desdén me arrojas,
y me tienes en poco,

1876   tomó este traje] este traje toma AI   1877 satisfacer] pagar A–J
                         ] este traje tomó B–HJ
1877 arroja] arroja acaso B   (*Printing error. See v. 1885.*)
1880 provoco] provoca B–F   1881 haber] haberte N
            ] provocas G–J
1883 tus] mis B   1883 conmuevo.] provoco B–J
1884 ¡Mirad] ¡Miren I   1884 Craso] Creso E
1885 acaso!,] *om.* B   (*Printing error. See v. 1877.*)
1887 las] *om.* B–HJ   1892 cólera] furia N
1892 e impaciencia:] y paciencia: A–J   1893 yo] ya A–J
1894 que...paciencia] *om.* B–J   1895 ya] *om.* B–E
                                           ] yo F–J
1895 sufrirte] sufrir B–E
1901 me arrojas,] me has tratado, B–J

aquí me has de pagar.

LEONIDO   ¡Gracioso loco!

CRISTO   En este zurrón pobre
                está lo que me debes; considera   1905
                si es justo que lo cobre
                pues lo pagué por ti.

LEONIDO   Verélo; espera;
                pero de paso advierte
                que, si me burlas, te daré la muerte;
                    mas, porque no te ausentes,   1910
                mientras en ver lo que es yo me embarazo,
                y burlarme no intentes,
                te quiero atar, pastor.

Ata a CRISTO *a un árbol con una banda.*

CRISTO   Con otro lazo
                mayor estoy atado.

LEONIDO   Muestra el pobre zurrón. ¡Oh, qué pesado!   1915

CRISTO   Si de sólo tocarlo
                pesa tanto, di, a quien por ti lo lleva,
                ¿qué pesará?

LEONIDO   Mirarlo
                quiero, pastor, y hacer luego la prueba
                si es lo que dices llano;   1920
                y, si mientes, tu muerte está en mi mano.

Toma el zurrón. CRISTO *da vuelta al árbol, y desaparécese.*

                Algún tesoro escondido
                sin duda debe llevar
                en este zurrón metido,
                y él se me quiere escapar   1925
                con aquel modo fingido;

1904 este] aqueste B–J   1907 Verélo; espera;] Veréle, loco; B–J
1908 de paso] *om.* A–J   1909 burlas,] burla, HJ
1910 ausentes,] vayas, A–J   1912 y…intentes,] *om.* A–J
      ] asustes, M
1913 pastor.] *om.* B–J   1916 tocarlo] tocarle B(?)C–J
1917 pesa] te pesa B–J   1917 di,] *om.* B–JN
1917 lo lleva,] le lleva, BG–J   1918 Mirarlo] Mirarle G–J
      ] lleva, C
1919 luego] *om.* B–J   1923 debe] debes B

137

pero en breve hará mi mano
aquí el tesoro muy llano;
que todo lo pienso ver,
si ya no viniera a ser   1930
otro caballo troyano.

Pero que no lo seréis,
zurrón, de ninguna suerte
está cierto, aunque encerréis
traición; que es muralla fuerte   1935
esta que encontrado habéis;
    y así vuestras invenciones,
trazas, embustes, traiciones,
por inútiles condeno,
aunque traigáis en el seno   1940
metidos diez mil doblones.

Saca una corona.

Buena es la suerte primera,
pues he hallado una corona,
y a muy buen tiempo viniera
para adornar mi persona,   1945
si de todo el mundo fuera.
    Pero, aunque fuera del mundo,
en su estima no me fundo;
que era hacer un desatino,
siendo premio tan indino   1950
a mi valor sin segundo;
    y así su vil aparato
como de burlas resisto;
que es indigno de mi trato.
¡Vaya que la estime Cristo   1955
allá en casa de Pilato!;
    que tuvo por grande hazaña

1927 pero] pues BC   1930 viniera] viniere A–E
1936 encontrado] encontrada K–M   1939 condeno,] las condeno, BC
1940 traigáis] traigas E–M   1941 diez mil] dos mil G–J
1948 en…fundo;] ya su estimación no fundo; B–N
1950
1952 y…aparato] y así su vil apetito GHJ
        ] y estos viles aparatos K–N
1954 que…trato.] siendo indignos de mis tratos. K–N
1955 que la] los K–N   **1956** Pilato!;] Pilatos!; FK–N

ver que la judaica saña
honrase sus sienes dinas
con la corona de espinas,   1960
y con el cetro de caña.

   Mas pasemos adelante,
puesto que mi furia aplaco
por este pequeño instante
para vaciar este saco   1965
de aquel pobrete ignorante.

Saca una túnica y unos azotes.

   ¡Linda joya, por mi fe!,
pues una túnica hallé,
y tras ella unos azotes:
parece que me da motes.   1970
¿Azotes yo? ¿Para qué?
   ¿A mí túnica? ¿Soy loco,
o por dicha galeote,
pues me estiman en tan poco
que me muestran el azote?   1975
A cólera me provoco.
   Veamos qué queda acá:

         Saca una soga.

una soga. ¡Bueno está!:
esta obligación os debo.
Vos lo pagaréis, mancebo,   1980
como luego se verá.
   Todo lo que hay he sacado,
y no hallo relación
de lo que me habéis cargado,
porque estos vestidos son   1985
de un hombre crucificado.
   Miremos si algo se queda:

1959 honrase] burlase I   **1970** motes.] amores. BC
1971 ¿Azotes] ¿Azote B   1980 lo] la N
1985 porque] que A–E   1985 estos vestidos] todos vestidos B–EHJ
                                    ] todos los vestidos FG
                                    ] los vestidos I
1987

Saca una cruz.

una cruz, para que pueda
decir con fiero rigor
que burló de mi valor   1990
un manso en esta arboleda.
    ¿Así burlar mis intentos
vuestra malicia quería
con tan varios instrumentos?
¡Allá al Hijo de María,   1995
que sabe de estos tormentos!;
    que a mí no se me ha de dar
burla de tanto pesar.
Y, para que no os burléis
otra vez, lo pagaréis   2000
en este mismo lugar.
    ¡Infame!, ¿de esta manera
pensasteis burlarme vos?
Veréis mi venganza fiera;
que, aunque fuera el mismo Dios,   2005
sin castigo no se fuera;
    que le diera mi semblante
mil muertes.

Descúbrese un Cristo crucificado, y dice puesto
a las espaldas CRISTO:

CRISTO   ¡Tente, arrogante!
LEONIDO   ¿Qué es esto, divino Alá?
CRISTO   No te espantes.
LEONIDO   ¿Quién será   2010
el que ahora no se espante?

Cae en tierra LEONIDO.

CRISTO   Levanta, y oye, Leonido,
si ya tu vida malvada
no te limita las fuerzas;

1991 un manso] un pastor I   1991 en] de BCI
2005 que,...Dios,] *om.* I   2005 el] al CM
2006 sin...fuera;] *om.* I   2007 le diera] te dará I
2008 ¡Tente,] ¡Detente, F–HJ   2008 arrogante!] Argolán! B
2011 se] os B   **2012** y] *om.* BC
     ] es C

que suele el vicio acortarlas.　　　　　2015
Ya, Leonido, llegó el tiempo
en que al justo satisfagas
lo mucho que has mal llevado,
haciéndome tu fianza.
Considera que has usado　　　　　　　2020
mal de mis mercedes santas,
porque a mercedes de Dios
pecados no es buena paga.
Mira mi cuerpo, y verás
si he pagado por tu causa　　　　　　　2025
las maldades que mil veces
me dijiste que pagara.
A un sacerdote le diste
un bofetón, y en mi cara
sonó el golpe; que son Cristos,　　　　2030
como la Iglesia lo canta.
Son mis espejos, y tú,
con mano descomulgada,
romper quisiste el espejo
adonde Dios se miraba.　　　　　　　　2035
Muchas doncellas ilustres,
nobles, prudentes y sabias,
por ti dejaron de serlo:
mira qué pesada carga.
A muchos has deshonrado　　　　　　　2040
que de honrados se preciaban,
sólo por echar mi honra,
como la echaste, en las plazas.
Mira a Gerardo, tu padre:
las injurias, las infamias　　　　　　　2045
que usaste fiero y crüel
con aquellas nobles canas.
Mira estas manos, Leonido,
con dos clavos taladradas,
y mira luego las tuyas,　　　　　　　　2050
de tu buen padre en la cara.
Mira mi pecho también,

2015 acortarlas.] agotarlas. N 2044 a] *om.* B–F

141

pasado con una lanza,
y mira el tuyo, ocupado
en deshonrar a tu hermana.   2055
Dime, ¿qué aguardas, Leonido?
Dime, Leonido, ¿qué aguardas?,
y, ¿con qué piensas pagar
lo que mis deudas te alcanzan?
Hoy, Leonido, he de cobrar   2060
las honras, las bofetadas,
las afrentas, los insultos
que cargaste en mis espaldas.
Todas las pagué por ti,
mas hoy pretendo cobrarlas;   2065
que es ya tiempo que se vea
satisfecha la fïanza.

LEONIDO   Confieso, divino Dios,
que son mis maldades tantas
que será imposible cosa   2070
que al justo las satisfaga.
Confiésoos por Dios eterno,
cuya bondad soberana,
si bien en personas trina,
es una esencia sagrada.   2075
Confieso que os he ofendido
y que me pesa en el alma,
por ser quien sois, sin mirar
otro castigo ni paga.
Propongo de no pecar   2080
y apartar con eficacia,
Señor, de vuestras ofensas
las ocasiones que dañan.
De confesarme propongo,
si hay con quien, y, si no, valga   2085
esta confesión que hago
humillado a vuestras plantas.
Vos sois Sumo Sacerdote,
y así mis culpas aguardan

2074 personas] persona B
2076 Confieso...ofendido] Confiésoos sacramentado B–N
2078–9   2089 culpas] penas B–HJ

absolución, pues la lengua   2090
todos mis vicios declara.
A mis contrarios perdono,
y mi vida, aunque tan mala,
en satisfacción ofrezco,
si es satisfacción que basta.   2095
Como os lo pido, Señor,
confío que esas entrañas
me otorgarán el perdón,
donde se sigue la gracia;
porque, muriendo con ella,   2100
merezca, Señor, mi alma
gozar de vuestra presencia
en las celestiales salas.

CRISTO   Aún tienes buena ocasión,
Leonido: el vicio despide,   2105
porque jamás a quien pide
supe negar el perdón.
    Procura de refrenar
el desbocado caballo
del vicio; que en refrenallo   2110
está tu gusto o pesar.
    Si gusto has de conseguir,
pon rienda de modo al gozo
que no te engañe el ser mozo,
porque es incierto el vivir.   2115
    Aquí estoy: el mundo entienda
que en la cruz están mis brazos
para dar de padre abrazos
al pecador que se enmienda.
    Mira lo que por ti hago: 2120
vida y sangre derramé.

LEONIDO   La vida y sangre daré,
si con vida y sangre pago.
    Ya ofrezco desde este día
verterla toda por vos,   2125

2099 donde] a quien B–N   2100 con] por B–J
2108 de] *om.* M   **2110**
2117 están] se ven B–N   2120 hago:] hice: B–J
2124 Ya] Yo LN   2124 Ya...día] *om.* B–J

pero la sangre de Dios
no se paga con la mía.
  De verterla tengo gusto
para empezar a pagaros,
pero no podré dejaros   2130
satisfecho todo al justo;
  porque en paga por Dios hecha,
por mucho que me despeje,
es imposible que deje
la fïanza satisfecha.   2135
  Pero, soberano Dios,
para tal obligación,
haced en mí ejecución
que todo me entregue a vos.
  Y, aunque mi inicua conciencia   2140
merece castigo fiero,
de vuestro aspecto severo
apelo a vuestra clemencia.

CRISTO   Si lo cumplieres así,
mi auxilio no faltará,   2145
porque siempre pronto está;
quédate el mirar por ti.

          Córrese la cortina.

LEONIDO   ¿'Quédate el mirar por ti'?:
con tal extremo será,
Señor, que el mundo podrá   2150
tomar ejemplo de mí.
  Vaya fuera el alfanje que he ceñido;
la manga y capellar vayan afuera;
el turbante también, que me ha tenido
el sentido turbado en la carrera   2155
del inmenso Señor, que me ha sufrido

2133 despeje,] despoje, E   2139 entregue] entrego AN
2142 aspecto] afecto M
2146 porque...está;] *om.* B–J
                    ] Ea, Leonido, baste ya; K–M
                    ] Ea, Leonido, basta ya; N
2147 quédate el mirar] quédate, y mira B–N
2148 ¿'Quédate el mirar] ¿'Quédate, y mira B–N   **2152–2215**
2155 turbado] burlado B–N

lo que a no ser un Dios jamás sufriera;
que es justo conocer que está a mi cargo
larga cuenta que dar de tiempo largo.

¿Qué cuenta podrá dar quien tan sin cuenta   2160
ha vivido muriendo tiempo tanto,
llevando por blasón hacer afrenta
al que es entre los santos el más santo,
sin mirar que las culpas siempre cuenta
el Rey que reina en el eterno llanto?   2165
Y al fin ha de llegar el peligroso
término breve, tránsito forzoso.

Venid, túnica; vos seréis marlota
y defensa del cuerpo más enorme
que el mundo todo vio, cuya derrota   2170
a la divina ley fue desconforme;
servidme, pues, desde hoy de fuerte cota,
para que así mi vida se reforme;
que espero, sin tener algún descargo,
terrible tribunal, jüicio amargo.   2175

Y vos, corona, traspasad mis sienes,
trayendo a la memoria mis maldades,
por cuya causa los celestes bienes
de mí se ausentan; y en mis mocedades
dadme valor; que espero los vaivenes   2180
de mi torpe vivir y ceguedades;
y el tiempo del jüicio es temeroso:
aun a los mismos santos espantoso.

Pues, si a los santos, que con vida santa

2157 lo que a no ser un Dios] que quien no fuera Dios B–E
            ] lo que quien no fuera Dios F
            ] lo que no siendo Dios G–J
2164 cuenta] asienta B–E
            ] *om.* F   2165 el Rey que reina] Luzbel, que pena I
2165 en] es F   2165 llanto?] canto? B
2166 al fin] *om.* B–E
            ] en fin F–N   2166 el peligroso] el día peligroso, B–M
2167 término...forzoso.] tránsito breve y término forzoso. N
2167 tránsito] y tránsito B–M   2168 vos] y vos G–J
2172 servidme,] servid, E–HJ   2172 pues,] *om.* A–DF–J
2172 cota,] roca, F–J   2173 para que] porque F–M
2175 jüicio amargo.] y juicio largo. B–N
2179 ausentan;] ausentaron; B   2180 espero] expíe N
2181 ceguedades;] sequedades; A–J

al que vida les dio siempre han servido,　　　　2185
el pensar en la cuenta les espanta
de tal modo que pierden el sentido,
¡ah!, quien así en maldades se adelanta,
quien tanto y tan sin orden ha vivido
¿dónde vendrá a parar, siendo en su cargo　　　2190
muchas las culpas, débil el descargo?

　Salid a prisa, lágrimas, del pecho;
que ya los ojos prestan franca puerta;
hasta tanto salid que esté deshecho
y su dureza en cera se convierta.　　　　　　2195
Salid; que es el salir de gran provecho.
No aguardéis a salir; que es cosa cierta
el estar en el trono, aunque es piadoso,
recto el Jüez, y entonces riguroso.

　Hoy la batalla comienza a sangre y fuego　　2200
con el infierno y todos sus secuaces,
y así de sogas me prevengo luego.
Vos, soga, me honraréis; que estos disfraces
le causan a Luzbel desasosiego,
por ver que con mi Dios quiero hacer paces,　2205
y no esperar con un regalo tierno
punto en que va a gozar de Dios eterno.

　Y vos, divina cruz, en quien la Vida
perdió la vida por el hombre humano,
a mi pecho iréis continuo unida,　　　　　　2210
porque con vos el paso tengo llano;
si me servís de escala, la subida
del cielo tengo cierta; que en mi mano

2186　el] y el　B–N　　　　　2188　¡ah!, quien] a quien　B–N
2198　el estar] al estar　C
2198　el estar en el trono,] en el trance final,　N
2200–1　Hoy…secuaces,] Salga el infierno todo y sus secuaces,　B–N
2203　me honraréis;] lo seréis;　A–J
2204–5　desasosiego,/por ver]　　　　　　desasosiego,
　　　　　　　　　　　　　　ya que hasta aquí ha vivido torpe y ciego,
　　　　　　　　　　　　　　por ver　　　　　　　　　　I
2205　mi] *om.*　A–J　　　　　2205　paces,] las paces,　CD
2205–6　paces,/y no esperar]　　　　　　　paces,
　　　　　　　　　　　　　lo que hasta conseguirlo no sosiego,
　　　　　　　　　　　　　y no esperar　　　　　　　K–N
2208　quien] que　B–E　　　　2210　mi pecho] mis pechos　B–E
2211　tengo] tenga　G–I　　　2212　escala,] escudo,　B–N

me deja Dios el gozo sempiterno,
o penar para siempre en el infierno.   2215

       Salen el REY *y* ZULEMA.

ZULEMA   Detén el paso; que, si mal no escucho,
ya la voz de Argolán he conocido
y con mil dudas temeroso lucho,
según por las razones he entendido.

REY   No tienes que dudar, porque no es mucho   2220
que haya vuelto a su ley el fementido,
pues sabes, gran Zulema, y es muy llano,
que nunca fue buen moro el mal cristiano.

     Si, mientras de su Dios la ley seguía,
jamás, como era justo, la guardaba,   2225
¿de qué te espantas?: ¿de que en este día
al engaño se vuelva en que pensaba?
Busque el pesar, y deje la alegría
con que en Túnez el tiempo se gastaba;
que el que ofender su Dios a cargo toma   2230
también querrá ofender al gran Mahoma.

ZULEMA   Sin duda que es verdad nuestra sospecha;
que arrodillado allí, si mal no veo,
está; pero ya sabes no aprovecha
contra su furia riguroso empleo.   2235

REY   Muestra al llegar valor, y con deshecha
cógele de las sogas.

ZULEMA   El trofeo

2216 Detén] Tened B–EI
          ] Detened F–HJ   2217 ya] *om.* AD–J
2217 la voz] las voces A–D
                2219 por las razones] son las razones que B–E
                       ] las razones que F–J
                       ] de las razones que K–M
2221 haya vuelto] se ha vuelto B–E   ] de las que N
          ] se haya vuelto F–M
2222 y es muy llano,] aquesto es llano, I
2226 ¿de qué te espantas?:] ¿qué te espantas, señor?: B–E
                 ] ¿qué te espantas?: F–J
                 ] ¿de qué te espantas?, di: K–N
2226 ¿de que en este día] ¿que en este día B–N
2227 al engaño se vuelva] el engaño le lleve B–N
2228 Busque] Busca AF–J   2228 deje] deja AF–J
2229 se gastaba;] le gustaba; N   2230 su Dios] a su Dios A–J
2236 con deshecha] *om.* B–J   2237 de] *om.* BHJ
2237 las sogas.] la soga. B–J

mayor que hombre ganó tengo en mi mano,
si con ellas hoy prendo este cristiano.

LEONIDO   Llegad, llegad, ministros del infierno;   2240
llegad, feroces lobos, a esta oveja;
que, por haber vivido sin gobierno,
a voces de sí mismo forma queja.
Llegad, pues que lo quiere el Sempiterno,
que en mis manos mi gloria o pena deja,   2245
y os hace en mi mudanza ser registros,
siendo de su justicia los ministros.

Llegad, y no temáis; que ya Leonido
no es aquel que otro tiempo en este puesto
aniquiló furioso y atrevido   2250
de vuestra fuerte escuadra todo el resto.
Llegad, moros, llegad, porque vencido
y a no volver furioso está dispuesto;
que aquel león que visteis tan severo
hoy le tenéis aquí manso cordero.   2255

ZULEMA   ¿Si podremos llegar, o si éste ordena
contra nuestro valor fieras traiciones,
y, siendo de este mar crüel sirena,
nos quiere atraer así los corazones?
¿Si es por dicha en la voz feroz hïena,   2260
y, con estas astutas invenciones,
que lleguemos procura, y en llegando
su furia ejecutar como otro Orlando?

LEONIDO   No temas, gran Zulema; llega, toma
la soga que en mi cuello ves pendiente;   2265
que, si servir pretendes a Mahoma,
así le sirves tú, y yo al inocente
Cordero, que nació de la Paloma

2238 mayor] *om.* J   2239 este] a este N
2240–7
2243 de sí mismo forma] de mí mismo formo B–N
2244 que] *om.* B–J   2247 siendo de su justicia] siendo de justicia AC–HJ
                                            ] siendo así de justicia B
                                            ] siendo de su furia N
2248–51
2249 otro tiempo en este puesto] en este puesto otro tiempo CF–J
2254 visteis] viste BC   2259 así] a sí BI
2260 hïena,] leona, B–J   2263 ejecutar] ejecuta F–M
                                                       ] ejercerá N

limpia, a quien ofendí.

REY   Zulema, tente;
que mostrar mi valor y esfuerzo quiero,   2270
prendiendo a este furioso carnicero.
   Ya le tengo.

                   Cógele de la soga.

ZULEMA   Buen lance hemos echado.
REY   A Túnez le llevemos.
LEONIDO   Eso estimo:
con vuestra cruz, mi Cristo, voy cargado;
a imitar vuestros pasos hoy me animo,   2275
aunque mis culpas son en tanto grado,
que de sólo pensarlas desanimo,
y llevarlas no puedo; mas yo creo
que seréis en mi ayuda Cirineo.

Vanse, y salen LIDORA *y* TIZÓN, *y lleva* TIZÓN *un Niño Jesús.*

LIDORA   Prosígueme la lección   2280
de ayer tarde, porque quiero,
pues solos ahora estamos,
aprovecharme del tiempo.
TIZÓN   Ya los *Artículos* sabes,
el *Padre nuestro*, y el *Credo*;   2285
también el *Ave María.*
LIDORA   Todo eso lo sé, y lo creo.
TIZÓN   Pues, oye, escucha, señora:
te enseñaré los preceptos
que para gozar su vista   2290
nos manda Dios que guardemos.
LIDORA   ¿Cuántos son?
TIZÓN   No más de diez.
LIDORA   ¿Que en sólo diez mandamientos
consiste la salvación
de un cristiano?

2275	pasos] rayos B–HJ	2277 de] en F–J
2277	pensarlas] pensarlo N	2279 seréis] seas B
		] seáis C–E
2279	ayuda] llevada B–HJ	2280 Prosígueme] Prosigue C–EG–I
2280	lección] lección, pues, I	2287 y lo creo.] y yo lo creo. GHJ
2288	escucha,] escuche, D–F	2290 su vista] la vista B
2293	sólo] solos AF–N	

TIZÓN	En solos ésos.	2295
LIDORA	Pues, di presto cuáles son;	
	pero escúchame primero:	
	vuélveme a decir el cómo	
	murió, siendo Dios inmenso;	
	porque así se contradice;	2300
	que no puede en un sujeto	
	haber mortal e inmortal,	
	haber temporal y eterno.	
TIZÓN	Dices muy bien; pero mira:	
	por el pecado primero	2305
	que contra Dios cometió	
	Adán, la fruta comiendo,	
	quedamos sus descendientes	
	condenados al infierno,	
	sin esperanza que el mundo	2310
	pudiera darnos remedio;	
	porque, como era el delito	
	hecho contra Dios inmenso,	
	otro inmenso solamente	
	bastaba a satisfacerlo.	2315
	Esto acá no era posible;	
	y así, el sacrosanto Verbo,	
	de amor del hombre movido,	
	quiso pagar estos yerros.	
	Y, como al fin, siendo Dios	2320
	tan poderoso y eterno,	
	tan inmortal y tan sabio	
	— como lo es su Padre mesmo —	
	no era posible el morir,	
	vistióse del traje nuestro,	2325
	naciendo de una doncella,	
	la mejor de tierra y cielo.	
	Ésta es la Virgen María,	
	de perseguidos consuelo,	
	de pecadores amparo,	2330
	y de afligidos remedio.	

2296 di] dime F–J
2308 quedamos sus descendientes] *Om. here and placed after v. 2311, in error.* BC
2323

De ésta, en un pobre portal,
nació niño, humilde y tierno,
y al fin después padeció
lo que has oído en el *Credo*.   2335

LIDORA   Y dime, Tizón, ¿podré
ver yo a Dios?

TIZÓN   No puedes verlo
estando en carne mortal;
que nadie lo ve en el suelo.

LIDORA   ¿Siquiera un retrato suyo?   2340

TIZÓN   ¿Retrato? Yo te lo ofrezco:
uno tengo yo, señora,
de aquel tan felice tiempo
de cuando Dios era niño.

LIDORA   Dámele; que a un niño tierno   2345
mejor le caerán amores,
y es el que tengo en exceso.

TIZÓN   Éste es, Lidora, el espejo
en quien el cielo se mira.

       Dale un Niño Jesús.

LIDORA   De gozo el alma suspira   2350
con mirarle.

TIZÓN   En él te dejo
cifrado todo el consuelo,
el contento, el alegría,
poder y sabiduría
de todo el empíreo cielo.   2355

LIDORA   Tizón, la sala despeja,
y, pues siempre fuiste fiel,
guarda la puerta, y con él
un poco a solas me deja.

       Vase TIZÓN.

Solos habemos quedado,   2360
eterno Niño, los dos,
para que mi obscura noche
alumbréis con vuestro sol.

2341 lo] le D–JN   2345 Dámele;] Dámelo; N
2349 quien] que B–J   **2355**
2357 fuiste] fuisteis BC

Decid, Cordero divino,
¿quién tanta dicha me dio   2365
que, siendo, como soy, perra,
os tenga en mis manos yo?
¿Cómo os deja vuestra Madre
en mi poder?, mas no erró;
que, si a mí perra me llaman,   2370
vos sois gigante y león.
Volvedme el rostro, bien mío,
a mirar un corazón,
que por los ojos se sale
todo, por veros a vos;   2375
pero no queréis mirarlo,
por nacer, como nació,
en tierra que sólo os nombran
por ignominia o baldón.
Sé que soy vuestra enemiga,   2380
porque el agua me faltó
del bautismo verdadero;
pero, divino Señor,
permitid se me conceda,
y, porque no falte, yo   2385
daré tanta de mis ojos
que baste a lavar mi error.
Niño hermoso de las niñas
de mis ojos, ¿sabéis vos
que, a poder sacarlo, al punto   2390
os diera mi corazón?
Dicen que no negáis cosa
a quien pide con fervor:
piedad, mi Niño y Señor;

2366	perra,] mora, I		2367	tenga] tengo G
2367	mis manos] mi mano B–N		2369	erró;] yerra; AG–J
				] yerro; F
2370	perra] mora I		2372	Volvedme] Volved A–EG–K
2376	mirarlo,] mirarle, F–N		2378	nombran] nombra N
2384	se me conceda,] me la concedan, B–N			
2386			2387	lavar] labrar HJ
2388	de las niñas] de mi vida I			
2389	de...vos] bien sabéis, mi dueño, vos I			
2394	piedad, mi Niño y Señor;] piedad, mi Señor y Niño; B–E			
	] pues, tened piedad de mí; I			

no me tratéis con rigor;   2395
que, si lágrimas os mueven,
lágrimas vertiendo estoy.

Llora, y salen GERARDO, DIONISIO, MARCELA *y* TIZÓN.

MARCELA   A tus pies, Lidora hermosa,
mi querido esposo llega,
porque es justo te los bese   2400
como a su señora y reina.

DIONISIO   Tus plantas me da.

LIDORA   Levanta;
que no es bien que esté en tierra
un marido de mi hermana.
¿Cómo estás?

DIONISIO   Como el que llega   2405
al puerto donde descansa
después de tantas tormentas.

LIDORA   ¿A qué vienes?

DIONISIO   Si me escuchas,
dirélo en breve.

LIDORA   Esa prenda
guarda, Marcela, entre tanto   2410

Dale el Niño.

MARCELA   Basta mandarlo tu Alteza
para que la guarde yo,
aunque diferente fuera.

DIONISIO   Un día, Lidora hermosa,
que las escuadras soberbias   2415
de la gran Túnez llegaron
a Licata a tomar tierra,
quiso mi desgracia, o quiso
Dios, porque a verte viniera,
que mi esposa, con su padre,   2420
un criado y yo, la fresca
estuviésemos tomando
en la apacible ribera

2396 que,] y, I
2403 en tierra] en la tierra A–EK–N
2417 Licata] Alicata B–N
2423 apacible] posible B

2403 que] el que I
2412 guarde] aguarde F–H
2422 estuviésemos] estuviéramos AN

del mar, sirviendo de alfombra
a los cuatro sus arenas;   2425
cuando, estando descuidados,
Dios, que las cosas ordena
del modo que más conviene
conforme a su providencia,
permitió que nos hallaran   2430
los moros; pero yo apenas
los sentí cuando desnudo
el acero en mi defensa.
Un rato me resistí,
mas al fin, como ellos eran   2435
muchos, de dos estocadas
me hicieron medir la tierra.
Dejáronme, al fin, por muerto
en la apacible ribera,
donde con mi sangre propia   2440
daba esmalte a sus arenas.
Y, viéndome de esta suerte,
me privó su fortaleza
de las cosas que en el mundo
de mayor consuelo me eran: 2445
a mi esposa me robaron,
y a este viejo, cuyas hebras,
blancas en barba y cabello,
toda Licata respeta.
Quiso el cielo, noble mora,   2450
que mis heridas tuvieran
buen suceso, y así en breve
sano y libre me vi de ellas.
Apenas, pues, me sentí
con alivio de las penas,   2455
cuando intenté mi jornada,
aunque con pequeñas fuerzas.

2426 descuidados,] descuidado, B
2430 hallaran] hallaron A–FK–M
2441 arenas.] almenas. BC
2447 a] *om.* B–N
2448 cabello,] cabellos(?), B
2449 Licata] Alicata B–N
2454 Apenas, pues,] Así que yo B–N

2429 a] *om.* B–N
2432 los] lo B–FK–N
2446 a mi] y a mi B–N
2448 barba] barbas F–HJ
2449 toda] todo B–JM
2449 respeta.] respetan. B–M

Pretendí, Lidora, hallar,
si bien cautivas, mis prendas,
pero con salud, mas veo   2460
aquellas dos luces muertas,
los dos soles eclipsados,
de cuyos rayos pudieran,
si al sol le faltara luz,
participar las estrellas.   2465
Veo sin vista a mi padre,
y a mi esposa casi ciega
de las lágrimas que vierte
por quien es justo las vierta.
Veo que un traidor, señora,   2470
de esta noble casa vieja
las ventanas ha cerrado,
porque nadie habite en ella.
Las lunas de aquel espejo,
en quien la honra reverbera,   2475
rompió, porque sus maldades
no se notaran en ellas.
Consideró que a la luz
de su padre era bajeza
hacer las obras que hacía,   2480
y así le puso en tinieblas.
A él le quitó la vista,
y a mí, que le hallo sin ella,
me ha quitado el corazón.

LIDORA   Basta, Dionisio, sosiega;   2485
da lugar al tierno llanto;
que quiere Dios que no vea
Gerardo lo que hace su hijo;
que, si lo viera, muriera.
¿Tú vienes a rescatarlos?   2490

DIONISIO   La más parte de mi hacienda
en plata he vuelto, por dar
lo que por ellos pidieran.

LIDORA   Si en mi mano su rescate,

2458	hallar,] hablar, B-N	2462	los] sus B-N
2473	ella.] ellas. AN	2477	notaran] notasen N
2478	Consideró] Considero B	2480	hacía,] hace, B-N
2483	ella,] rienda, B-N	2490	rescatarlos?] rescatarlo? BCHJ

	noble Dionisio, estuviera,	2495
	sin dineros los librara,	
	aunque aumentara mis penas;	
	pero no puedo yo darlos;	
	que, aunque es verdad soy su dueña	
	y me sirven, pero tengo	2500
	al príncipe dependencia,	
	y no puedo.	
GERARDO	Sabe Dios,	
	hijo, que yo no quisiera,	
	aunque muriera, dejar	
	de Lidora la presencia;	2505
	que como a Marcela estima,	
	por ver que tiene Marcela	
	en ella una noble hermana,	
	yo una hija tengo en ella.	
DIONISIO	Yo no basto a dar las gracias	2510
	de ver que mis caras prendas	
	con tanto respeto tratas,	
	y el cielo premio te ofrezca.	

Sale ZARABULLÍ.

ZARABULLÍ	¡Albricias, señora, albricias!	
LIDORA	Darélas según las nuevas.	2515
ZARABULLÍ	Que traer preso a Argolán	
	el Rey y el fuerte Zulema.	*Vase.*
MARCELA	El cielo nos junta a todos;	
	Dionisio, muestra prudencia;	
	que jamás he visto a este hombre	2520
	sin causarme mucha pena.	

Salen el REY *y* ZULEMA, *y éste lleva una carta, y*
ZARABULLÍ *saca de la soga a* LEONIDO.

| ZARABULLÍ | Ande el esclavo. | |
| LEONIDO | Si soy | |

2495 noble Dionisio,] Dionisio noble,   B–N
2496 dineros] dinero B–EN   2498 darlos;] darlo; B–E
2500 y] *om.* BC   2501 dependencia,] en dependencia, E
2506 estima,] estimo, B–N   2509 yo] y yo B–N
2509 una] *om.* B–J   2514 señora,] señor, G–J
2516 traer] traen EK–N   2518 junta] junte BC

esclavo, y en cadena vengo,
infinitas gracias doy
a Dios, pues tal dicha tengo   2525
que a pagarle alegre voy.

REY   Ya, Lidora, se ha cumplido
lo que mandaste al instante,
pues en cadena he traído,
como ves, al arrogante   2530
que dices que te ha ofendido:
darte gusto he procurado,
y, aunque a muerte condenado,
le traigo hoy a tu presencia;
puedes la justa sentencia   2535
revocar.

LIDORA   Hasme obligado,
Príncipe invicto, de suerte
con tu término cortés
que, aunque me esfuerzo a vencerte
con las cortesías, es   2540
muy imposible que acierte;
y así conociendo voy
en el estado que estoy,
por mil diversos motivos,
que son tuyos los cautivos,   2545
y yo también tuya soy.

LEONIDO   A vuestras plantas tenéis,
padre, aquel que no merece
nombre de hijo; bien podéis
pisarme; que el cielo ofrece   2550
ocasión en que os venguéis.
Ya, padre, el cielo ofendido
a vuestros pies me ha traído;
que es justo, pues mi altivez
poneros quiso a mis pies,   2555

2523	esclavo,] siervo, N		2526	pagarle] satisfacerle K–M
				] satisfacerla N
2526	alegre] *om.* B–N		2531	que dices que] que dices B–E
2539	esfuerzo] esfuerce N		2539	a vencerte] *om.* I
2540	con...es] *om.* I			
2541	muy imposible] no es posible, señor, I			
2544	mil] muy B		2554	pues] que F–HJ–M
2554	altivez] interés A–J			

que esté a los vuestros rendido.

Antes que vaya a morir,
padre, os quiero suplicar
— si me quisiereis oír —
que seáis padre en perdonar, 2560
pues fuisteis padre en sufrir.

A vuestras plantas estoy;
mirad que vuestro hijo soy,
y, aunque tanto os he agraviado,
es bien vaya perdonado, 2565
pues que ya a la muerte voy.

Ya voy a pagar a Dios
las ofensas, y a vos, padre,
también; perdonad los dos;
que di la muerte a mi madre, 2570
y esto no lo sabéis vos.

Al campo, estando preñada,
la saqué. Vióse acosada,
cuando una niña parió,
la que una osa se llevó 2575
en la boca atravesada.

Quise seguirla, y no pude;
que mi madre voces daba,
diciendo que intento mude,
pues el parto le duraba 2580
y así que a su pena ayude.

Dejé la descomedida
osa, y volví a la parida,
y hallé lo que me consuela:
otra hija, que es Marcela, 2585

2559 quisiereis] quisieres B–M
2567 Ya] Yo B–E
2568 y a vos,] ya vos, I
2573 Vióse] y vióse BD–N
] y vióle C
2575 se] la AC–J
] le B
2580 pues] porque B–N
2582–3 descomedida/osa,] fugitiva osa, K–M
] osa perseguida, N
2583 a la parida,] a la partida, DE
] a la mujer, N
2584 me consuela:] tanto me consuela: K–N

2560 seáis] seas B
2568 y] *om.* D–HJ–N
2570
2575 la que] que A–J
2578 voces daba,] voceaba, B–N
2583 y] *om.* B–N
2584 lo que] la que B–M

en tierra recién nacida.

GERARDO   Basta, hijo; que aceleras
mi muerte con tal tormento:
edad cansada, ¿qué esperas,
pues que sirve de sustento   2590
mi misma sangre a las fieras?

LEONIDO   El darme perdón os cuadre
de este descontento, padre,
porque tal mi enojo fue
que con la daga saqué   2595
luego del mundo a mi madre.

Esto es, padre, lo que pasa:
todo el mal os viene junto,
y, aunque el corazón me abrasa,
ella murió, y luego al punto   2600
a Marcela llevé a casa.

Esta muerta di a entender
que del parto sobrevino,
y así no se vino a creer
que tan fiero desatino   2605
sólo yo lo pude hacer.

Estas mis maldades son;
de todas pido perdón,
porque la muerte me espera.
Vuestro valor no difiera   2610
de darme la bendición.

REY   Zarabullí, lleva luego
donde te dije a Argolán.

LEONIDO   Que me perdonéis os ruego,
porque aguardándome están   2615
madero, cuchillo y fuego.

GERARDO   Pues tu vida se desvía
de cualquiera perdición,
y para la gloria guía,
Dios te dé su bendición,   2620

2587 Basta, hijo;] Hijo, basta; K–N
2604 se] *om.* N
2610 no difiera] no defiera BC
   ] me difiera DE
2618 perdición,] bendición, F–H
   ] maldición, J

2599 el corazón] la razón B–N
2606 lo] le G–J
2611 bendición.] absolución. B–N

2620 Dios te dé] déte Dios B–N

hijo, junto con la mía.

LEONIDO   No lloréis, padre y señor;
que me causáis gran dolor,
y llorar por mí es en vano.
Dadme a besar esa mano   2625
en señal de paz y amor.
     A Dios, Marcela; esos brazos
me da; mi Dionisio, a Dios;
que se han llegado mis plazos,
y perdonadme los dos.   2630

MARCELA   El perdón y mil abrazos
te daremos.

LEONIDO   Gran Lidora,
ya se ha llegado la hora;
esas prendas te encomiendo.

LIDORA   Tú vas a morir, y entiendo   2635
que mi pecho sangre llora.

ZARABULLÍ   Venga el perro.   *Vanse.*

REY   Ya se ha ido;
dónde va sabrás después;
y, pues vivo le he traído,
será razón que me des   2640
la mano como a marido.

LIDORA   En todo andas cortesano,
y, pues en ello yo gano,
puesto que lo trabajaste,
ya que mi mano ganaste,   2645
digo que te doy la mano
con mucho gusto.

El REY *va a darle la mano, y* ZULEMA *lo detiene.*

ZULEMA   Detente,
valeroso Belerbeyo,

2627 esos] y esos F–HJ–M   2627 brazos] *om.* B
2638 va] vas H   2638 sabrás] sabrá B
2641–2 marido./LIDORA En]   marido.
                     Tu palabra diste.
            LIDORA   ¿Pues?
            REY   Que me la cumplas te pido.
            LIDORA   En   B–N
2645 mano] gusto BC

y, antes que le des la mano,
escucha lo que refiero.　　　　　　　　　　2650
Tu padre, el Rey, que ha diez años
que, como sabes, su cuerpo
ocupa, por mucha edad,
una cama, estando enfermo
— que, aunque no tiene otros males,　　　2655
solamente bastan éstos,
pues nunca tiene salud
un hombre en llegando a viejo —
sabiendo que pretendías
tomar estado, y sabiendo　　　　　　　　2660
dabas la mano a Lidora,
tan digna de merecerlo,
me mandó que al mismo punto
que quisieras en efecto
poner tu resolución,　　　　　　　　　　2665
te diera, señor, un pliego,
el cual de su propia mano
escribió el anciano viejo
— que en no fïarse de otro
sin duda es de gran secreto.　　　　　　2670
Ésta es la carta, señor:
yo cumplo su mandamiento,
pues te la doy en el punto
que te casas.

REY　　　　　　　　　　¡Bueno es eso!
Pues, ¿qué pretende mi padre?　　　　　2675

ZULEMA　　Eso no puedo saberlo:

2649　le des] la des　CE–M
　　　　] les des　D
2663　mismo punto] mismo tiempo　B–HJ–M
　　　　] tiempo mismo　N
2664　en efecto] tratar de ello,　B–N
2665　poner tu resolución,] tomando resolución,　B–N
2666　diera,] diese,　B–N
2669　en no fïarse] no fiarlo　B–GIK–N
　　　　] el no fiarlo　HJ
2670　sin duda es] es sin duda　B–N
2670　de gran secreto.] gran secreto.　B–KM
　　　　] un gran secreto.　LN
2673　pues] pues que　IK–N

2661　dabas] das　GHJ
　　　　] le das　I
2664　quisieras] quisieses　F–N

2673　doy] he dado　B–E
　　　　] di　F–N

          cerrada me dio la carta,
          y cerrada te la entrego.
REY   Léela tú.

Abre la carta ZULEMA.

LIDORA   ¿Oyes, Marcela?
          ¡Si permitiesen los cielos   2680
          que no llegase a tener
          este casamiento efecto!
ZULEMA   Toda es, señor, de su mano.
REY   Léela, acaba; que ya veo
          que es letra suya.
ZULEMA   Así dice;   2685
          estáme, señor, atento.

Lee la carta ZULEMA.

          Hijo, por haber entendido que queréis dar
          a Lidora la mano de esposo, os aviso como no
          es vuestra igual; porque habrá diez y seis
          años que, yendo a caza de cristianos en la   2690
          ribera de Licata, heredad famosa de la isla
          de Sicilia, se la quité a una osa de la boca,
          que con feroz violencia la llevaba. Ella
          desciende de cristianos, y así no os conviene,
          por no ser vuestra igual; ni con mi gusto   2695
          haréis semejante casamiento. Y advertid que
          de hacer lo contrario os podría resultar alguna
          gran desgracia, por la indignación que pudiera
          tomar nuestro gran profeta Mahoma. Alá os guarde.
                    Vuestro padre, Amete Sultán.   2700
REY   ¿Qué es esto, divino Alá?
TIZÓN   Que llegó el impedimento
          a la primer monición.
GERARDO   ¿Qué es esto, divino cielo?
TIZÓN   ¡Desgracia grande, a fe mía!   2705

2687 queréis] quieres F–N   2691 de Licata,] de Alicata, B–M
                                          ] del Alicata, N
2695 vuestra] vuestro D–J   2698 gran] grande B–E
2698 pudiera] podrá BC   2701 es] *om.* H
           ] podría D–J
2704 es] *om.* N

	Si hay Papa en Túnez, podremos	
	pedirle dispensación.	
GERARDO	Calla, Tizón; calla, necio.	
	Tú mi hija eres, Lidora,	
	porque, si mal no me acuerdo,	2710
	las razones de Leonido	
	conforman con este pliego.	
LIDORA	Vuestra hija soy, Gerardo,	
	y gusto tanto de serlo	
	que estimo haberos hallado	2715
	más que de Túnez el reino.	
	Marcela, dame los brazos,	
	pues tal hermana granjeo.	
MARCELA	Brazos, pecho y corazón	
	con el alma te prevengo.	2720
REY	¡Vive el cielo, ingrato padre;	
	que por el aviso vuestro	
	quisiera daros mil muertes!	
TIZÓN	Otra pendencia tenemos.	
	Bueno fuera haber marchado	2725
	y no estar aquí; que creo	
	que hemos de majar esparto	
	por el porte de aquel pliego.	
REY	¿No me dejaras gozar	
	de Lidora por lo menos	2730
	cuatro días, y después...?	
TIZÓN	Después, que la papen duelos.	
	Ya te aborrece, Lidora.	
LIDORA	Permita, Tizón, el cielo	
	que me desprecie.	
TIZÓN	Sí hará,	2735

2706 podremos] *om.* N
2709 Tú] *om.* A–J
2715 haberos hallado] esta filiación B–HJ–M
         ] más esta dicha I
         ] la filiación N
2716 más] *om.* I
2717 dame] dadme B–J
2724 pendencia] prudencia DE
         ] ponderación G–J
2732
2735 desprecie.] desprecie Argolán. K–N

2708 Calla, Tizón;] *om.* N
2713 Gerardo,] ¡oh, Gerardo!, K–N

2716 el reino.] el gran reino. I
2720 alma] brazo BC
2729 dejaras] dejarás BN

2733 Ya] Él B–N

porque mil bienes te ha hecho.

REY   Al fin, ya soy Rey de Túnez;
de esta vez a mares quiero
mostrar esfuerzo y valor.
Parte, Tizón, al momento,   2740
y, si no han muerto a Leonido,
di que venga aquí; que intento
dar a todos libertad
y que os vais a vuestro reino.

LIDORA   Muestras, señor, ser quien eres.   2745

REY   Lo que importa es que, al momento
que Leonido venga, os vais
antes que me maten celos.

Sale ZARABULLÍ *alborotado.*

ZARABULLÍ Si quieres ver a Argolán,
invicto Rey Belerbeyo,   2750
alza los ojos, y mira.

Descúbrese una apariencia donde está LEONIDO *crucificado,
ensangrentado y con corona de espinas.*

REY   ¿Qué es esto? Luego, ¿ya es muerto?

LEONIDO   Ya, padre, ha llegado el plazo
de satisfacer al cielo
las ofensas, los agravios,   2755
las injurias que le he hecho.
Ya, padre, permite Dios
que los muchos vituperios
de que yo le hice fïanza
los pague en este madero.   2760
Yo te agradezco y estimo,
famoso Rey Belerbeyo,

2736   porque...hecho.] que muy bien está lo hecho. BC
                 ] que bien está lo hecho. D–N
2738   de] y B–N   2738   a mares] como Rey B–N
2739   esfuerzo y] mi heroico B–N   2744   y que os vais] y os vayáis N
2747   os vais] os vayáis N
2752   Luego, ¿ya es muerto?] Luego, ¿ya murió? B–J
                     ] ¿Argolán ha muerto? K–N
2755   los agravios,] las maldades, B–N   2759   yo] *om.* B–J
2761   Yo] Ya K–N   2761   te] que F–J

que me pagues como a rey,
pues me das un reino eterno.

MARCELA   Hermano, ruega por mí,   2765
cuando estés gozando el cielo,
y por tu hermana Lidora,
porque ya se ha descubierto
ser la misma que dijiste
que se llevó la osa huyendo.   2770

LIDORA   Yo soy tu hermana, Leonido.

LEONIDO   Ahora muero contento,
pues tal ventura he tenido.
Lidora, los altos cielos
te den su gracia.

GERARDO   Y a mí,   2775
hijo del alma, consuelo
de esta cansada vejez,
dame los brazos; que quiero
bañar mi rostro en la sangre
que por Dios estás vertiendo.   2780

LEONIDO   Tu celo es muy justo, padre.

GERARDO   Llegadme, hijos, al cuerpo
de mi querido Leonido.
Dámelos, pues; mas, ¿qué es esto?
Hijos, la vista he cobrado;   2785
que, si de mi hijo el acero
con sangre me la quitó,
hoy su sangre me la ha vuelto.
Hijo del alma querido,
lo que te suplico y ruego   2790
es que te acuerdes de mí,
cuando estés allá en los cielos,
puesto que soy yo tu padre.

2763   a] *om.* B–N   2770   se] *om.* A–J
2771   Yo] Ya   D–HJ–N
2780   que...vertiendo.] que viertes por Dios eterno.   B–N
2781   Tu] Su   D
2781   padre.] padre amado.   B–J
2782   Llegadme, hijos,] Llégame, Dionisio,   B–N
2784   Dámelos, pues;] Dame los pies;   B–N
2784   ¿qué es esto?] ¿qué veo?   B–N   2785   Hijos,] Hasta   B–E
2788   su] con   A–C   2792   cuando...cielos.] *om.*   B–J
2793   puesto que soy yo] pues soy   B–J

LEONIDO	Digo que lo haré.
LIDORA	Y mi pecho
	merezca, hermano Leonido, 2795
	le alcances en breve tiempo
	me limpie el agua divina
	del bautismo verdadero.
LEONIDO	Por todos, aunque soy malo,
	prometo hacer como bueno, 2800
	porque los buenos alcancen
	perdón de mis graves yerros.
	A Dios, padre; a Dios, hermanos;
	a Dios, noble Belerbeyo;
	que te debo más a ti 2805
	que no a todo el universo.
	Más te debo que a mi padre,
	porque él me puso en el suelo,
	pero tú al cielo me envías
	con el favor que me has hecho. 2810
	El llanto dejad, señor,
	y a ti, soberano e inmenso
	Dios, humildemente pido
	que te des por satisfecho;
	misericordia, mi Dios; 2815
	yo pequé, Dios sempiterno;
	pequé, Señor; en tus manos
	mi espíritu te encomiendo.
REY	Ya del cuerpo salió el alma.
GERARDO	Muriendo pagó la ofensa 2820
	que contra Dios cometió.
LIDORA	Señor, si nos das licencia,
	este cuerpo llevaremos.
REY	Sabe Alá lo que me pesa
	que seas su hermana tú, 2825

2799   todos,] todo,   BC
2811   El...señor,] Dejad, señor, el llanto,   B–F
　　　　] Dejad, señor, dejad el llanto,   GHJ
　　　　] Deja, señor, deja el llanto,   I
2812–13   soberano e inmenso/Dios,] soberano Dios inmenso,   I
2813   pido] te pido   B–J
2818   te] os   B–EIK–N
　　　　] *om.*   F–HJ
2820   la ofensa] las ofensas   B–HJ–M

	pues sabes, si no lo fueras,	
	hoy alcanzaras a ser	
	de todos mis reinos reina.	
LIDORA	Ya, señor, no puede ser.	
	Tu Majestad me conceda	2830
	la merced que le he pedido.	
REY	Lidora, ya mi grandeza	
	te la tiene concedida,	
	porque el alma conociera	
	que el amor que te he tenido	2835
	me obliga a hacer tal fineza.	
	Dame los brazos, y Alá	
	suerte feliz te conceda,	
	como yo se lo suplico.	
	Ya todos tenéis licencia	2840
	para partir a Sicilia.	
TIZÓN	A Dios plegue que yo pueda	
	pagarle al Rey esta muerte.	
ZARABULLÍ	¿En qué?	
TIZÓN	En la misma moneda;	
	y al mismo también suplico	2845
	que puedas ver cuando quieras	
	a tu querido Mahoma.	
ZARABULLÍ	Yo suplicar que así sea.	
TIZÓN	Y yo, que nos perdonéis	
	las faltas, para que tenga	2850
	con esto dichoso fin	
	La fianza satisfecha.	

FIN

2826   pues sabes,] pues ya sabes,   F–HJ–M
              ] puesto que,   N
2827
2830   Tu] Su   N
2839   se] te   B
2842   A Dios plegue] Plegue a Dios   AF–J
2843   pagarle] pagar   AK–N
2848   suplicar] suplico   B–N

2828   mis] los   B
2835   te] *om.*   F

2846

2851   esto] ello   N

NOTES TO THE TEXT AND B–N VARIANTS

12 hermano? I] The final letter of *hermanos* in D is barely visible, at least in the copy belonging to the Biblioteca Nacional in Madrid (sign.: T 2672).

21–3 In G, varying amounts of these lines are obliterated.

58–79 In G, varying amounts of these lines are obliterated.

65 Although part of this line is obliterated in G, enough of it is legible (the last three words: *soy que sabré*) to place it with FH–J.

98 pagarla] Our emendation is -*la*, to stand for *fianza*. All of our texts read *pagarlo*. (See also v. 100 and note.)

100 cobrarla] Our emendation is -*la*, for the same reason as in line 98. All of our texts read *cobrarlo*.

107 Leonido] Here and throughout the play, the protagonist's name is pronounced as a three-syllable word.

128 quies] This is a popular form of *quieres* (see Rafael Lapesa, *Historia de la lengua española*, 4ª ed. (Madrid: Escelicer, 1959), p. 300). One finds it in other texts of the Golden Age. See, for example, Rudolph Schevill and Adolfo Bonilla y San Martín, ed., *Cerco de Numancia*, in Cervantes, *Comedias y entremeses*, Tomo V (Madrid, 1920), p. 182, vv. 3 and 12. The editors state that the MS whose text and orthography they followed is of the early seventeenth century. In Luis Vélez de Guevara, *La famosa Comedia del Rey Muerto...* (MS 17122, Biblioteca Nacional, Madrid) one finds also the following two lines: *que me quies dexar tan presto* (fol. 15va); *si quies saber la ocasión* (fol. 20vb). (See also note, v. 162, and pp. 9–10.)

128 Elema] In spite of the fact that the earliest printed texts, B–J, read *Elena* (A has an entirely different line here), we have chosen, for reasons of rhyme, *Elema*, the reading adopted by the editors of K–N. We have been unable to discover whether there existed a square in Licata called by this name or by the variant name, *Elena*. If the name of the square is fictitious, it is probable that the dramatist would have invented one that rhymed. On that assumption, we have chosen *Elema* for our text.

143–4 'Mear claro y dos higas para el Medico' is, according to the *Diccionario de Autoridades* (s.v. *Mear*), a 'refr. que enseña, que en cumpliendo uno con la obligacion de su empléo ù ministério, debe hacer poco aprecio de los dichos de los maldicientes ò murmuradóres'.

162 See v. 128 and note regarding *quies* in that line.

188 la] We emend to *lo*, since the pronoun clearly is intended to stand for *lugar*. A comes closest with its reading of *le*.

194 la razón] Meter would also permit either *corazón* or *corrección*; sense would allow the reading *corrección* or, less probably, *corazón*. Our adoption is authorized by A (copied by I) and is the usual commonplace. Since *corrección* occurs in the four earliest printed editions (B–E) and qualifies on the grounds of sense and

meter, it is as likely a reading as *la razón*. *Corazón*, however, is probably a mis-reading of either *la razón* or *corrección*.

201–4 Varying amounts of these lines are obliterated in G.

205 lo] All of our texts except ALN read *la* here in spite of the fact that all of them, including ALN, give *decirlo* in v. 208. Perhaps the editors of the earliest printed texts, who set the tradition, chose the reading *la* because they took *afrenta* to be the antecedent.

205 cuente] In G, although the variant *la* is legible, the ending of the verb is not. Since G's text is almost always the same as that of FHJ, however, and in this case all of the other printed editions read *cuento*, it is safe to assume that G also read *cuento* before that part of the line was obliterated.

208 In spite of the autorhyme, we have chosen the reading of the printed editions because, in conjunction with v. 207, it clarifies the meaning of vv. 205–6, as the speaker, having introduced the two lines with *porque*, intended. A's reading introduces a new paradox rather than resolving the one expressed in lines 205–6.

224–5 In its immediate context A's reading has strong arguments in its favor: in the printed texts, Dionisio (aside from the most recent outrage perpetrated by Leonido) accuses his brother-in-law only of having stolen from his father to pay gambling debts (or perhaps merely to have money or valuables on hand for the purpose of playing). This hardly seems to be sufficient cause for law officers (*la justicia*) to intervene without having been called in by Gerardo. It is unlikely, moreover, that he called upon the law if, as Dionisio says, he was protecting his son from the officers. A's text lists public crimes, which would have been sure cause for the intervention of law officers. (See, besides, pp. 45–6.)

In the overall context of the play, however, A's reading raises more questions than it settles. For example, it contradicts what we know by the end of the play: namely, that Leonido has killed no one except his mother. Furthermore, the phrase *tus casas*, in combination with *quitando...haciendas/...a los dueños mismos*, presents an ambiguous situation of property ownership not clarified, nor indeed even mentioned, elsewhere in the play.

226 ejercitara] Here, *ejercitar* (A's verb) fits the sense much more closely than *ejecutar*. (See *Diccionario de Autoridades*.)

235 quitarme] While *quitarle* is an acceptable reading, A's *quitarme* seems more appropriate in view of vv. 237–8 and 244.

243–68 In G, these lines are partially obliterated in varying degree.

248 le] In G the part of the line containing the pronoun is obliterated, but it is safe to assume that the reading is the same as F, H, and J. (See note, v. 205.)

285 A is alone in giving this line, omitted in the other texts. It is needed in order to complete the *quintilla* (of type 5), the strophe pattern established here.

286 Having chosen to include the preceding line, we are obliged by the sense to choose A's reading (*por pensarlo*) at the beginning of this line. It appears, though, that A's reading for the latter part of the line (*la de ésta*) is in error because, while it makes some sense, it is lacking in consonantal rhyme.

291   Following this line, all of our texts lack the two lines needed to complete the *quintilla*.

322 and 323   A is the only text that supplies line 323, needed to complete the *quintilla*, and its unique reading of *desdijera* in line 322 fits the sense best when line 323 is supplied. K–N attempt to fit the sense of line 322 to line 324 by changing the *dijera* of B–J to *indujera*.

341   fraticida,] We include this misprint because it is perpetuated.

362   si otro fueras] All of our texts except A are evidently in error. If Leonido said to Dionisio, *si no lo fueras*, he would in fact be admitting that Dionisio is honorable, whereas his intention surely is to insult him (see vv. 365–6). The sense requires *si lo fueras* or A's reading, and we have made the latter choice.

368   If vv. 369–70 are right—and all of our texts give them without a single variant—A's reading for vv. 367–8 is the only one that makes sense. The barking dog that rarely bites is analogous to the man who, instead of avenging his wrong, publicizes it and thus increases his dishonor (according to the honor code of the day, that is).

394   piensa] We have adopted A's reading in order to avoid the repetition of the verb *intentar* (see v. 396), as we think the author would probably have done.

420   rastrando.] *Rastrar* is 'lo mismo que *Arrastrar*, que es como ahora se dice' (*Diccionario de Autoridades*).

424   Sardanapalo,] 'Es muy corriente hacer esdrújulo este nombre; pero la pronunciación correcta es llana...' (Manuel Seco, *Diccionario de dudas y dificultades de la lengua española*, 4ª ed. (Madrid: Aguilar, 1966)). Moreto, in his *El valiente iusticiero* (*BAE*, xxxix, 346b), rhymes *malo* with *Sardanapalo*:

PEREJIL   Vive Dios, que es un Nerón,
          cara de Sardanapalo,
          que de sí da testimonio.

REY   Es mal hombre.

PEREJIL   Y mal demonio;
          que aun para diablo era malo.

447   We have adopted A's version because the line begins a *décima* and is therefore more appropriately made the first line of a new speech. Moreover, the reading of the other texts makes a weak—and rather improbable—final line for Dionisio's speech.

452   do se encierra] We have chosen this reading over that of the MS (A) because it is the one given by all of the printed texts and because it fits metrically. Perhaps *encerrar* is used here in the sense given by the *Diccionario de Autoridades* ('Meter y poner a uno o a alguna cosa en parte segura, para que esté guardada y resguardada'), but figuratively, referring to the fact that the props (*puntales*) enclose the building which they support.

469   We have punctuated this speech as an incomplete sentence because the subject of *haberme mandado* in v. 468 is missing. Leonido evidently interrupts Tizón. (See v. 495.)

511   Árboles,...] We have chosen this reading in spite of the authority of B–J,

whose readings disturb the *redondilla* pattern. A's reading is supported in its first and last lines by these same printed texts, and it fits into the *redondilla* pattern, but it would appear to add nothing to the sense of Leonido's ravings.

513 Diablo de Palermo,] We do not know who the *Diablo de Palermo* was, or even if there was one, but this makes a more interesting and less redundant reading than A's *diablo del infierno*. Tirso may have known who he was, for he refers to him in his *Santa Juana, Primera parte.* (See his *Obras dramáticas completas* (*ed. cit.*), I, 681.)

515 Argos] Argos is a mythological personage representing vigilance. (See note, v. IIII.)

526 Licata] Licata is located on the southern coast of Sicily, in the province of Agrigento. The present city, which has existed since before the beginning of the thirteenth century, occupies approximately the site of ancient Phintias, which was built in the second half of the third century A.D. It extends from the slope of a promontory (Poggio S. Angelo) to the final stretch and mouth of the River Salso (see v. 628). According to the *Enciclopedia Italiana*, Licata was partially destroyed and its inhabitants scattered by a Turkish squadron in 1553, but 'si ricompose tosto il piccolo nucleo communale, che dal 1570 al 1653 [the period which concerns *La fianza satisfecha*] ebbe, con notevoli oscillazioni, intorno a 6000 anime'. Because of the reconstruction begun by Philip IV, the town found new life in the second half of the seventeenth century, and by 1748 its population had almost doubled.

It is interesting to speculate about how the form *Alicata* came into being and was perpetuated. Note that B–E, although they preserve the correct form of the name in vv. 526, 534, and 627, have misspelled it in vv. 2417, 2449 and 2691. The incorrect form could have come from A's *todaLicata* (v. 2449), B–E's *junto a Licata* (> *junto Alicata* > *junto a Alicata*); a third possibility is suggested by the fact that the name of the town was usually preceded, apparently, by the feminine definite article—*la Licata*. (See *Catálogo XIX del Archivo de Simancas; Papeles de Estado; Sicilia; Virreinato Español,* por Ricardo Magdaleno (Valladolid, 1951): Legajo 1.122, No. 8; Legajo 1.157, No. 66; and Legajo 3.482, No. 7. One earlier title—in Legajo 1.118, No. 123—omits the article before the name.) (See pp. 6–7.)

531 Alidora] F's reading is undoubtedly a misprint, but it is noteworthy because it may have come about in a manner analogous to the way in which *Licata* became *Alicata*. (Cf. note, v. 526.)

534 Licata] See note, v. 526.

536 el paso] We have rejected *del Saso* (found in all of the printed editions) for several reasons. To be sure, Licata is situated at the mouth of the River Salso (see note, v. 526). The specific phrase *del Saso* (i.e. *del Salso*) would therefore seem more likely to be the correct reading, especially if one assumes that the author, much more than any editor, would have in mind the setting of the events of his own play. We do not believe, however, that the author (who knew the correct spelling of the name of the river—see v. 628 in A) would have misspelled the

name in order to achieve proper rhyme, nor does it seem likely that he would have inserted an imperfect rhyme in a *redondilla*. Moreover, Leonido, when the Moors attempt to capture him, is not asleep on the bank of the River Salso, but on the shore of the sea, or at least near it (see vv. 407–10). Marcela and Gerardo, too, are on the seashore rather than a riverbank when the Moors attack them (see Dionisio's account, vv. 2414–41, esp. vv. 2420–5). If we are right in supposing that the original reading was *el paso* (A's reading, which besides rhyming makes perfect sense), the explanation for the other reading might be that some editor (Leefdael, or an earlier one whose edition Leefdael used in making his own) reconstructed the end of v. 536—finding it illegible in the text he was copying—on the basis of the information provided in vv. 627–30.

540 Tener] We adopt A's unique reading here because Zarabullí almost always, through ignorance of Spanish, uses the uninflected form of the verb. An occasional exception occurs: see vv. 543 and 591.

544 que] In the preceding line, N has punctuated as follows: *No: creo/...*

589 Santa Mayoma] J's reading is possible because anything is possible in Zarabullí's mouth, but it does not seem probable because elsewhere the Moor uses the name correctly (e.g. v. 589). Moreover, J is, on the whole, an untrustworthy text. We have recorded the reading, nevertheless, because it is difficult to decide what is a misprint and what is not when Zarabullí is speaking. B has Zarabullí calling Lidora *Lidoro* in v. 1017 (a case we have not recorded, judging it to be one of B's many misprints); and, in v. 2514, G–J have him addressing her as *señor* (this one registered among the variants because, although perhaps a misprint when it first occurs, it is perpetuated).

628 Saso] See note, v. 536.

629 montes de Petralia] The River Salso has its origin in the Monti Madonie, in which are located two towns, one or both of which may be referred to here: Petralia Soprana (3,760 ft.) and Petralia Sottana (3,280 ft.). (See *Southern Italy with Sicily and Sardinia*, ed. L. Russell Muirhead, 3rd ed. (London: Ernest Benn, Ltd, 1959), p. 222.)

683 Jamás di la muerte a nadie;] Either Leonido is lying, or he or the dramatist is forgetful (cf. v. 2570).

761–3 In giving these variants, we have not necessarily reproduced the line division accurately, for to have done so would have yielded a needlessly complicated note.

776 dentro] *Dentro*, used as a preposition without *de*, is classified as an archaism still prevalent in the rural areas of Spain. (See Seco, *Diccionario de dudas*, s.v. *dentro*.)

781 castigará] We are unable to determine in the case of DE whether or not the faintly visible mark on the final *a* is an accent.

788 mesmo,] We leave the form unchanged because of rhyme.

794–6 A–C assign these lines to Zulema. The situation itself and the correctness of the speech, untypical of Zarabullí, make it probable that they are right in so doing.

831 A's reading of *piedra* balances the reading of *acero* found in the second half of the line in all texts including the MS. The adjective *cruel*, on the contrary, does not balance and is an awkward repetition of what is found in the line below.

834 The inclusion of *pues* after *A ti* makes the meter come out. Moreover, the repetition of *pues* is in keeping with the parallelism of the choppy dialogue and Leonido's mocking tone.

864 se me lleva] We have adopted this reading in preference to that of the later texts, in spite of the fact that the verb is singular, because the nouns in vv. 862–3 may be considered parenthetical, an elaboration of the concept expressed in *gallardo brío.*

925–8 Since the King (vv. 928–31) seems to ignore these lines completely, Leonido must speak them as an aside, as we have indicated in the text.

934 faltará] In D, the accent mark is very faint.

992 abrasará.] The sense would hardly permit the imperfect subjunctive here. Therefore, we have not recorded among our variants that in B there is no accent mark visible on the final *a* of this word.

1041 Bóreas] We have chosen this name from the many variant possibilities because Bóreas (the north wind) seems to be associated with horses, while the others, to our knowledge, are not. He is also involved with Latona (Leto) and her children (see v. 1045), a factor that also favors his candidacy in this context. (See, for example, Pierre Grimal, *Dictionnaire de la Mythologie Grecque et Romaine* (Paris: Presses Universitaires de France, 1951), s.v. *Borée* and *Léto*.)

1045 Latona,] Latona (Leto) was the mother of Apollo (god of the sun) and Artemis. The reading *Hiperión* would also fit, since that titan was the father of Helios (the sun). Latona and her children, however, are associated in mythology with Bóreas (see v. 1041 and note).

We suspect that *Hiperión* may have been supplied by the editor of K, who rightly identified as sheer nonsense the reading *Catón* in one or several of the editions that we call F–J. *Catón*, in turn, seems to be a mindless and careless misreading of the *Latona* of the earlier texts.

1064 Palinuro;] Palinurus was the pilot of Aeneas' fleet, who, overcome by sleep, fell into the sea and had to swim ashore, where he was killed by the natives (see the *Aeneid*, Books v and vi).

1073–6 gente cruzada] Knights of the Order of the Hospital of Saint John of Jerusalem. During its tenure of Malta (1530–1798), the order was known as the Sovereign and Military Order of the Knights of Malta. (See v. 1087.)

1100 The reading of B–N seems unacceptable: Zulema apparently does not really hear the 'game' he is hunting; he only imagines that he does.

1104 arrullos, argullos, orgullos,] *Argullos* would appear to be a misreading or 'mis-hearing' of *arrullos*. *Argullo* was an old form of *orgullo* and was referred to as antiquated in the first volume of the *Diccionario de Autoridades* (published in 1726). Perhaps the appearance of that volume had something to do with Riego's 'correction' of the misreading *argullos* to the 'preferable' form *orgullos*. (See the *Diccionario*, s.v. *Argullosamente, Argulloso,* and *Orgullo*. By the time the volume containing the latter word appeared (1737), the academicians merely mention that Covarrubias derives the word from Latin *Arguo* and give his reasons for the derivation.) (See p. 10.)

1111 las hojas ojos,] An obvious allusion to the same Argos mentioned earlier (vv. 515–18), where the concept is almost identically expressed: *si las hojas hacéis ojos*. Line 1111 is another case that argues for the frequently good authority of A, in spite of the fact that so much of it is obviously defective. It is also interesting that I, a text that is often unreliable, is the only one of the printed texts whose reading is identical to that of A.

1161 caro] We have chosen *caro* on the authority of A. The reading *cara*, however, offers interesting possibilities as a play on words. (See vv. 1162 and 1164.)

1295 ha ya] In B, because of poor spacing, this looks like *haya*.

1333 Agradecérselo] The print is not very clear here in B, but there is little doubt that the fourth from last letter is a long *s*, rather than a *t*.

1336 tu] We include N's version because it may be a misreading or a mis-interpretation, rather than merely a misprint.

1379–80 insolencia;/...vergüenza] N has a note to v. 1380: 'Falta la rima.' Note that A reads in v. 1379: *que fue grande desvergüenza*. Perhaps the line originally read *vuestra muy grande desvergüenza*.

1405 l moro] This is an example of B's wretched printing job. Perhaps it explains how *al moro* became *el moro* in most later texts, a reading which, in turn, explains the *ha* of H and J. In these, Tizón is so hungry that the Moor is going to eat *him*! (See pp. 7–8.)

1409 he] B definitely reads *he*, although the *e*, being defective, is difficult to make out. We believe it is a misprint, however, rather than a misreading of an earlier text, and we include it only because it makes misleading sense.

1445 señora,] We include B's reading here, even though it may well be a misprint, because it could be a misreading: B's editor may have thought Lidora was addressing Marcela here because of the change from second person plural to second person singular. (See vv. 1436–7 and 1440.)

The line that all texts but A insert after this line is unnecessary and interrupts the *redondilla* pattern.

1524–5 If Lope wrote *La fianza* 'partly as a reaction to [Miguel] Beneito's play', *El hijo obediente* (see p. 26), it would be logical to suppose that the line 'un sacrificio al revés' is an allusion to that play. It seems more likely, however, that it is a direct allusion—by grotesque analogy—to Abraham's intention of sacri-ficing his only son, Isaac, in obedience to God's command (*Genesis*, XII). Marcela can say that the 'sacrifice' which Leonido's actions represent in this analogy is upside down in the 'cause' and in the 'agent' ('ministro') because *dis*obedience is the cause here, and the roles of father and son are reversed, the father having become the sacrificial victim.

These remarks could be considerably extended, if we were to comment, in the light of the analogy drawn and of others evoked by it, on the similarity of terminology between vv. 1519–25 and vv. 2240–7: e.g. 'ministro', 'lobo', 'oveja' ('cordero'), 'registro' (verb and noun). The occurrence of such metaphorical linkage between separate scenes and between action and theme legitimizes speculation regarding what the play might have been or what it was, perhaps, before falling into the hands of a series of play directors and editors who were unaware of or insensitive to such niceties.

1566–81   On the principle that lines are more likely to be lost than new ones added in the transmission of texts, we have chosen to include these 16 lines rather than adopt A's reading, which offers only 10 lines. The pattern of *décimas* established from v. 1486 on, however, almost certainly means either (1) that instead of vv. 1576–81 there should be 10 lines forming a *décima* (vv. 1577–81 form a *quintilla* of type 5, which would be the second half of the *décima*), or (2) that there are extra lines. A's reading resolves the metrical difficulty and is more intelligible. Instead of our lines 1566–81, A gives the following reading (Lidora continues speaking):

> según su vil proceder;
> que en este punto le dan
> a quien rindiere [a] Argolán
> a Lidora por mujer.

BEL.   (Mía Lidora ha de ser;
   que lo merece mi fe.)   *Vase.*

ZULE.   (De Lidora gozaré;
   que mi valor lo merece.)   *Vase.*

LIDO.   Buena ocasión se me ofrece,
   pues que la gente se fue.

(We have normalized spelling and punctuation and supplied *a* in the third line.)

1593–4   The readings we have adopted for these two lines fit the rhyme of the *redondilla*, but v. 1593 is long unless *traer* is treated as monosyllabic. Likewise, v. 1594 is long, unless, perhaps, Tizón pronounces *quieres* as *quies* as he does in vv. 128 and 162. A's lines (q.v.) are right for length, but they yield less than perfect rhyme.

1617–18   para la memoria/pasas:] In Cervantes' *El casamiento engañoso*, Campuzano explains how he managed to remember and write down on the following day almost word for word all that he had heard the two dogs say: 'yo estaba tan atento y tenía delicado el juicio, *delicada, sotil y desocupada la memoria (merced a las muchas pasas y almendras que había comido)*' [italics ours]. In a note commenting on this passage, F. Rodríguez Marín quotes from Fr Francisco de Osuna's *Sexta parte del Abecedario espiritual* (Medina del Campo, 1554): 'Bien sería en el caso presente buscar algunas cosas que ayuden a la memoria. La primera es guardarse de cosas húmedas, y comer cosas secas, como son *pasas y almendras* [Rodríguez Marín's italics], porque las cosas húmedas engendran muchos vapores que suben a la cabeça y turban la memoria' (*Novelas ejemplares*, II (Madrid: Espasa-Calpe, 1952), pp. 206–7, and p. 206, n. 7).

1625 Another case where A is shown to be a better text. The printed texts, without exception, read *carne*, instead of *cabra*, thus putting *carne* in this line in contrast with *carnero* two lines below, which is no conceptual contrast at all. (In any case, see v. 1629.)

1655 lueño] Although this was certainly a misprint when it first appeared in D, it became a perpetuated error when it reappeared in E. Hence we have included it as a variant.

1688–91 We are unable to make sense of this incantation, but, since it is an incantation, there is probably no sense to be made of it.

1688 ardúa] This word, in its five occurrences in the printed editions (vv. 1688, 1690, 1704, and 1708), is spelled *ardúa* or *ardua*. In its six occurrences in the manuscript (vv. 1688, 1704, 1708, 1712, and 1713)—plus the reading of *arto a* in v. 1688, which looks like a misreading of *ardoa*—the word is spelled *ardoa*. We would have adopted the reading *ardoa* throughout were it not for the fact that *moscardúa* in v. 1691, a line missing from the manuscript, seems to require the reading *ardúa* to keep the pattern of consonantal rhyme of the *redondillas* established here.

Having adopted the reading *ardúa* for the word in Tizón's speech, we would have adopted it also, for consistency's sake, in the cases where Zarabullí uses it, but for the fact that the spelling *ardoa* is needed in v. 1713 to rhyme with *proa* of v. 1714. (V. 1713, like v. 1712, is missing from the printed editions.)

The difference in spelling—it can be easily argued—reflects Zarabullí's difficulty in imitating new sounds, which, together with his imperfect knowledge of Castilian morphology, characterizes him here and throughout the play.

We have not thought it significant enough to include in our variants the cases in which certain of the printed editions omit the accent mark on the *u* of *ardúa*; it seems rather clear that *ardúa* is what Tizón was intended to say, however, because of the fact that Zarabullí's *ardoa* derives from it.

1710 que ha respondido;] This is our reading, composed for the purpose of correcting the line found in A so that it will rhyme with the preceding line and make sense with the following one.

1716 cristiano!,] A, whose line we have adopted here, really reads *castaño*, as it does in every case where Zarabullí tries to say *cristiano(s)*—in vv. 527, 541, 591, 1021, 1395, and 1653. This, however, is the only one of the seven lines that we have chosen from A. The dramatist may have intended to have Zarabullí say *castaño* for *cristiano*, but we think not, because it would have made imperfect consonantal rhyme not only in this line (1716) but in three others as well (527, 591, and 1021).

1719 We have adopted A's reading of this line except that we have changed *secilianos* to *siciliano* for the sake of consistency (see v. 1024), rhyme (with v. 1716), and sense (i.e. Zarabullí is referring to Tizón, one person).

1720 We have adopted A's reading of this line with the exception of *encerrados*, which we have made singular both for rhyme and sense. (Cf. v. 1719.)

1727 Tizón has promised Zarabullí that by pronouncing the incantation he will see Mohammed. Therefore, A's reading of this line is the only one that makes sense. Tizón refers, of course, to the skin of wine that he holds in his hand. (See st. dir. following v. 1713.)

1728   We have adopted *hacer* from A (instead of the *os haré* of the printed texts) because Zarabullí almost always uses the infinitive form of verbs (cf. note, v. 540). But we have not chosen A's *Zara* (instead of *Yo*) because, even though the Moor might have used it instead of *Yo* (as a short form of his own name), there is no other passage in the play in which he does so.

1732–4   These lines, and lines 2248–51, suggest that considerable time has elapsed between the end of Act II and the beginning of Act III.

1739–81   Since few twentieth-century readers of *La fianza satisfecha* have had access to any text other than the Menéndez y Pelayo edition (N), it is worth calling attention to these 43 lines, whose lack deprived the play of much of its value. They give some account of what has happened since the end of Act II (vv. 1757–61), and, more importantly, they expand the moral commentary on Leonido's actions, thereby sharpening the thematic focus at a strategic moment (vv. 1739–56). The contrast between the *creer* of v. 1739 (where it means 'trust') and the *querer* of v. 1749 constitutes the nucleus of this interpretation of Leonido's conduct.

1782–95   The dramatist has apparently tried, in this echoic sonnet, to fit Christ's words into Leonido's discourse in such a way that they complement it. It is not until v. 1789, with Christ's *Calla*, that his words intrude on Leonido's consciousness. Christ's *Tiene* (v. 1790) could be understood as an answer to Leonido's question (and we have punctuated accordingly) or as the first word of a sentence finished in v. 1791 by Leonido. *Nada* (v. 1791) interrupts Leonido again and enrages him. Christ's *Espera* can be understood both as His command (and we have punctuated it as such) and as Leonido's, beginning a threat which he continues in vv. 1793–5.

While the dramatist's attempt was not altogether successful—because the sense of the discourse itself is not altogether clear—his purpose seems to have been to suggest that Christ is Leonido's conscience and that Christ's words are Leonido's thoughts. The spectator or reader is thus prepared for the apparent suddenness of Leonido's conversion following his recognition of Christ.

1784   a grado,] We have separated the *a* of the *agrado* found in all of the printed texts (A does not include the line), because *agrado* makes no sense in the context. Our reading, on the other hand, is based on a supposition for which we have been unable to find adequate documentation. We believe that, at the time when the play was composed, *grado*, meaning *voluntad* in the sense of *gusto*, may have existed as a word in its own right, and not only in set phrases. (See Sebastián de Covarrubias, *Tesoro de la lengua castellana o española*, s.v. *grado*). J. Corominas says that *grado* meaning *voluntad* or *gusto* is 'frecuente desde los orígenes del idioma..., aunque pronto su uso tiende a quedar limitado a ciertas frases: *grado al Criador, hacer algo de grado o de buen grado, mal de su grado*, etc...' (*Diccionario crítico etimológico de la lengua castellana*, II (Madrid: Gredos, 1954), s.v. *grado*).

1793–5   We have changed the arrangement of the lines in the texts we have consulted in order to establish our reading, since they turn out to be the final tercet of the echoic sonnet. Professor J. H. Arjona, who owned a copy of volume v of the Academy edition of Lope's works formerly belonging to Antonio Restori, kindly let us know about the corrections which Restori had inserted in the margins of *La fianza satisfecha*. Restori's marginal notes suggest that he had at hand a copy of K, perhaps other texts as well, but we think that in these three lines he used his ingenuity to arrive at the following reading, instead of finding them in some text:

> ¡Qué, por el cielo santo! que si viene
> quien fuera aquí con una bofetada
> he de obligarle que a mis plantas muera.

Except for punctuation, Restori's line 1793 is the same as ours, and in every respect his line 1795 is the same as ours; the only line in which Restori differs from our chosen text is 1794, and only in the first half of that line (*quien fuera aquí*) does he differ from any text that we have seen.

1813 In our opinion, none of the texts we have used offers a satisfactory reading of this line.

1828 This is another case in which A's reading is unquestionably superior to that of the printed texts: *en firme amor deshecho*, the reading of B–N, is illogical.

1854 Dejadla] Notice that, whereas *Déjala* is obviously correct, every printed edition except M has repeated the erroneous *Dejadla*.

1868–9 The *Qué* of v. 1868 could be read as a relative pronoun: *¡Ay, hombre, que engañado/vives, mira por ti!;...* A's reading, however, which omits *que*, favors our punctuation.

1884 Marco Craso] Marcus Licinius Crassus was called 'the Rich' (*Dives*). He, Pompey, and Caesar formed the First Triumvirate in 60 B.C. One of the means by which he amassed his tremendous fortune was by lending money. (See *Harper's Dictionary of Classical Literature and Antiquities*, ed. Harry Thurston Peck (New York, 1898), s.v. *Crassus*.)

It is easy to see how the variant reading *Creso* came to be, for Croesus, the last king of Lydia (560–546 B.C.), was also famous for his wealth. The alchemist in Cervantes' *Coloquio de Cipión y Berganza* complains that it is only for lack of a Maecenas that he is not 'manando en oro, y con más riquezas que los Midas, que los Crasos y Cresos' (*Novelas ejemplares, ed. cit.*, p. 332).

1916 tocarle] We are unable to discern whether the final letter in B is an *o* or an *e*, but we believe that it would read *e*, like C–J.

1936 encontrada] This was certainly a misprint when it first appeared in K, but the fact that it appears again in two later editions done by different publishing houses is not without interest. (See also p.4, n.1.)

1950 indino] We have not modernized the orthography in this case because of the need for consonantal rhyme. (See p. 13, and note, v. 1959.)

1956 Pilatos!;] *Pilatos* is only a spelling variant. It has consonantal rhyme, however, with the K–N variants of vv. 1952–4, which together with v. 1955 form a variant group. Therefore we include it.

1959 dinas] As in v. 1950 (*indino*), we have adopted the spelling (found in most of the editions consulted) which fits the consonantal rhyme, parting from our own norm of modernizing orthography and rejecting earlier attempts at modernization such as that of F.

1970 da] In B, this looks like *di*, at first glance; but on more careful inspection, the second letter almost certainly is the right edge of a broken letter *a*, which, with an accent mark, resembles an *i*.

1987 The stage directions following this line are ours.

2011 We include the variant readings of B and C, even though they are surely misprints, only because there seems to be some cause and effect relationship between them.

2012 This is the first time since Act I (v. 763) that anyone has addressed Leonido by his given name. Christ calls him by that name several times throughout this speech (vv. 2016, 2048, 2056, 2057, and 2060) and once more after Leonido's confession (v. 2105). Leonido himself then uses his own name (v. 2248).

2078–9 These lines reflect the same notion of Christ as is found in the anonymous sonnet 'A Cristo crucificado'. For a discussion that traces the development of this notion during the sixteenth century in Spain, see Marcel Bataillon, 'El anónimo del soneto "No me mueve, mi Dios..."', in his *Varia lección de clásicos españoles* (Madrid: Gredos, 1964), pp. 419–40.

2110 refrenallo] F, our basic text, reads *refrenarlo*, which we change to *refrenallo* to meet the requirements of consonantal rhyme.

2148 In the printed texts, Leonido repeats Christ's words of the preceding line. We have chosen A's reading of v. 2147 on our constant working premise that the MS, when it does provide sensible readings, is worth following. A breaks down metrically in the lines following v. 2147, however, and its reading is therefore unacceptable. The metrical deficiency is remedied by positing a line which, by analogy with the printed texts, repeats v. 2147.

2152–215 This is a gloss in *octavas reales* of an *octava real*. (See pp. 33–8.)

2155 turbado] Besides being technically a more specific and appropriate word than *burlado*, *turbado* affords a natural—and rather good—pun in combination with *turbante* (v. 2154).

2164 cuenta] Because in this line we depart from F, our basic text, we register among the variants its omission of *cuenta*, even though such omission is classifiable as a typographical error.

2165 es] The inclusion of F's reading of *es* among our variants is a case analogous to that explained in note, v. 2164 (q.v.).

2219 N has a note to this line: 'Verso manco.'

2237 las sogas.] We adopt this reading on the basis of the length of the line and because all of our texts (except A, in which the whole passage is missing) read *ellas* in v. 2239. (The word in question is plural also in v. 2202, but singular in vv. 1978, 2203, and 2265.)

2240–7 Cf. vv. 1519–25, and see note to vv. 1524–5.

2248–51 Evidently Leonido has made good his threat to defeat Belerbeyo's forces single-handed. (See also vv. 1732–4 and note.)

2260 en la voz feroz hïena] *Hïena* fits the rhyme and the reason: 'De esta fiera han fingido los Poétas, y creido muchos, varias propriedades, como que imita la voz del hombre, y le llama à lo retirado para comersele,...' (*Diccionario de Autoridades*); the source is Book VIII of Pliny's *Natural History*: 'Multa praeterea mira traduntur, sed maxime sermonem humanum inter pastorum stabula assimulare nomenque alicuius addiscere, quem evocatum foras laceret.'

2288 escuche,] Among our variants we include this word because it is a perpetuated misprint.

2323 mesmo —] Because of the requirements of assonantal rhyme, we have not normalized spelling to *mismo* here.

2355 F, our basic text, has *Vase* too soon (referring to Tizón).

2386 tanta] B appears to read *tantas*. The character following the second *a* of *tanta* resembles an *s*. We are unable to decide whether it is a misprint, a misreading, or a misinterpretation caused by imagining *lágrimas* to be the antecedent.

2426 descuidado,] We include B's reading because it could be more than a misprint.

2448 cabellos,] In B, the final letter is not clear, but it is almost certainly an *s*, although it could be a colon or a semi-colon, either of which would be unlikely as punctuation here.

2449 Licata] See note, v. 526.

2478 Considero] B's reading may be something other than a misprint.

2509 yo una hija] We eliminate *y*, as the sense seems to require.

2514 señor,] Cf. note, v. 1017. G's misprint is perpetuated in H–J.

2570 Cf. v. 683.

2582–3 descomedida/osa,] A's reading seems the most plausible, but we have changed the line division. A reads: ...*descomedida osa/y volvíme*... Rhyme and meter are favored by ending the first of the two lines with *descomedida* and beginning the second with *osa*.

2610 no difiera] We include the reading of BC because it seems to perpetuate an error found already in A (q.v.). Likewise, E perpetuates D's misprint.

2641–2 We eliminate the two lines inserted between these two by all of our texts except A. The two lines are superfluous and break the strophe pattern (alternating *quintillas* of types one and five).

2732 que la papen duelos.] Cf. Martín de Riquer's edition of the *Quijote* (Barcelona: Juventud, 1958), p. 161: '...y los escuderos, que se los papen duelos', which Riquer explains in his note 6: 'Y a los escuderos se los traguen las penas.'

2735 The subject of *desprecie* would appear to be Belerbeyo and not Argolán, contrary to what the editors of K–N thought. A's reading, which we have adopted, makes this clear.

2784 Dámelos, pues;] We have adopted A's reading, except for making the verb singular. These words refer to v. 2778. It is not likely that Gerardo would ask for his son's feet here (as B–N would have it), when he has asked him for an embrace a few lines above.

2799   todo,] In BC this may be something other than a perpetuated misprint.

2827   alcanzaras] D reads *alcanzarás*. This is either a misprint or a misreading.

2846   cuando quieras] A's reading, *cuando mueras*, fits very well, of course.

1 TIZÓN Yo no sigo tu vïaje.]	81 rastro] rostro
Inserted before this line:	82 viendo...fama,] *om.*
LEONIDO ¿No llamas?	88 crüel] infame
5 es] *om.*	98 pagarla] pagarlo
7 porque] por	100 cobrarla] cobrarlo
13 el tuyo es:] es el tuyo,	102 eso] esto
13 ¿no sabes, pues,] pues no ves	104 su] la
14 cuán bien] cómo	105 a] *om.*
14 lo] le	110 ¡Matadle!] *Assigned to Leonido.*
16 pídamelo] me lo pida	110 Menos rigor.] *Assigned to Tizón.*
17–24 Dios...despeñadero.)] *om.*	111 Leonido;] Dionisio;
25 LEONIDO ¿No llamas?] *om.*	116
25 TIZÓN No; que esperaba]	119 y] *om.*
TIZÓN No llamo, porque	122 te] se
esperaba	125 tu] la
26 por] *om.*	128 quies...Elema?] sigues tan bel-
26 el] tu	laca flema?
29	130 que] *om.*
30 este furor] tu favor	137 Pues,] Que,
33 y,] mas,	137 a fe] a ti
35 quiero] intento	138–40 que...pie.]
37 que...maltrata,] *om.*	según el pueblo te trata,
42 ni...gusto;] ni su lengua me da	que te han de ver en Licata
gusto;	dar bendición con el pie.
43 sí] sino	145 a] *om.*
43 es mi gusto] gusto	149 Tizón,...reparas?] *om.*
45 Espérame; volveré.] Yo me voy;	152 la] le
espérame.	155 más que] más de
51 Aunque] Cuando	160 honrará.] honrarás.
61 y a quien] ya que en	162
62 o] y	165–8 Eso...vos.] *om.*
62 estrague,] ultraje,	172
69	178 Escucha] y escucha
70 tal] tanta	186 que] pues
71 que mi] que a mi	188 lo] le
73 entra] entró	191 es...Nerón,] ese en crueldades
75 sigues] vas tras	tirano,
78 él] *om.*	192 y Heliogábalo] ese engolfado
79 hubo ocasión] ocasión vía	193
79 de] del	198 de] en los

199 sacian] hacían
199 pecados,] pedazos,
201 ése,] éste,
203 su] la
208 yo a mí mismo —] sin decirlo —
213 Imaginé] Yo imaginé
215 engañéme,] engañóme,
219 su] la
224-5 vacíos,/hubieras,]
              vacíos,
  si, cuando escaló tus casas,
  cometiendo latrocinios,
  quitando vidas y haciendas
  a un tiempo a los dueños mismos,
  hubieras,
244 sin manchar tu honor,] tu honor,
      sin manchar
247 su] la
247 espada,] daga,
248 rostro] pecho
251 faltarle] faltas de
257 Llego,] Llegué,
257 entrar] llegar
257 encuentro] encontré
259 las voces,] la casa
260 fingido riso.] fingidos risos.
261
268 espuelas] espuela
268 ha] le ha
269 Quise seguirle...] *om.*
269 LEONIDO Detente;]
    LEONIDO ¿Adónde vas?, di.
    Detente;
275 pretendió] pretendí
278 sí] mas
283 la sacara] sacaré la
286 la diestra] la de ésta
291 con...traza] mi soberbio valor
    traza
292-6 yo lo hice,...conseguido.]
    om.
297 sabéis] sabes
302 Si] Y
303 eso] que eso

306 cuanto] cual
306 el agravio] este agravio
307 viste] vistes
308 en...padre] en mis tiernas
    mocedades
319 diesen] otorguen
319 libertad] lealtad
220 para...intentaste?] *om.*
327 fiero?;] era?;
331 infiero] infiel
341 fratricida,] fue atrevida,
343 a su cuenta] por su cuenta
344-5 el castigo...todo;]
    de tal modo que una vez
    y el castigo lo paguéis todo;
350 y...acorta.] pues todo muy
    poco monta.
351 exhorta] exhortar
353 su] el
354 pasó;] pudo;
354 que] pues
355 y] que
359 esté] que esté
363 te viera,] estuviera,
365 hago] hice
371 Muy...cuadra] *om.*
375 aquesta vil] esta débil
376 osadía.] porfía.
378 alma...exenta!] *Assigned to*
    Dionisio.
378 razón] raíz
379 La venganza...cuenta.] *As-*
    signed to Leonido.
381 castigaré este arrogante.] *om.*
383 cuando] con que
383 obscureces,] aborreces,
388 defender] de defender
388 a mi] el
391 se mitigue] se me sigue
396-7 recelo./DIONISIO. ¿Quién]
              recelo.
  GERARDO ¡Castíguete Dios del cielo!
  DIONISIO ¿Quién
400 dejo] dejé

401–6 porque...daga.]
  porque, como a mí me agrada
  hacer a su sangre infiel,
  será su pecho papel,
  y pluma será esta daga.
407 verle] verlo
411 ingrato fiero,] hijo cruel,
412 tome] por su
413 la] lo
418 ello] ella
423 tan] este
424 infame Sardanapalo,] *om.*
427 lanzan] alanzas
431 tus...abalanzan;] de tus
  palabras leales,
439 un hijo] y un hijo
441 amar] amor
442 veas,] creas,
444 hombros] brazos
451 esos] tus
452 do se encierra,] de leal sierra,
454 cuando...forceja,] la sacarás de
  torpeza,
457–61 Vamos...corrija]
  Vamos a ver a Marcela,
  tu esposa; que me da pena.
DIONISIO En verte estará ella buena.
  No te aflijas; que tus canas
  traen a los ojos las lágrimas.
458 y a] *om.*
464 mi] un
466
467 ofenderte,] afrentarte,
470 Tizón,] tú
470 puedes] bien puedes
474 ¿qué...cegó] ¿quién demonios
  te engañó
477 es] está
480
481 ven] vuelve
482 di a aquel] dile aquel
489 y] *om.*
490 con menos rüido] él fuere
  servido.

491 pudiere.] *om.*
493 muero] necio
496 notar] notarle
499 place.] aplace.
500 Plegue] Pregue
502 Baco a surtir:] vuelvo a sufrir;
503 puesto que] pues
503 tan] harto
504 sueño] puesto
506 he de ir] voy
510
511 Árboles,...menear]
  Prestad sombra, verde Mayo,
  con algún piadoso celo
  a un fiero azote del cielo,
  y de los infiernos rayo,
  y si se osaren menear
513 soy] seré
513 de Palermo,] del infierno,
514 tengo de] sabré yo
515–22 Sed...favores.] *om.*
523 a] *om.*
524 sicilianas] secilianas
526 junto a] junto
527 cristianos,] castaños
528 y] e
532–3 haya...paso.]
  lleve cristianos, no acierto
  a quitarme de este puesto.
533–4 ZULEMA Ya...ahora] *om.*
535–40 mira...tiempo.] *Continuation of the King's speech begun in v. 529.*
538 venir] salir
541 cristiano] castaño
541 esforzado,] es forzado,
542 dar a] dará a
543 ¿Ya temes,] No temas,
543 No creo;] No temo
544
545 valer] vale
547 y] *om.*
558 hago] haré
559 hacéis] habéis de

561   os] yo os
562   a esotra] de la otra
569   quitaron] quitastes
574   este] a este
575   aquí...valgo.]   agora veréis
      quién soy.
575
576   REY ¡Muera, Zulema!]
      REY ¡Muerto soy!
576–8 LEONIDO Llegad,...galgo!]
      om.
581   te ha hecho, Tizón,] ha hecho a
      Tizón
582   turcos] perros
586   la cabra con alcuzcú.] cabra,
      higos, alcuzcuz.
588   pudiera] pudiese
589   ayudarme!;] ayudadme!;
591   ¡Válgate] ¡Válate
591   cristiano!] castaño!
592   ¡Oh,] Y
597   TIZÓN ¡Oh, sea muy bien
      venido!;]
      TIZÓN (El diablo aquí le ha
              traído,
          mas mostrémosle
              valor.)
          ¡Sea Uzé muy bien
              venido!;
598   ya lo estaba] aquí le estoy
599–603 ¿Quién...desdichado!] *om.*
604   me rendí,] me he rendido,
606   de] a un
607   puedes] puedo
607   has sido] he visto
610   brazo] valor
612   el serlo a pena arguyo,] serlo
      pena arguyó,
614   ya de serlo me alabo.] toda mi
      dicha alabo.
618   mi] a mi
619   si] pues
622   Beba, galgo,] Beba el galgo,
628   da] le

629   Petralia] prestabia
637   cubrirse la cara] reñir con la
      tierra
639   horrible] horrenda
640   el] en
641   dieron] fueron
642   miedo.] miedos.
643   la isla,] las islas,
646   arrojó rayos y] arroja rayos
      de
647–50 El Etna...el suelo.] *om.*
651   Bramaba] Bramó
651   y las rocas] hieren las olas,
652   bramaban] y fueron
652   tanto] tal
653   en oyéndolas] pensó toda
654   su fin tuvo] llegar su fin
655   en fin,] al fin,
661   le] *om.*
665   de aquella] aquella
666   más...alimento.]   que no del
      viril sustento.
667   En fin,] Al fin,
671   el] este
671   en tal grado,] tan grande,
675   para] paró
677   oír] decir
678   eran...pechos.] temblaban
      todos sus cuerpos.
682   el infierno.] los infiernos.
684   a] *om.*
684   afrento;] he muerto;
688   porque] pues
688   sé de cierto] se ve, y es cierto,
694   mil...pecho.] dejé sin alma su
      cuerpo.
698   de] por
699–700 misa,/porque]
              misa,
      y de suerte la aborrezco,
      que para hacer dello escarnio
      nunca me vide en el templo,
      porque
705   dejé] dejo

707 Intenté...hermana] Mi misma
    hermana intenté
710 a hacerlo,] A Zello,
717 dicen es] dicen que es
718 de] en
720 bajo] entre
720 y sospecho] y los pechos
725 por] en
731 Noble y valiente] Fuerte y
    gallardo
735 aunque] que, aunque
735 el ser cautivo siento,] siento el
    ser captivo,
736 por] en
736 me alegro,] me huelgo,
738 que ser] que en ser
741 pidió] pide
742 que, aunque] por quien
745 y] que
746 es] *om.*
746 flacos sujetos.] flaco sujeto.
755–6 E yo...respeto.]
    E yo saber el temor
    e tener a vos por respeto.
757 lo] le
758 dirá] sabrá
760 No quererlos.] No los quiero.
761–3 Parta...Leonido.]
    Parta Zulema, Leonido,
    y diga que en Túnez preso
    quedo en tu poder, si gustas.
764 viento.] un viento.
766–72 Sabe,...Belerbeyo.] *om.*
776 que dentro este lienzo tengo.]
    que traigo en este pañuelo.
780 jamás beberlo;] que no le bebo.
781 que castigara Mahoma] ¡Alá te
    guarde, Mahoma!
782 este] Éste es
785 dando] dar
793 verás,] lo verás,
794–6 Yo desnudarme...dueño.] Yo
    vestírselo pretendo. (*Assigned to*
    Zulema.)

799 Gran] Grande
801 Pues, vete,] Vuélvete,
804–6 del bautismo,...Mahoma.]
    om.
809 a llevar de ti.] a llevarla yo.
810 y] *om.*
810 cautivo.] mi cautivo.
811 más...nueva.] digo que las
    llevo.
813 Leonido.] amén.
817 allá,] allí
817 mientras viva,] me verás
818 soy] ser
821 Partamos,] Vamos, pues.
821 y esta anguarina,] Esta ropilla,
827 una por una;] una por otra,
828 que] y
829 No hay detener.] No me porfíes.
833 te quiero.] te quiero bien.
836–8 ¿Y por...Jamás.] *om.*
839 Necia estás.] No soy tal.
840 Oye, mi bien.] Pues, atiende.
840 Quita,] Calla,
841 ¿No te...hermosura?] *om.*
842–56 No; porque...mi estrella.]
    que es tan acerba mi suerte
    por Mahoma, en quien adoro,
    que te aborrezco, e ignoro
    la causa de aborrecerte.
857–60 Confieso,...por qué.]
LIDORA Yo de mi pecho daré
    fuera de varios tesoros;
    que, aunque me cansan los
    moros,
    te estimo, y no sé por qué.
862 la belleza,] y tu belleza,
863 la gentileza —] y la sutileza —
866 la] a la
870
871 el mundo;...hombre,] no digo
    cualquiera hombre,
877–81 Aunque...Argolán!] *om.*
882 la ley a un rey?] de un rey la ley?
883

884 ¿Cómo...vi] ¿Pues, no te vi
887 te...galán?] *om.*
891 mío] más
891 traía] te traía
892 un] a un
893 yo] *om.*
896 el] al
896 no] *om.*
897 Ya sé] Y eso
897 recreas,] recelas,
898 y a quién con tu amor] y aquese amor
899 ¿Es] ¿Y es
904 un] a un
905 Y] *om.*
911–16 y a la cara...soberano;] aunque con fingido dolo me lo dijera su cara, y con poder soberano, según le tengo el amor, sin consentirlo, señor, luego le diera la mano;
917 y si...prueba] y jamás mi amor no prueba
920 es] *om.*
921 traer traje] traerle de
925 hallaras,] hallarás,
927 tu] mi
930 esa] esta
932–3 se cansa;...primero] se cansa, porque primero
934 le faltará luz] faltará la luz
940 duras] puras
941 y] *om.*
941 dejará] dejara
944 aquesta] aquesa
947 gran] grande
948 darán.] serán.
949 traza, manda,] manda, traza,
954 No reino yo] No, rey, no
954 en] con
959 sacándote] sacando la
963 y así...dar] pues yo mismo habré de dar

968
972 canta,...gallo.] canta en abril el buen gallo.
974 tu] la
978 ¡Ah de...Lidora!] *om.*
979 ¿Quién...ahora?] ¿Quién altera el cuarto así?
983 yo,...amistad;] *om.*
989 mostrará] mostraré
990 brazo] esfuerzo
991 cien mil,] mil,
992 abrasará.] abrasaré.
997–1000 ¿Qué dices?...Si ése] *om.*
1001 es] A
1004 lo cual] cuando
1004 inferir] inferirte
1008 quien] la que
1008 detenerme] tenerme
1009 y a] *om.*
1009 ira] furia
1013 con] por
1015 le] te
1016 la tuya] tu vida
1017 Dar a mí] Dame
1017 Lidora.] señora.
1021 y] e
1021 cristianos] castaños
1022
1025 Pompeyo.] pan pelo.
1026 es] *om.*
1029 Y tú,] Y a ti,
1029 las plantas] a tus plantas
1030 en...mía] *om.*
1031 pon] pongo
1033 no] me
1037 Lidora hermosa,] hermosa Lidora,
1038 cogió] plegó
1041 Bóreas] Boates
1042 caballos] frisones
1043
1044 huyesen del mundo;] viesen el mundo;
1045 Latona,] la fona,

1047 los antípodas,] las antípodas,
1047 muestra] muestran
1048 rubio,] orrulo,
1050, los] sus
1051 sauces] anzes
1052 al sol] altos
1054 tu gusto] el tuyo
1056 conducto.] zendulto.
1057 africanos moros,] moros
     africanos,
1058 playas] plazas
1060 hidrópico] hidóprico
1062 al paso] al punto
1064 fue Palinuro;] fue a poner luto;
1065 aunque] en
1065 despierto,] dispierto,
1068 como...junto,] como en César,
     era justo.
1069 y] *om.*
1071 embestimos,] embistieron,
1075 a] *om.*
1076 mostrar] muestran
1076 supo.] suyo.
1080 a Neptuno.] Neptuno.
1084 mi] este
1086 y seguro el agua] y llegar al agua
1087 en Malta lo] mi altivo
1088 no...muros.] me dejaron ir
     seguro.
1092 veloz] velo y
1099 a tiento] a tiempo
1103 donde las aves] que sólo aves
1118 tributo] el tributo
1119 pagó] pasó
1120 difunto.] de luto.
1122 al] el
1124 dieran] dieron
1125 les] lo
1127 emprendiendo] en prendiendo
1129 Murió el uno,] Maté al uno,
1129 y] *om.*
1132 tanto] tanta
1135
1138 rudo,] rico,

1141 Hasme dado] Dísteme
1141 tal] tanto
1142 tu] tal
1144 sean mis brazos] que mis brazos
     sean
1145 del...vencimiento.] *om.*
1149 en tan breves] con tan buenas
1150 toda mi historia has pagado.]
     como has dicho me has pagado.
1152 en eso poco] aquí en lo poco
1153 dando...conocer] por lo cual se
     deja ver
1155 lo] *om.*
1155 vencer.] merecer.
1156–60 A quien...esconde?] *om.*
1161 veis] ves
1162 cara] presa
1163 a] en
1163 apuesta.] apresta.
1166 siniestro] se muestra
1168 hice,] y él,
1171 es justo] el gusto
1172 lo que debe ignora] lo debe
     ignorar
1174 en darla a Lidora] en Lidora dar
1176–92 Ella está...imprimo.] *om.*
1195–6 ofrezco:/recíbelo,]
                    ofrezco,
     porque os quiero como a primo:
     recibidle,
1197 sino] mas
1204 me honráis,] pagáis,
1205 vos] ella
1211 haremos] hacemos
1220 ha...palo;] la dan aquí como a
     galgos;
1221 si] así
1224 que...buenos,] que no es malo,
     sino bueno,
1225 mis duelos con vino] con vino
     mis duelos
1227 perra canalla,] perruna casta,
1229 se halla] basta
1230 do no conocen] de no conocer

1244 os procuro servir.] procuro serviros.
1247 mejor, Lidora,] bella Lidora,
1248 aquesta] toda esa
1254 que,] y,
1254 cautivos] captivos
1254 os veis,] estéis,
1257 hermosa] piadosa
1260 en] om.
1265 en espejo.] en el espejo.
1268 tu] su
1277 — que el darlo] — cual de ello
1284 pague, señora,] páguelo por él
1285 que…bien.] om.
1293-6 ni el ver…corazón.]
    ni eso te dé cuidado;
    que para querer tu padre
    otra hija le ha encontrado.
MARCELA Ya halla alivio el corazón.
1299 abrazos] brazos
1301-5 apretad…podrás;] om.
1311 esas canas,] esos ojos,
1314 con] om.
1314 lloros;] los lloros;
1315 somos, Marcela, hermanas.] habemos de ser hermanos.
1316-25 Y a mí,…reviento!)] om.
1326 de enojo rabiando] mi enojo mostrando
1327 este] ese
1343 porque] para que
1348 consejo,] el consejo,
1349 besarlas] besarlos
1352-3 (¿Qué mucho,…sujete?)] *Assigned to Leonido.*
1355 y,] mas,
1355 espantéis,] admiréis,
1359 se] le
1365 ni] aun
1370-7 Ya que…boca.] om.
1379 vuestra…insolencia;] que fue grande desvergüenza,
1380 que] mas
1382

1384 ¡Que…humille] ¡Que esto permitáis sufrir
1385 ese] este
1389 aqueste] aquel
1393 si hijo me nombra] si más me toma en
1394-5 ¿Que…hablo?]
  ¡Tizón! ¿Qué digo? ¡Ah, Tizón! ¡Ah, castaño! ¿Con quién habro?
1396 diablo!:] galgo!:
1397 ¡miren] ¡mire
1398 Mirar] Mire
1400 le] lo
1402 yo] om.
1403 lo que] el que
1403 ver] beber
1413 que] om.
1413 viera.] diera.
1415 Sí,] Sí, villana;
1415 porque] que
1415 con] om.
1416 doy] om.
1417 todo nombre] todo el nombre
1418 y aquese] y de ese
1423 y con tu lengua] por tres lenguas
1426 se echa claro] pues hoy echa
1432
1434 amparos,] amparo,
1443-4 Serán…ahogarte.]
    Para ahogarte serán lazos.
1444-7 En estos…canas.]
  Levanta; que a tu tormento
  le buscaré tu contento,
  mientras que cautivo estás.
  Quita el llanto de los ojos,
  que bañan tus blancas canas.
1452 sirve] sirva
1456 Podrá,…ira] Podré, aunque ellos me miren,
1458 a Dios,…ofendí,] a Dios, si yo le[he]ofendido,
1461 soberbio!] soberbio moro!

1461   ¡Ay de mí!] *om.*
1462   mi gusto] a mi gusto
1463
1464–7   y, porque...punzará.]
         Los ojos os sacaré,
         para que no lo veáis.
1467
1469   podrán...enojos.] *om.*
1471   hircano] o ¿qué
1474   rigor] furor
1476–7   ahora...mejor.]
         y verás que en este punto
         ejecuto mi rencor.
1480   infeliz,] feliz,
1481–5   pues hoy,...mostró.]
         pues tu hija me mostró
         ser mi ventura infeliz.
         tu cabeza y humildad
1486–8   Marcela,...viejo.]
         Y tú, mira por mi gusto,
         o le has de ver degollar.
1488
1490   mayor?] mejor?,
1490   ¿Puédese] pues he de
1497   caso] acaso
1497   tuerza;] fuerza;
1500   mejor] mayor
1504   a ti] en mí
1506–28   Que le des...desvela,] *om.*
1529   hija, de verme morir?] Hija,
         déjame morir.
1530   diferir:] estorbar:
1532–3   no te...a mí;] *om.*
1534   que,...sí,] en decir luego que sí.
1535   pones...beldad.] *om.*
1536–9   Pues,...duda]
         A voces yo me declaro,
         para que lo note el mundo;
         que es mejor el morir uno
         que no vivir deshonrado.
1540–1
1543   ejecuto] yo ejecuto
1546   ¿A...venido,] Di, ¿por qué me
         has detenido,

1549   viejo] cielo
1550   el infernal bramido] infernal
         ruido
1551   ha] que has
1556–7   ¡Favor,...favorecerme?] *om.*
1566–71   dijo...perder,] *om.*
1572–5   según...mujer.] *Assigned to*
         Lidora.
1573   En] que en
1574   al que] a quien
1574   prendiere] rindiere
1574   a] *om.*
1576   Desde...ofrece,] Mía Lidora
         ha de ser;
1577   pues] que
1579   pues] que
1583   que, pues] puesto que
1584   he] que he
1590   la] mi
1592   Si] Sor
1592   lo que] el que
1593   yo traer...comer.] y yo
         traerte qué comas.
1594   a Mahoma ver,] ver a
         Mahoma,
1599   en sólo aquesto] sólo en eso
1600   mi] en mi
1601   lo] le
1602   Pues, yo buscar] E yo traer
1605   sin] y
1609   Y,...agradar?] Ya que no
         puedo aguardar,
1610   de] *om.*
1612   veré] veamos
1613   el cuitado;] encerrada;
1614–22   con...será.] *om.*
1624   ¡mal agüero!] ¡mal la quiero!
1629   ¿Qué] Mas ¿qué
1630   que,] y,
1630   destemplo,] destempla,
1631   la] esta
1632
1633   diablo] diabros
1633   haber] ha

1637   para...contento,] para
       conseguir mi intento,
1639   madre,] padre,
1640   en este mundo] y quién al
       mundo
1641   ciencia] lengua
1642   sospecho que] los pechos de
1644   Yo, Tizón,] Yo sé con
1645   Tripol.] torpas.
1646   sol] yo
1647   señor] a señor
1648   Tener] Pasar
1648   Argolante,] Orgolante,
1649   con] por
1650   a] en
1651   gran] grande
1652   que estar ya] ya de estar
1653   cristiano,] castaño,
1654   que,] de,
1654   al fin] sin
1655   hacerse] hacer
1655   luego] al punto
1656   Venir...rey] Fuime en servicio
       de Rey,
1657   mi] y mi
1657   que te] aunque
1659   y] ser
1660
1661–2   que,...cañas,]
       porque en uno juego de cañas,
       que, aunque ser padre de mañas,
1663   caballero] caballo
1663   dar] le dar
1666   grande] gran
1668   Morir] Murió
1669   y...perrico] y, para criar
       perico,
1672   por...panete.)] *om.*
1673–7 ZARABULLÍ Morir...más.]
ZARABULLÍ   Morir mi madre, profacá,
       y yo quedar con pobrete.
TIZÓN   (Yo dar fin a mi mollete.)
ZARABULLÍ   Aquí en servicio de Rey,
       e no saber decir más.

1680   cosario.] corsario.
1681   relieves] ribelles
1682   en] a
1683   por si fuere] porque es así
1685   cruzados,] tirados,
1687   y] *om.*
1688   'Ardúa, Mahoma,] arto a
       Mahoma,
1688   ardúa] ardoa
1689   tiene] lleva
1690   que...yo,] porque eso quiero
       yo,
1691   y...moscardúa.'] *om.*
1692   Diciendo...mira;] y en oyendo
       decir, 'Mira',
1698–9   (Andando...visto.)]
       (En un rincón de la nave,
       con que hacer la burla.)
1701   si] y
1707   no] ni
1710   que ha respondido;] no
       respondió;
1714   puesto] *om.*
1714   en alta] en al alta
1716   cristiano!,] castaño!,
1719   siciliano.] secilianos.
1720   encerrado] encerrados
1722   Pues,] Y,
1722   te alteras,] se altera,
1723   te] le
1728   Yo] Zara
1734   dicen] dice
1735   pesar] el pesar
1736   el] *om.*
1737   que] quien
1738   servido] querido
1740   un presumido] mí persuadido
1741   verdadera;] duradera;
1743   hace] hacen
1745   siéndoles...griego,] siendo los
       caballos griegos,
1749   con querer,] por tener,
1751   todo lo viene] lo viene todo
1756   todo] casi

1757 Pensó] Piensa
1758 hermosa hermana,] hermana hermosa,
1760 arrojó del] arroja su
1762–6 Al fin,...perdemos.]
        Assigned to Zulema.
1763 por ser] porque es
1765 y] que
1770 volver] el volver
1771 o] y
1772–6 Aquí...muros.] *om.*
1777 Pues,...puesto,] poniendo el ojo a este puesto,
1778 valerse] valernos
1781 decirme] decir que
1782–95 LEONIDO Ingrato...
                              muere.]

    LEONIDO No quisiera Lucifer
             que a todo el infierno
                junto,
             a Mahoma y su trasunto
             lo tuviera en mi poder.
             ¡Vive el cielo, que a sus
                dioses,
             sin hacer de ello reparo,
             los tuviera a mi mandado,
             amanotados y a coces!
             ¡Venga el mundo contra
                mí!,
             mas es muy pequeño el
                mundo;
             que todo lo abrasaré,
             sin que quedara ninguno.
             ¡Venga!
    CRISTO   Ya voy
1795
1797 vengo,] *om.*
1797 cuánto] lo mucho que
1799 es grande que] que baja así
1805
1806 y veis] Veréis
1807 le tengo puesto en dar] os tengo de dar
1810 pues veis] sin ver

1813 cual...luna.] que a la muerte va desde la cuna.
1815 juego] gusto
1817 paga leves] paguéis los
1819 eterna] *om.*
1820 Venid,] Venid, venid,
1821 mirad vuestro pastor, que] mirad que vuestro pastor,
1827 en el] del
1829 hallaréis] hallarás
1831 pues] que
1834–5 el que...en fuerzas.] *om.*
1841 por sólo] sólo por
1843 ella me va] se vuelve
1845 te importa a ti,] a ti te importa?
1845 pastor?] *om.*
1845 Deja que muera.] Déjala que se muera.
1850 ¿Por dicha] ¿A dicha
1851 orejas] oídos
1857 dragón fiero] fiero dragón
1858 su] con
1861 a mí] al
1862 Eres tú un ignorante;] Tú eres ignorante;
1863 que, si] si
1863 pintaste] preguntas
1865 y] *om.*
1865 la tuviera,] acaso fuera,
1868 ¡Qué] *om.*
1871 al fin quien] por quien
1872–3 y, pues...morirás.] si a Dios no te vuelves, condenado.
1875 de mí?...enoja.] *om.*
1876 tomó este traje] este traje toma
1877 satisfacer] pagar
1877 se] le
1881 haber oído] oír que digas
1883 sufrir] seguir
1883 me conmuevo.] hoy me apruebo.
1884 ¡Mirad...Craso] ¿Qué nombre tienes para que se entienda

1885 para...acaso!,] que pueda yo deberte alguna hacienda?,
1886 siendo] sino
1887 las] estas
1889 lo que me debes y] toda la deuda que
1890–1 que...pagar.] *om.*
1892 e impaciencia:] y paciencia:
1893 yo] ya
1894 que...paciencia] que estando en mi presencia
1895 ya] *om.*
1896 Harto] ¡Cuánto
1898–1903 Vete,...pagar.] *om.*
1904 En] Y en
1907 Verélo; espera;] ¡Linda quimera! Verélo;
1908 de paso] *om.*
1910 ausentes,] vayas,
1912 y...intentes,] *om.*
1913 te...pastor.] tengo de atarte con este lazo.
1913–14 Con...atado.] *om.*
1915 el pobre zurrón.] pobre, el zurrón.
1916–17 Si...pesará?] ¿Qué hará a quien continuo le ha llevado?
1918–21 Mirarlo...mano.] *om.*
1923
1928 muy] más
1930 viniera] viniere
1932–6
1934 está] estad
1937–41 y así...doblones.] *om.*
1944 y] *om.*
1947 Pero,...mundo,] *om.*
1949 que era] questara
1949–50 desatino,/siendo] desatino, y dar que reír al mundo, siendo
1950 premio] por mí
1953 de burlas] débil la
1954 que...trato.] *om.*

1957 grande] gran
1959 dinas] tanto
1964 por] en
1965 este] ese
1966 pobrete] profeta
1968 hallé,] hallo,
1969 tras] tras de
1970 da] dan
1971 ¿Azotes...qué?] pues que los azotes hallo.
1972 ¿A mí] Una
1974 pues] que
1974 estiman] estimen
1975 muestran] muestren
1976–81 A cólera...verá.] *om.*
1982 Todo...he sacado,] Soga, túnica y azotes: todo lo que hay he sacado,
1985 porque] que
1985 estos vestidos] éstos los vestidos
1989 fiero] mayor
1991 manso] mozo
1992 burlar] burláis
1996 estos] esos
2001 en este mismo] agora en este
2002–8 ¡Infame!,...mil muertes.] *om.*
2008
2011 ahora] *om.*
2015 vicio] vivo
2017 al] es
2018 has mal llevado,] me has mostrado,
2019 tu fïanza.] tus fianzas.
2021 santas,] tantas,
2024–7 Mira...pagara.] *om.*
2030 sonó] sentí
2036–9 Muchas...carga.] *om.*
2044–55 Mira a Gerardo,... hermana.] *om.*
2066 que es ya tiempo] pues es justo
2074 en personas] es persona
2087 humillado] humillada

2097 confío] confieso
2097 esas] a las
2101 merezca,...alma] tengo por cosa muy llana
2103 las celestiales salas.] la gloria soberana.
2107 supe] se puede
2107 negar] denegar
2110 que en] que el
2111 está...pesar.] está a tu gusto a pesar.
2112 gusto has] gustas
2113 de modo] Leonido,
2114 que] y
2121
2124 Ya...día] y propongo, como es justo,
2127–30 no se paga...dejaros] *om.*
2131 satisfecho] satisfaga
2132 en] *om.*
2132 por] de
2133 por...despeje,] ¿cómo puedo yo dejar
2134 es] — que es
2134 que deje] dejar —
2139 entregue] entrego
2143–4 clemencia./CRISTO Si lo] clemencia.
    Usadla; que ya resisto
    el vicio, porque patente
    me vea el mundo diferente
    de lo que hasta aquí me ha
    visto.
CRISTO Si lo
2148 ¿'Quédate el mirar por ti'?:] *om.*
2152 he] *om.*
2153 vayan] vaya (?)
2156 Señor,] Hacedor,
2157 a no ser un Dios] quien era Dios
2163 es entre los santos el] entre los santos es
2164 cuenta] afrentan
2165 el Rey] al Rey

2168 marlota] malrrota
2170 que el mundo todo vio,] que en el mundo abla,
2171 fue] se
2172 pues,] *om.*
2177 mis] las
2180 valor;] favor;
2181 vivir] vida
2181 ceguedades;] sequedades;
2183 aun] y
2184 Pues, si] Pues, que
2184 los santos,] los mismos santos,
2188 adelanta,] levanta,
2189 tanto] en tanto
2190 en] *om.*
2192–9 Salid...riguroso.] *om.*
2202 de sogas me] digo la
2203 me honraréis;] lo seréis;
2205 mi] *om.*
2209 la vida] mi Dios
2210 a] en
2211 el paso tengo] ya tengo el paso
2212 la subida] a la subida
2213 cierta;] cierto
2215 penar] penas
2217 ya la voz] las voces
2218 y] *om.*
2222 y es muy llano,] el ser villano
2223 el mal cristiano.] buen cristiano.
2224 la ley] su ley
2228 Busque] Busca
2228 deje] deja
2228 la alegría] el alegría
2230 ofender] a ofender
2230 su Dios] a su Dios
2232 nuestra sospecha;] mucho sospecho;
2233 que] *om.*
2235 furia] fuerza
2236–9 Muestra...cristiano.] *om.*
2240 infierno;] Averno;
2241 feroces] voraces
2245 en mis manos] en vuestras manos

2245 mi gloria o pena deja,] hoy mi
gloria deja,
2247 su] *om.*
2249 otro tiempo] con tiempo
2249 en este puesto] *om.*
2251 fuerte] *om.*
2251 resto.] firmamento.
2252 Llegad,...vencido] Ea, moros,
llegad; que ya es venido
2253 y a no...dispuesto;] *om.*
2254 que aquel...severo] aquel que
para todos fue tan fiero
2256 podremos] podemos
2257 fieras] hacer
2258 mar] mal
2258 crüel] con la
2259 nos quiere atraer] quiere traer
2260 ¿Si es] ¿Y él
2260 hïena,] sirena,
2264–9 No temas,...ofendí.]
Toma la soga, Zulema, que
en mi cuello ves pendiente; si
quieres
servir a Lidora, yo estaré como
inocente.
2269–72 Zulema,...le tengo.] *om.*
2273 le llevemos.] lo llevaremos.
2274 vuestra] una
2275 vuestros pasos] vuestras culpas
2275–8 hoy...no puedo;] *om.*
2287 eso] *om.*
2291 manda] mandó
2292 ¿Cuántos] ¿Y cuántos
2292 No más de] Solos
2293 ¿Qué,] ¿Y
2293 sólo] solos
2296 di presto cuáles son;] di, puesto
que lo son;
2300 así se contradice.] en sí se
contradicen;
2302 e] *om.*
2303 haber...eterno.] *om.*
2308 sus] los
2312 el] *om.*

2317 sacrosanto] santo sacro
2323 lo] *om.*
2323 es] era
2324 el] *om.*
2333 niño,] un niño
2337 ver yo] yo ver
2337 puedes] podrás
2339 lo] le
2345 tierno] eterno
2347 en exceso.] en el cielo.
2350 el] mi
2351 con mirarle.] en sólo mirarlo.
2351 En él te dejo] En éste ves
2352 el] *om.*
2353 el alegría,] y alegría,
2356 despeja,] despoja,
2357 fuiste] fuistes
2359–60 deja./Solos]
deja.
TIZÓN   Obedezco tu mandado.
LIDORA   Solos
2369 erró;] yerra;
2370–1 que, si...león.]
pues que sois gigante león,
sujetaréis una perra.
2372 Volvedme] Volved
2373 un corazón,] una razón,
2375 todo,] sólo
2378 nombran] llaman
2379 ignominia o baldón.]
ignominias baldón.
2380 vuestra] perra
2382 verdadero;] soberano;
2385 yo] hoy
2386 mis] los
2387 baste] basto
2390 a poder] al poder
2393–4 fervor:/piedad,]
fervor:
con fervor pido el bautismo;
no me le neguéis, Señor.
Piedad,
2394 mi Niño y Señor;] mi Niño,
piedad;

2398 hermosa,] estamos.
2401 como...reina.] *Assigned to*
       Dionisio.
2401 como a su] Como mi
2403 en tierra] en la tierra
2407 tantas tormentas.] tanta
       tormenta.
2409 en breve.] en breves
       palabras.
2409–10 Esa...entre tanto.]
       Guarda esa prenda entre tanto,
       Marcela.
2413 fuera.] fuere.
2414 Lidora hermosa,] hermosa
       Lidora,
2418 o] y
2421 la fresca] a la fresca
2422 estuviésemos] estuviéramos
2424 del mar,] al mar,
2425 los] las
2428 modo] mundo
2430 hallaran] hallaron
2434 resistí,] defendí,
2437 me...tierra.] me hirieron de
       esta manera.
2445 consuelo] contento
2445 eran:] era:
2447
2448 en barba] y en barba
2453 sano y libre me vi] sané y
       libréme
2459 cautivas] cautivos
2460 mas] pues
2467–70 y a mi...señora,] *om.*
2473 ella.] ellas.
2475 en quien] que en
2475 reverbera,] reverberan,
2477 notaran] notasen
2477 en] *om.*
2484 quitado] sacado
2488 Gerardo...hijo;] todo lo que
       su hijo hace,
2489 que,...muriera.] porque
       viéndole no muera.

2492 en plata...dar] he vuelto por
       dar rescate
2493 por ellos] de ello me
2496 librara,] llevaras,
2497 aumentara] aumentaras
2497 penas;] quejas;
2499 dueña] dueño
2501 al] del
2503 no] en jamás
2504 muriera,] muera,
2505 la] su
2509 yo una hija] y lo hija
2510–13 Yo no...ofrezco.]
       Assigned to Gerardo.
2510 Yo no basto] y no basta
2512 tratas,] tratan,
2513 y el cielo] del cielo
2513 premio] premios
2513 ofrezca.] ofrezcan.
2514
2518–21 El cielo...pena.] *om.*
2522 Ande el esclavo.] *om.*
2523 y] *om.*
2529 pues...traído,] *om.*
2534 hoy a] con
2535–6 puedes...revocar.] puedes
       revocar la sentencia.
2542 y así...voy] *om.*
2545 que] pues
2549 podéis] podréis
2551 en] de
2554 altivez] interés
2557 vaya] parta
2561 padre en] para
2575 la que] que
2575 se llevó] la llevó
2577 y] *om.*
2583 volví] volvíme
2590 pues que] porque
2590 sirve] sirva
2600 y] *om.*
2601 llevé] traje
2602–6 Esta...hacer.] *om.*
2609 porque] y porque

2609   me] *om.*
2610   difiera] de fiera
2617   tu] su
2621   junto] junta
2624   y llorar] que llorar
2629   mis] los
2633   la] mi
2635   y entiendo] entiende
2636   pecho] padre
2637   Venga el perro.] Venid, venid.
2638   va] ya
2639   vivo le he traído,] yo traje a
          Leonido,
2645   ya...ganaste,] *om.*
2646   te doy] daré
2647   gusto. ZULEMA   Detente,]
             gusto.
     REY   Eso baste.
     ZULEMA Espera un poco; detente,
2650   lo que refiero.] mi ronco
          acento.
2652   que,] de,
2674   que te casas.] que otorgas tu
          casamiento.
2678   y] *om.*
2683
2687   queréis] querías
2688   a Lidora la mano] la mano a
          Lidora
2688   esposo,] esposa,
2688   os] te
2688   como] que
2689   vuestra] vuestro
2690   yendo a caza] yendo un día a
          caza
2690–1   en la ribera] en ribera
2691   de Licata,] del mar junto de
          Licata
2691   heredad...isla] *om.*
2692   a una osa de la boca,] de la boca
          a una osa,
2693   que...llevaba.] *om.*
2693   Ella] Y ella
2695   por...igual;] *om.*

2695   gusto] consentimiento
2696   haréis...casamiento.] lo haréis
          vosotros.
2696–700   Y advertid...Amete
          Sultán.] *om.*
2702–3   Que...monición.] *Assigned
          to the King.*
2705   ¡Desgracia grande,] Diferente
          es,
2706   Si hay Papa] si al Papa
2706   podremos] podemos
2709   Tú] *om.*
2712   conforman] conciertan
2717–18   Marcela,...granjeo.] *om.*
2719   pecho y] pechos,
2720   el alma] mil gustos
2721   ingrato padre;] perro ingrato;
2723   mil muertes!] la muerte!
2724   tenemos.] tendremos.
2726   que] *om.*
2728   por...pliego.] entre estos
          bárbaros perros.
2730   de] a
2738
2741   han muerto a Leonido,] ha
          muerto Leonido,
2746   es] *om.*
2746–7   al momento/...os vais]
                os vais luego,
             en viniendo aquí Leonido,
2748   maten] den más
2753   plazo] tiempo
2756   le] *om.*
2759   de] *om.*
2760   los...madero.] pues vino a
          cobrarla él mesmo.
2762   famoso] invicto
2764   eterno.] entero.
2770   se] *om.*
2775   Y a mí,] Dame,
2776   consuelo] contento
2779   mi rostro] mis ojos
2779   en la sangre] de sangre
2781   Tu celo...padre.] *om.*

2783 querido Leonido.] Leonido
querido.
2784 Dámelos,] Dádmelos,
2786 de] *om.*
2786 el acero] placentero
2788 su] con
2789–93 Hijo…padre.]
que no era justo que así
se fuera al cielo sin verlo
su padre; ruega por mí.
2794 Y mi pecho] Y del cielo
2796 en] por
2797 limpie] envíe
2797 divina] bendita
2801 alcancen] me alcancen
2802 graves] grandes
2808 puso] hizo
2809 pero] y
2811 El llanto dejad, señor,] Deja,
señor, ese llanto,
2812 e] *om.*
2813 Dios,] Dios de Dios,
2813 humildemente] humilde
2815 mi Dios] Señor
2817 en] y en
2818
2819 Ya…alma.] *Assigned to Gerardo.*

2819 salió] sale
2820 Muriendo pagó] a satisfacer
2821 contra Dios] como hombre
2824–39 Sabe Alá…suplico.]
BELERBEYO Llevadle; que aseguro que
me pesa
haberle dado tal muerte.
GERARDO Aunque supremas
son las mercedes, señor,
que te debemos, es ésta
la mayor que nos has
hecho,
porque es muy cierto que
reina
en el alcázar divino,
donde las plantas asienta
sobre doradas estrellas.
2840–1 Ya…Sicilia.] Partid todos a
Sicilia.
2842 A Dios plegue] Plegue a Dios
2842 pueda] le pueda
2843 pagarle] pagar
2846 quieras] mueras
2850 para que tenga] de la comedia,
2851 con esto dichoso fin] con que
tendrá fin dichoso

NOTES TO A VARIANTS

1   LEONIDO ¿No llamas?] In other words, the manuscript begins with Leonido's question, to which Tizón's *Yo no sigo tu viaje* might well be an answer. We believe, however, that A's scribe made a mistake here. (Cf. v. 25.)

25   TIZÓN No llamo, porque esperaba] See note, v. 1.

29   de ahí] The scribe first wrote *deally*, then crossed out the *ll*, making the word *deay* (*de ahí*) like the other texts.

33   porque] The scribe wrote *pues que*. The reader drew a line through *pues* and wrote *por* above it. (See pp. 19–20.)

51   pretenda] The scribe wrote *pretendiere*. The reader crossed out *diere* and wrote *da* after it.

61   ya que en] Possibly *y a que en*, which makes even less sense. The letters are perfectly legible, however.

69   la ampare] The scribe wrote *que ampare*. A's reader crossed out *que* and wrote *la* above it, thus giving the reading we have adopted because it is most consistent with the sense of the play's immediate context.

79   vía] The MS reads *via*. If the scribe was taking dictation here, the word read to him might have been *vía* (*veía*) or, perhaps, *había*. If he was copying, he might have misread *vio*.

116   A's stage directions, instead of *sangrienta en la mano*, read *ensangrentada y limpiándola*.

162   The scribe wrote *quieres*. Then the reader changed it to *quies* by superimposing a sweeping *s* on the *r* and cancelling the *es*.

172   A's stage directions, instead of *alborotado*, read *con la cara ensangrentada*.

193   The scribe wrote first *en jamás*, then crossed out the *en*.

198   The scribe wrote first *ese ha doprico en vicios*. The reader drew a single line through it and wrote after it: *ese hidrópico en los vicios*.

261   The scribe left out the *y*, which was inserted later by the reader.

269   The reader wrote in *di* above the line.

343   The scribe wrote *tomará a Dios*; then, either he or the reader crossed out the *a* with three very light strokes.

375   esta débil] The scribe apparently wrote first *esta Vil*, then inserted *de* before *Vil*, changing the reading to *esta deVil*; finally he crossed out *deVil* and wrote after it *debil caña*.

391   se me sigue] *Sic.*

439   y un hijo] A really reads *i vn hijo*.

458   y a] The scribe originally wrote *y tu*; then he or the reader crossed out *y*.

466   cual] The scribe originally wrote *qualquier*; then he or the reader crossed out *quier*, leaving *qual*.

480   quiera la da] A reads: *quiralada*.

510   A gives the stage direction *Recuéstase*.

511 In the first line, the scribe wrote *prestad ver*, then crossed out *ver* and continued, leaving the line as we have transcribed it among A's variant readings.

528 A's reading of *e* for *y* when Zarabullí is speaking is normal. A also reads *Tunze* for *Túnez*, probably a scribal error.

544 apercibido] A really reads *aperçebido*.

575 A's stage directions following this line are more detailed: *deshoja una rama y da tras ellos.* While the first clause is consistent with the action necessitated by the dialogue, the second clause is not.

576–8 A's reading gives only ¡*Muerto soy!*, assigned to Belerbeyo, rather than the three lines given in the other texts. In the stage directions following Belerbeyo's line, A omits reference to what Tizón is carrying and says of him only: ...*sale Tizón temblando.*

586 higos,] A really reads *hijos*, but we believe *higos* was the word intended.

597 The two lines that A inserts at the beginning of Tizón's speech are evidently intended as an aside. The stage directions that precede them are somewhat different in A also, as they would logically have to be. Referring to Zarabullí, they read: *Vase a esconder adonde está Tizón.* They say nothing about Tizón's capturing him at this point.

629 prestabia] *Sic. Petralia* is surely the proper reading. (See note, v. 629.)

651 hieren] A really reads *yeren.*

684 pero infinitos he muerto] *Sic*; in direct contradiction to the preceding line of the selfsame manuscript.

688 The scribe wrote *porque*; the reader crossed out *porque* and wrote *pues* above it. The correction makes the meter come out right.

694 dejé sin alma su cuerpo.] It is true that Leonido has killed his mother, but the circumstances and motives that he describes here are different from those of the confession that he later makes to his father (vv. 2570–86 and 2592–6).

699–700 The scribe wrote the additional three lines in the margin, with *x*'s to indicate that they should be inserted as we have indicated (between vv. 699 and 700). The scribe originally wrote—as the second of the inserted lines—*que para hazer Escarnio de ello.* He then crossed out *de ello* and wrote *dello* above the line for insertion in the spot where we include it.

710 A Zello,] In view of the fact that many of the printed texts omit the preposition *a* before *hacerlo*, we have preferred merely to reproduce A's spelling instead of deciding whether to interpret it as *hacerlo* or *a hacerlo.*

755–6 In A, the scribe first wrote *dueño*, then crossed it out and wrote *respeto* after it.

813 The scribe first wrote *mill*, then crossed it out and wrote *eternos.*

829 The reader wrote the *me* above the line later.

842–56 e ignoro] A reads *y* instead of *e.*

857–60 A really reads *thesoros* and *porque.*

870 The reader inserted *se* later, thus making this line like the one we have chosen for our text.

871 Our choice for this line is as A's scribe originally wrote it. A's reader crossed

out *el mundo* and *un* and wrote *qualquiera* above the line for insertion in place of *un*.

882   The scribe wrote: *la ley de un Rey*. The reader crossed out *la ley* and wrote it under the line, followed by a question mark, evidently intending for the two words to come at the end of the line (as we give it in our variant note for A), rather than in the middle.

883   The reader changed the scribe's period at the end of this line to a question mark. He added also something in the margin following this line and then crossed it out; it is illegible.

884   The scribe wrote: BEL — *Como quando yo te vi*. The reader drew a line through all that and wrote at the end of the line of writing: BEL. *Pues no te vi*.

968   The scribe wrote first *de su gallinero*, then crossed out *gallinero* and wrote the line as it is in our text.

1017   A's reading of *señora* seems more normal than *Lidora*, given the social context. (See, for example, v. 2514.) On the other hand, *Dame* (rather than *Dar a mí*) is not consistent with Zarabullí's manner of speaking.

1021   e] A really reads *he*.

1022   A really reads *servite*.

1025   pan pelo.] *Sic*.

1043   An example of A's right to careful study. A's reading of this line is unique and obviously correct in contrast to that given by all of the printed texts.

1054   el tuyo] Spelled *el tuio* in A. It makes no sense, of course, in the context.

1086   llegar al] This is nonsense in the context, of course.

1087   mi altivo] This makes no sense in the context.

1135   cautivé] A really reads *captiue*. The scribe vacillates in his spelling of this word and *cautivo*. See, for example, vv. 735, 810, 1254, 1444–7 and 2459. The *Diccionario de Autoridades* (Tomo II, published in 1729) recognizes the two spellings but remarks: '. . . es mas común en lo moderno Cautivar' (s.v. *Cautivar*).

1227   perruna casta,] A really reads *perro na casta*.

1382   A's stage directions: *Dale un bofetón y puntapié*.

1403   beber] A really reads *Veber*.

1432   A really reads *siguirás*.

1443–4   In A, *ahogarte* is spelled *haogarte*.

1444–7   In the second of A's five variant lines, *contento* is written *cont°*. In the final line, A reads *vañan* instead of *bañan*.

1458   A omits *he*.

1463   What the scribe wrote looks somewhat like *tam* or *tani*, but not quite like either. The problem is compounded by the partial obliteration (apparently an attempt at erasure) of what we have likened to an *i* or the second loop of an *m*.

1467   A's stage directions: *Sácale los ojos a su padre*.

1481–5   The scribe originally wrote, in place of our lines 1478–85:

> Humillad, viejo hablador,
> tu cabeza y humildad.

Then he wrote in the margin:

> a mi alfanje la cerviz;
> que tenéis suerte feliz,
> pues tu hija me mostró
> ser mi ventura infeliz.

He indicated, by means of his usual system of *x*'s, that the four new lines should be inserted right below the line *Humillad, viejo hablador*. He failed, however, tc cross out the line *tu cabeza y humildad*.

1488   A gives the following stage directions here: *Pone al viejo de rodillas y saca el alfanje.*

1490   mejor,] The catch-word on the preceding leaf, however, is *mayor*.

1540–1   A's reading of lines 1536–9 requires that these two be punctuated differently:

> Tu infame pecho sacuda
> el golpe sin embarazo.

1592   Sor] *Sic.*

1593   e yo] A reads *eio*.

1600   A reads *zencia* for *ciencia*.

1632   In A, the stage directions following this line read *con el panete*, instead of *con pan*. (See v. 1672.)

1645   torpas.] *Sic.*

1660   suerte,] A really reads *sorte*.

1663   muerte.] A really reads *morte*.

1673–7   Unable to decide whether *profacá* is supposed to be the name of Zarabullí's mother or is a distortion of a word intended to serve some other function, we have preferred to give it exactly as we find it in A.

1781   A's stage directions following this line are: *Escóndese, y sale Leonido alborotado.* The stage directions which we have adopted (found in the printed editions) do not fit the passage which A has instead of the echoic sonnet (vv. 1782–95).

1782–95   For the fifth of the lines which A provides instead of the sonnet in echo the scribe first wrote: *¡ Vive el cielo que sus dioses.* Then he inserted *a* above the line with the indication that it should precede *sus dioses*. The passage would make better sense if the *No* of the first line were *Yo*.

1795   A's stage directions following this line read, instead of *ensangrentados los pies*, *ensangrentada la cara*.

1799   baja] A really reads *vaja*.

1805   The *es* was inserted later above the line by the scribe.

1923   debe] A, at first glance, looks as though it read *lleue*. The scribe probably started to omit *debe* inadvertently, then noticed his error and finished the word properly, not bothering to scratch out the first *l* and changing the second one to look like a *d*: *ldeue (sic)*.

1932–6   A's scribe originally included this *quintilla* just as it is in our text, with the exception of *está* in v. 1934, which was *estad* in A. It seems to have been the scribe who later drew lines through the *quintilla* and wrote *no* in the left margin beside it.

1949 questara] *Sic.*

2008 A's stage directions read: *Aparécese Cristo con túnica morada y una corona de espinas.* (See note, v. 2748.)

2111 The scribe has clearly written *a* instead of *o* in each of the two cases.

2121 A's scribe first wrote *y propongo* (perhaps inadvertently beginning to copy the third line below). Then he crossed it out and wrote the line properly.

2139 A really reads *entriego* here.

2153 There seems to be—or to have been—a letter between the final *a* of *vaya* and the first letter of *fuera.* It is illegible.

2170 abla,] Could this have been a misreading of *alla*, which in turn was a misreading or misunderstanding of *aya* (*haya*)?

2447 y a este] A's reading, on which we base ours, is *yia este.*

2509 lo] *Sic.*

2514 In A, the scribe first omitted *señora*, then added an abbreviated form: *s* in the line and *ra* above it.

2637 A has the following stage directions: *Llévalo de la soga Zarabullí.*

2683 A's scribe omitted *es* inadvertently when he first wrote the line and had to insert it later.

2689 First the scribe wrote *diez años*, then crossed out *años* and continued.

2738 The original reading was *y a mares*; the *y* was then crossed out.

2748 In A, the stage directions indicating the 'discovery' of Leonido—in our text following v. 2751—are given here in combination with Zarabullí's entrance. The arrangement of the printed texts, which we have chosen, is more theatrical. Here are A's stage directions: *Sale Zarabullí, y aparécese Leonido empalado con la vestidura que le dio Cristo y la cruz en las manos.*

2753 The scribe wrote *Ya Padre, ya ha llegado el tiempo*; the reader crossed out the second *ya.*

2813 Dios de Dios,] *Sic.*

2818 In A, after this line, there is the stage direction, *Cierran la cortina.*

2820 The scribe wrote *injuria.* The reader crossed that out and wrote *ofensa* after it.

2840–1 Partid todos a Sicilia.] The King speaks this line, just as he speaks the two lines which it replaces in our text.

BIBLIOGRAPHY

(This bibliography is limited to works referred to directly in the present edition.)

Adell, Alberto, 'Lope, Osborne y los críticos', *Ínsula*, Año XXII, Núm. 247 (Junio, 1967), 7

Aguirre, J. M., *José de Valdivielso y la poesía religiosa tradicional* (Toledo: Diputación Provincial, 1965)

Alcocer y Martínez, Mariano, *Catálogo razonado de obras impresas en Valladolid, 1481–1800* (Valladolid, 1926)

Amezúa, Agustín González de. See González de Amezúa, Agustín

Apráiz, Julián, 'Curiosidades cervantinas', *Homenaje a Menéndez y Pelayo* (Madrid, 1899), I, 223–51

Archivo de Simancas. See *Catálogo XIX del Archivo...*

Arjona, J. H., 'False Andalusian Rhymes in Lope de Vega and Their Bearing on Authorship of Doubtful "Comedias"', *Hispanic Review*, XXIV (1956), 290–305

Askins, Arthur L-F., ed., *Cancioneiro de Corte e de Magnates. MS. CXIV/2-2 da Biblioteca Pública e Arquivo Distrital de Évora*, University of California Publications in Modern Philology, vol. 84 (Berkeley, 1968)

Aubrun, Charles V., 'Le "Don Juan" de Tirso de Molina; Essai d'interprétation', *Bulletin Hispanique*, LIX (1957), 26–61

Barnstone, Willis, 'Lope de Vega's Don Leonido: A Prototype of the Traditional Don Juan', *Comparative Literature Studies*, II (1965), 101–15

'Lope's Leonido: An Existential Hero', *Tulane Drama Review*, VII (Fall, 1962), 56–7

The Outrageous Saint (a translation of *La fianza satisfecha*), *Tulane Drama Review*, VII (Fall, 1962), 58–104

Barrera y Leirado, Cayetano Alberto de la, *Catálogo bibliográfico y biográfico del teatro antiguo español, desde sus orígenes hasta mediados del siglo XVIII* (Madrid, 1860)

Nueva biografía, vol. I of *Obras de Lope de Vega*, ed. Real Academia Española (Madrid, 1890)

Bataillon, Marcel, 'El anónimo del soneto "No me mueve, mi Dios..."', in his *Varia lección de clásicos españoles* (Madrid: Gredos, 1964), 419–40

Bello, Andrés, *Gramática de la lengua castellana destinada al uso de los americanos*, 20ª. ed. hecha sobre la última del Autor con extensas notas y copiosos índices alfabéticos de Ruffino José Cuervo (Paris, 1921)

Bininger, Robert J., 'A Tentative Edition of Mira de Amescua's *La vida y muerte de San Lázaro*', unpublished M.A. thesis (Ohio State University, 1951)

Brey Mariño, María. See Rodríguez-Moñino, Antonio R.

Bruerton, Courtney, Review of I. L. McClelland, *Tirso de Molina. Studies in Dramatic Realism*, *Hispanic Review*, XVII (1949), 343–7

See Morley, S. G.

Bibliography

Cañete, Manuel, 'Sobre el drama religioso español antes y después de Lope de Vega', Discurso leído en Junta pública...el día 28 de Setiembre de 1862, *Memorias de la Academia Española*, Año I, Tomo I (Madrid, 1870), 368–412

Carbonero y Sol, León, *Índice de los libros prohibidos por el Santo Oficio de la Inquisición Española, desde su primer decreto hasta el último, que espidió en 29 mayo de 1819, y por los Rdos. Obispos españoles desde esta fecha hasta fin de diciembre de 1872* (Madrid, 1873)

Catálogo de la Exposición Bibliográfica de Lope de Vega organizada por la Biblioteca Nacional (Madrid, 1935)

Catálogo XIX del Archivo de Simancas; Papeles de Estado; Sicilia; Virreinato Español, por Ricardo Magdaleno (Valladolid, 1951)

Corominas, Joan, *Diccionario crítico etimológico de la lengua castellana*, II (Madrid: Gredos, 1954)

Cotarelo y Mori, Emilio, ed., *Obras de Lope de Vega*, Real Academia Española (Nueva ed.), IV (Madrid, 1917)

Covarrubias Horozco, Sebastián de, *Tesoro de la lengua castellana o española*, ed. Martín de Riquer (Barcelona: S. A. Horta, 1943)

Cueto [Marqués de Valmar], Leopoldo Augusto de. *See* Zorrilla, José

Diccionario de la lengua castellana, Real Academia Española (Madrid, 1726–39), 6 vols. (Known as the *Diccionario de Autoridades*.)

Enciclopedia italiana di scienze, lettere ed arti (Roma: Istituto della Enciclopedia Italiana, 1949–52), XXI.

Escudero y Perosso, Francisco, *Tipografía hispalense: Anales bibliográficos de la ciudad de Sevilla desde el establecimiento de la imprenta hasta fines del siglo XVIII* (Madrid, 1894)

Fichter, William L., 'Is *El mayor prodigio* by Lope de Vega?', *Romanic Review*, XXX (1939), 345–51

Foulché-Delbosc, Raymond, 'Étude sur *La Tía Fingida*', *Revue Hispanique*, VI (1899), 256–306

Freund, Markéta L., 'Una nota a la interpretación de *La fianza satisfecha* de Lope de Vega', *Hispanófila*, Núm. 25 (1965), 17–19

Gallardo, Bartolomé José, *Ensayo de una Biblioteca Española de libros raros y curiosos*, IV (Madrid, 1889)

González de Amezúa, Agustín, *Lope de Vega en sus cartas* (Madrid), II (1940); III (1941)

Gregg, Karl, 'A Metaphor in Mira de Amescua', *Bulletin of the Comediantes*, XIX (1967), 36–8

Grimal, Pierre, *Dictionnaire de la Mythologie Grecque et Romaine* (Paris: Presses Universitaires de France, 1951)

Harper's Dictionary of Classical Literature and Antiquities, ed. Harry Thurston Peck (New York, 1898)

Hartzenbusch, Juan Eugenio, *Comedias escogidas de frey Lope Félix de Vega Carpio*, juntas en colección y ordenadas por..., Tomo III, BAE, XLI (Madrid, 1857)

Índice de los libros prohibidos... See Carbonero y Sol, León

Bibliography

Janner, Hans, 'La glosa española', *Revista de Filología Española*, XXVII (1943), 181–232

Jiménez Salas, María, 'Un comentario más a *La fianza satisfecha*', *Fénix*, Revista del tricentenario de Lope de Vega, 1635–1935, Núm. 5 (27 Octubre, 1935), 583–607

Juliá Martínez, Eduardo, ed., *Poetas dramáticos valencianos* (Madrid, 1929), 2 vols.

Kennedy, Ruth Lee, 'A Reappraisal of Tirso's Relations to Lope and his Theatre', *Bulletin of the Comediantes*, XVII (1965), 23–34; XVIII (1966), 1–13

Labib, Gisela, *Der Maure in dem dramatischen Werk Lope de Vega's. Ein Beitrag zu dem Problem: der Maure — eine literarisch stilisierte Fiktion oder historische Wirklichkeit?* (Hamburg, 1961)

Lapesa, Rafael, *Historia de la lengua española*, 4ª. ed. (Madrid: Escelicer, 1959)

López Tascón, José. *See* Tascón, José L.

McKnight, William A., with the collaboration of Mabel Barrett Jones, *Catalogue of 'Comedias Sueltas' in the Library of the University of North Carolina*, 'University of North Carolina Library Studies Number Four' (Chapel Hill: University of North Carolina Library, 1965)

Magdaleno, Ricardo. *See Catálogo XIX del Archivo...*

Menéndez y Pelayo, Marcelino, *Estudios sobre el teatro de Lope de Vega*, II (Madrid, 1921). (In this volume are reprinted his 'Observaciones preliminares' pertaining to vol. v. of *Obras de Lope Félix de Vega Carpio publicadas por la Real Academia Española* (Madrid, 1895).)

Mira de Amescua, Antonio, *Teatro*, ed. Ángel Valbuena Prat (Madrid: Espasa-Calpe, 1960)

Möller, Wilhelm, *Die Christliche Banditen-comedia* (Hamburg, 1936)

Montesinos, José F., ed., Lope de Vega, *Barlaán y Josafat*, Teatro Antiguo Español, VIII (Madrid, 1935)

Morley, S. G., and Courtney Bruerton, *The Chronology of Lope de Vega's 'Comedias'* (New York: The Modern Language Association of America, 1940) (New York: Kraus Reprint Corp., 1966)

Muirhead, L. Russell, ed., *Southern Italy with Sicily and Sardinia*, 3rd ed. (London: Ernest Benn, Ltd, 1959)

Paz y Melia, Antonio, ed., *Papeles de Inquisición: Catálogo y extractos*, 2ª. ed. por Ramón Paz (Madrid: Patronato del Archivo Histórico Nacional, 1947)

Pérez Pastor, Cristóbal, 'Datos desconocidos para la vida de Lope de Vega', *Homenaje a Menéndez y Pelayo* (Madrid, 1899), I, 588–99

Pi y Margall, Francisco, 'Observaciones sobre el carácter de Don Juan Tenorio', *Comedias de Tirso de Molina y de Guillén de Castro*, Colección de Libros Españoles Raros o Curiosos, XII (Madrid, 1878), xi–lxix

Porras de la Cámara, Francisco de, 'Archivo de Poesía española, recogido por el Licenciado...,Racionero de la Catedral de Sevilla'. Library of the Hispanic Society of America, MS B2504

Rank, Otto, 'The Incest of Amnon and Tamar', tr. Bayard Q. Morgan, *Tulane Drama Review*, VII (Fall, 1962), 38–43

Das Inzest Motiv in Dichtung und Sage (Leipzig, 1912)

Restori, Antonio, *Una collezione di commedie di Lope de Vega* (Livorno, 1891)

Revilla, Manuel de la, 'El *Condenado por desconfiado*, ¿es de Tirso de Molina?" *La Ilustración Española y Americana*, Año XXII, Núm. 23 (1°. semestre, 1878), 411b-14b

Ríos Lampérez, Blanca de los, ed., Tirso de Molina, *Obras dramáticas completas* (Madrid: Aguilar, 1946-58), 3 vols.

Riquer, Martín de, ed., Cervantes, *El ingenioso hidalgo Don Quijote de la Mancha* (Barcelona: Juventud, 1958)

Rodríguez Marín, Francisco, ed., Cervantes, *Novelas ejemplares*, II (Madrid: Espasa-Calpe, 1952)

ed., Cervantes, *Rinconete y Cortadillo* (Sevilla, 1905)

Rodríguez-Moñino, Antonio R., y María Brey Mariño, *Catálogo de los Manuscritos Poéticos Castellanos existentes en la Biblioteca de The Hispanic Society of America (Siglos XV, XVI y XVII)* (New York: The Hispanic Society of America, 1965-6), 3 vols.

Rogers, Daniel, '"Not for insolence, but seriously": John Osborne's Adaptation of *La fianza satisfecha*', *Durham University Journal*, IX (1968), 146-70

Romancero y cancionero sagrados, ed. Justo de Sancha, BAE, XXXV (Madrid, 1915)

San Román, Francisco de B., *Lope de Vega, los cómicos toledanos y el poeta sastre* (Madrid, 1935)

Schaeffer, Adolph, *Geschichte des spanischen Nationaldramas* (Leipzig, 1890), I

Seco, Manuel, *Diccionario de dudas y dificultades de la lengua española*, 4ª. ed. (Madrid: Aguilar, 1966)

Shergold, N. D., *A History of the Spanish Stage from Medieval Times until the End of the Seventeenth Century* (Oxford: At the Clarendon Press, 1967)

Simancas. See *Catálogo XIX del Archivo...*

Simón Díaz, José, *Bibliografía de la literatura hispánica*, V (Madrid: CSIC, 1958)

Stone, H. Reynolds, Review of ARM, *Papers of the Bibliographical Society of America*, LXI (1967), 282-3

Tascón, José L., '*El condenado por desconfiado* y Fr. Alonso Remón', *Boletín de la Biblioteca Menéndez y Pelayo* (Santander), XVI (1934), 533-45; XVII (1935), 14-29, 144-71, 274-93; XVIII (1936), 35-82, 133-82

Valbuena Prat, Ángel, 'A Freudian Character in Lope de Vega', tr. Pedro León, *Tulane Drama Review*, VII (Fall, 1962), 44-55

'Un personaje prefreudiano de Lope de Vega', *Revista de la Biblioteca, Archivo y Museo*, del Ayuntamiento de Madrid, VIII (1931), 25-35

Valmar, Marqués de. See Zorrilla, José

Van Praag-Chantraine, Jacqueline, '*La fianza satisfecha*, "comedia famosa" de Lope de Vega', *Actas del Segundo Congreso Internacional de Hispanistas* (Nijmegen: Instituto Español de la Universidad de Nimega, 1967), 245-52

'*La fianza satisfecha*, "comedia famosa" de Lope de Vega', *Revue Belge de Philologie et d'Histoire*, LXIV (1966), 945-58

Bibliography

Von Schack, Adolph Friedrich, *Historia de la literatura y del arte dramático en España*, tr. Eduardo de Mier, III (Madrid, 1887)

Vossler, Karl, 'Alrededor de *El condenado por desconfiado*', *Revista Cubana*, XIV (1940), 19-37

Wardropper, Bruce W., *Historia de la poesía lírica a lo divino en la Cristiandad occidental* (Madrid: Revista de Occidente, 1958)

Zorrilla, José, *Discurso poético leído ante la Real Academia Española por*...en su recepción pública el día 31 de mayo de 1885 y *Contestación* del...Marqués de Valmar (Madrid, 1885)